文化产业商业模式创新
—— 以经济欠发达地区为例

胥悦红 著

Cultural Industry
Business Model Innovation

—— Take Economically
Underdeveloped Areas as an Example

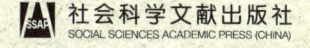

社会科学文献出版社
SOCIAL SCIENCES ACADEMIC PRESS (CHINA)

前　言

近十余年来，特别是文化产业作为战略性新兴产业被写进"十三五"规划以来，从文化产业领域寻找 GDP 的提升空间成为全国各地方政府政绩工程中的重要关注点之一。伴随着我国文化产业风起云涌的快速发展，针对文化产业的诸多研究成为近十余年来的新兴和热点领域，对该领域的研究除了涉及产业经济、产业政策、人才开发等宏观问题外，还包括围绕影视、动漫、旅游、会展等诸多文化产业所涉及的行业的研究。研究成果以理论研究、实证研究和案例研究等多种形式体现。在众多针对文化产业商业模式的研究中，围绕开放发达地区的行业和企业的商业模式问题的研究较为广泛，但针对经济欠发达地区的文化产业发展的系统性研究相对欠缺，尤其是面向少数民族地区的独特资源禀赋开展的商业模式系统研究更是鲜见。民族特色鲜明的欠发达地区要摆脱过去的粗放式发展路径，寻求安全、环保、绿色的集约式发展路径，促进文化产业发展不失为一个利益多元化的选项。为此，寻求开发普遍欠发达民族地区文化资源的有效商业模式是改善民族特色鲜明的集中连片欠发达地区人民整体利益和基本福祉的一个重要手段，是促进民族特色鲜明的欠发达地区长治久安的根本。这不仅是关系国家安定和兴衰的战略问题，也是关乎各民族和谐发展的重大现实问题。中央民族大学"民族地区文化产业的商业模式"研究团队正是基于这一使命，依托国家社科基金的重点项目，开展了为期近十年的深度调研，足迹遍布占据 64% 国土面积的欠发达民族地区，遍访各地博物馆、文化馆、旅游局、非遗传承人及各地文化产业项目所在地，开展与文化产业相关的政府部门、行业组织、企业和文化市场的座谈百余次，为有别于经济发达地区的充满民族特色的各经济欠发达地区千姿百态的资源禀赋和文化特色产业积累了鲜活和一手的信息。本书汇聚这些调研成果，形成系统架构，尝试围绕以下问题进行分析和阐释。

一是通过对相关理论研究的有效跟进，为民族特色鲜明的经济欠发达地区强大的现实需求提供理论支持。从民族特色鲜明的经济欠发达地区文化资源的分类研究入手，探讨了包括核心产业、支撑产业、配套产业和衍生产业的民族特色鲜明的经济欠发达地区三类文化产业链的构建及文化产业商业模式的分类问题、建构问题、运行问题、评价问题等，希望通过完善对民族地区文化产业的学理性研究，将文化产业商业模式的理论研究引向深入。

二是针对经济欠发达地区人才、技术、经济和地缘文化特征等方面与经济发达地区存在的显著差距与差异，对民族特色鲜明的经济欠发达地区展开现实分析与对策研究，为探索与经济发达地区不同的、促进民族特色鲜明的经济欠发达地区形成具备自我发展能力与长效机制的文化产业商业模式提供现实参考。

三是本书对民族特色鲜明的经济欠发达地区三类文化资源，即思想传承类文化资源、经验传播类文化资源、自然垄断类文化资源分别探讨了包括其各自核心产业、支撑产业、配套产业和衍生产业的产业集群的形成条件、产业链的构建及完整高效的产业链模式的打造。不仅分析其共性和一般规律，也尝试构建出它们各自不同的商业模式系统结构，希望推动和完善民族特色鲜明的经济欠发达地区文化产业的学理性研究。

四是本书提出的基于三维空间坐标体系对文化产业商业模式进行分类的理论框架通过数字表示代替文字表达，一定程度上解决了原有的商业模式分类研究多存在纯粹定性分析带来的类别界定笼统、分类边界模糊的不确定性状况，增强了商业模式分类的科学性与全面性。另外，可以在分类标准建立后再将各类别由数字表达转换为文字表达，使商业模式各个类别的划分界限更加清晰，完善了对文化产业商业模式类别的理论研究，有助于推动对各类文化产业商业模式认知更加普适明晰的分析框架的形成，提高对文化产业商业模式分类研究的客观性、准确性和普适性。

由于本书研究的领域是一个理论和实践紧密结合的领域，其概念、理论和实践在数字经济时代面临巨大的挑战而处于不断深化和发展之中。我们借鉴、参阅和引用了文化产业领域国内外许多专家学者的学术成果，在此一并致谢。感谢研究团队、研究助手和家人——黄峻雄、崔天志、张义豪、崔钧睿、李志强、游新民、徐东昆、姚志香、涂苏、贾璐璐、刘天睿等在本书成稿过程中付出的努力，从调研支持到资料收集、内容研讨、校对整理、修改建议等环节都离不开他们的贡献和帮助。本书还得到了社会科学文献出版社王利民社长的大力支持，皮书出版分社邓泳红社长和陈颖责任编辑在助力本书出版的过程中也付出了非常多的辛苦和努力，在此一并表示衷心谢忱。在本书付梓之际，虽然我们研究团队反复斟酌、讨论和修改相关内容，但难免有疏漏之处，仍觉有诸多有待完善和成熟的地方，敬请读者指出和谅解。

胥悦红
2022 年 10 月于中央民族大学

目录
CONTENTS

1 | 第一章
文化产业及其商业模式的文献研究及理论框架

　　第一节　文化产业研究的文献综述 …………………………………… 2
　　第二节　国内外商业模式研究综述 …………………………………… 30
　　第三节　文化产业商业模式的研究综述 ……………………………… 42

49 | 第二章
经济欠发达地区文化产业发展现状与问题分析

　　第一节　经济欠发达地区文化产业发展概述 ………………………… 49
　　第二节　各主要经济欠发达地区文化产业发展概况 ………………… 52
　　第三节　经济欠发达地区文化产业发展的 SWOT 分析 …………… 71

82 | 第三章
经济欠发达地区与中东部文化产业发展比较

　　第一节　经济欠发达地区与中东部地区文化产业发展的比较 …… 82
　　第二节　经济欠发达地区与中东部地区文化产业发展的差异
　　　　　　分析 ……………………………………………………………… 104
　　第三节　经济欠发达地区文化资源的分类 …………………………… 114

1

126	**第四章**
	文化产业商业模式的分类体系研究

  第一节 文化产业商业模式的分类研究 …………………… 126
  第二节 文化产业商业模式分类的三维空间坐标体系建立 ……… 143
  第三节 经济欠发达地区基于开发模式的文化产业商业模式
      分类 …………………………………………………… 150
  第四节 经济欠发达地区文化产业商业模式基于组织形式的
      分类 …………………………………………………… 153

160	**第五章**
	文化产业商业模式的建构体系研究

  第一节 价值链角度下的文化产业商业模式构建 ……………… 160
  第二节 产业链角度下的文化产业商业模式构建 ……………… 163
  第三节 经济欠发达地区文化产业商业模式的构建体系：程序性
      模式 …………………………………………………… 172
  第四节 经济欠发达地区文化产业商业模式构建体系：结构性
      模式 …………………………………………………… 184

200	**第六章**
	民族地区基于三类资源形态的商业模式设计

  第一节 民族地区三类文化资源的产业化路径 ………………… 200
  第二节 民族地区三类文化资源的商业模式设计 ……………… 205
  第三节 民族地区三类文化资源商业模式的典型案例分析 ……… 213
  第四节 民族地区三类文化资源衍生产业的发展路径分析 ……… 227
  第五节 民族地区三类文化资源与科技融合的发展路径分析 …… 230

233 | 第七章
文化产业经济效益和社会效益的评价研究

第一节　文化产业的社会效益和经济效益 …………………… 234

第二节　文化产业发展状况的评价研究综述 …………………… 242

第三节　文化产业社会效益与经济效益的评价方法 …………… 250

第四节　文化产业社会效益和经济效益的主成分分析 ………… 260

第五节　文化产业社会效益和经济效益的聚类分析 …………… 271

279 | 参考文献

第一章 文化产业及其商业模式的文献研究及理论框架

文化是什么？东西方的解读有所不同。在东方古老的象形文字中，"文"蕴含着对自然界或人类社会一切现象的记载、表述和评论，"化"表示判辨、领悟和原宥。"文化"一词是"人文化成"的简称。它出自《周易》的《贲卦·象传》："刚柔交错，天文也；文明以止，人文也。观乎天文，以察时变，观乎人文，以化成天下。""人文"就是人们对各类现象的认识、点化、改造、重组等活动。这些活动包括停留在认识层面的活动和上升到运用层面的活动两个层面。

在西方，"Culture"源于拉丁文"Colere"，原本含义是"培训人的超越自然状态之上的能力"，17世纪后其含义得以延展，演变为"加于自然物之上的一切人为力量带来的成果"。即便如此，西方对"文化"的解读仍然较偏重于人文之静态的客观存在，而较不看重活动的创造意涵。

总之，文化是凝结在物质之中又游离于物质之外的，能够被传承的，具有时域化、民族化和阶级化的国家或民族的史籍、地舆、风俗人情、生活习性、文典艺理、社会价值、举止操典、思想方法、教派信奉、律法典章、审美意识、图腾崇拜等，它是人类社会与历史的积淀物，是由人类长期创造形成并为人类所特有的产物。文化既是一种社会现象，又是一种历史现象，是一个国家、一个民族最深沉、最持久、最厚重的精神力量。从哲学、社会学、人类学、历史学和语言学等众多不同的学科视角审视，对其概念又有不同的理解和界定。

文化的作用在现代社会日益凸显。从综合国力来看，文化是国家软实力和竞争力的重要组成部分，是国家和民族兴旺发达的不竭动力。从人民需求来看，它通过为全社会源源不断地提供文化产品和服务供给，来满足人民对物质文明和精神文明的综合需求。随着社会经济的不断发展，文化行业异军突起，成为发达国家 GDP 的主要贡献者。我国文化产业的增加值快速增长，2017 年增加值已达到 34722 亿元，占 GDP 的比重为 4.2%；2019 年达到历史最高点为 45016 亿元，比 2018 年的 41171 亿元增长 9.34%。2020 年增加值达 44945 亿元，占 GDP 的比重为 4.43%。[①] 随着近几年文化产业的不断发展，经济结构调整逐步深化，文化产业大格局初步形成。

第一节 文化产业研究的文献综述

一 文化产业的概念研究

1. 国外对文化产业概念的研究

由于国家的战略、地域地理特征和文化产业政策等差异，不同国家和地区对文化产业的认知存在差异，出现各种各样颇具特色的称谓与定义，文化产业的范围、内容、界限也相差很多且有的相互冲突。《启蒙辩证法》由法拉克福学派的霍克海默和阿尔多诺所著，在 1947 年出版的这本书中，"文化产业"（culture industry）一词出现在人们的视野中，并将其意义界定为"生产领域中广为人知的商品逻辑和工具理性，在消费领域同样引人注目"[②]。对于"industry"人们习惯于它的"工业"含义，但是在英语里

[①] 资料来源：澎湃新闻客户端，2021 年 12 月 29 日。
[②] 〔联邦德国〕马克斯·霍克海默、特奥多·阿尔多诺：《启蒙辩证法》，洪佩郁、蔺月峰译，重庆出版社，1990，第 23 页。

也有"产业"的意思,在后来的文化产业研究中,把文化产业视为"文化工业"不分彼此,同样对待。从某种意义上来讲,艺术与工业是矛盾的,为了满足大众消费者的文化需要而大批量生产,让艺术去适应工业,这样一个完全被动的消费文化产品的过程,使得"文化工业"所生产的产品不再具有艺术性,经过文化工业的制造,文化的产品脱离了艺术的本质[①]。对上述看法也有持相反意见的,该学派的学者瓦尔特·本杰明,在同一历史时期指出,文化产业是新兴的产业形态,而不是落伍的传统工业形态,可以让民主社会沿正确的方向前进,需要整个社会的关注与扶持发展。文化不仅在影响人们的世界观,也在改变社会经济发展的模式,英国学者贾斯汀·奥康纳认为商品的文化属性是其价值所在,文化产业的经济活动是为了生产和经营商品的文化价值,商品的经济价值正是源于它们的文化价值[②]。在尼古拉斯·加纳姆看来,文化产品的出路在于产业化,实现规模经营,文化产业就是将生产或传播文化产品及服务以工业化组织方式进行[③]。

1998年,英国"创意产业特别工作小组"(Creative Industries Task Force,CITF)率先对创意产业概念做出了界定,出台了《英国创意产业路径文件》,使英国成为最早提出创意产业理念的国家。在英国,文化产业被称为创意产业(Creative Industry),CITF认为创意产业源于个人的创造性、技能和才干,灵感、理念、技艺是创造价值的重心,创意的目标是创新,创新的本质是创意。这里的创新是狭义上的文化领域中的创新,而不是泛在意义的科学技术上的创造发明,强调了创意的核心地位。1997年,英国的布莱尔政府希望通过发展创意产业来重塑英国的形象,使英国从一个多世纪以前的"世界工厂"演变为"世界创意中心"[④],从而全方位提升英国的国家核心竞争力。约翰·霍金斯是英国著名经济学家,世界创意

---

① 〔德〕马克斯·霍克海默、西奥多·阿多诺:《启蒙辩证法》,渠敬东、曹卫东译,上海人民出版社,2020,第32页。
② 林拓、李惠斌:《世界文化产业发展前沿报告》,社会科学文献出版社,2004,第6页。
③ 林拓、李惠斌:《世界文化产业发展前沿报告》,社会科学文献出版社,2004,第6页。
④ 徐岩:《文化创意产业概念辨析》,《当代传播》2007年第7期,第84~86页。

经济和创意产业领域的知名专家，被誉为"世界创意产业之父"。他在其代表作《创意经济》中指出，我们人类创造的无形资产的价值，总有一天会超越我们所拥有的物质财富数据的价值。创意经济每天创造220亿美元的产值，并以5%的速度递增。他认为创意经济需要全新的概念和标准，维护对创意的所有权，需要平衡两个方面，一方面是制度，另一方面则是收益。更多的合作，将各种不同的声音融在一起，相互吸收，结果会更好。他的论著和思想得到发达国家和地区的高度重视。许多国家和地区纷纷进入文化产业开始探索和研究。

在不同的国家和地区，由于文化产业的起源、发展路径、展现形式的不同，人们对文化产业的称谓也有所不同。英国、德国、芬兰、韩国等国家，将文化产业统称作"创意产业"；美国是一个高度法治的国家，一切创造力产生的产品都是有知识产权的，因此他们把相关行业基本叫作"版权产业"；从20世纪90年代后期开始，澳大利亚政府受英美等国的影响，将文化产业与创意产业进行结合，合称为文化创意产业；西班牙称之为"文化及消闲产业"；日本政府在提出文化大国建设的蓝图来刺激文化消费、增加文化就业、发掘新的驱动力、为经济创造新的增长点的背景下，将文化产业称为"内容产业"，与内容产业相关行业，包括电视台或电影公司、广告公司、玩具商、游戏软件公司、动漫等[①]。

韩国政府制定专门法律法规确立"文化立国"的国家方针，从国家意志高度明确发展文化产业的方向。韩国《文化产业振兴基本法》修订版中将文化产业定义改为"文化产品的计划、开发、制作、生产、流通、消费，以及与之相关的服务产业"[②]。这个定义将文化产业从产业链角度加以延伸和扩张，认为文化产业不仅包括生产这个单一的环节，更是流通和消费整个环节的流程。

从国外对文化产业定义的演变中可以看出，对于文化产业的理解从深

[①] 赵政原：《日本拓展文化产业的经验及对我国的启示》，《世界经济与政治论坛》2008年第5期，第118~124页。

[②] 赵丽芳、柴葆青：《韩国文化产业爆炸式增长背后的产业振兴政策》，《新闻界》2006年第6期，第91~93页。

度和广度方面逐步渗透市场，体现了文化商品化、经济化、产业化的过程。

2. 国内对文化产业概念的研究

中国对于文化产业的研究开始于20世纪80年代，是在借鉴国外代表性定义的基础上进行的。1985年的国务院报告中第一次将"文化艺术"收录到国民生产经济统计中来，并将文化艺术作为第三产业的一部分。《2001—2002年中国文化产业年度发展报告》从产品特性和生产过程两方面对文化产业进行了完整的定义：既强调了其"精神产品或服务"的行业特性，又突出了其"按照工业标准生产、再生产、储存以及分配"的生产过程。2003年颁布的《关于支持和促进文化产业发展的若干意见》中，文化部对文化产业重新进行了范围划分和定义：经营文化产品生产和提供文化服务的行业，与具有国家意识形态性的文化事业相对应，是文化娱乐的集合。2004年国家统计局给出了《文化及相关产业分类》中两个部分门类的划分：文化服务包括：新闻；出版发行和版权；广播、电视、电影；文化艺术；文化休闲；网络文化；其他文化。文化相关服务包括：文化用品、设备及相关文化产品的生产与销售。《2009年中国文化产业年度发展报告》对文化产业定义更加扩大，不仅包括了文化产品和文化服务的生产经营活动，更从纵深上增加了文化产业的范围，将为文化产品的生产和文化服务的经营提供服务与支持的产业也包括在内。2012年对《文化及相关产业的分类》做了新的修改，对文化产业进行了更深入的研究，明确指出受众对象和活动的性质，"服务于社会公众，突破经营性行业限制，明确是与提供文化产品和文化相关产品有关的生产活动的集合"，文化产业的范围进一步扩大成5个层次、10个大类、50个中类、120个小类。目前，国内比较权威和全面的是国家统计局出台的文化产业相关论述和政策指引，根据这些规定进行文化产业统计。在如何看待文化产业的称谓上主要分为两大派，北京、南京、杭州、成都、台湾等城市认为用"文化创意产业"更适合本地情况；上海、广州、深圳、重庆、西安、香港等城市倾向于用"创意产业"。

国内文化学者白庆祥面向知识的视觉，对文化创意产业做了自己的阐释：他认为知识型社会需要以知识为向导，不断吸收多元文化，调整相关学科进行组合，文化创意产业是因各种各样新颖别致的组合而出现的文化创新现象①。在全球化消费已然成型、文化消费成为主流的社会背景下，崇尚个人智力创新，经济活动强劲表现为文化活动，文化产业对传统产业的支持与推动作用越来越大，建立新兴理念、推动新的实践活动是我国对文化产业的全新着力。

综上所述，通过研究整理国内外学者的学术成果，对文化产业的界定可以划分为三类：从文化角度切入、从产业角度切入以及从文化与产业相结合的角度切入。

从文化角度切入如国内胡惠林、单世联，美国学者斯科特等学者强调文化产业的"文化内容"的庞大体系②③④；从产业角度切入如吴志华突出以文化为一种主要的开发资源、作为基础性资源来配置，主导的是产业经营的理念和方式，这样的一种"文化产业"，主要表现为商业活动，会产生巨大的经济效益和社会效益。⑤ 从文化与产业相结合的角度切入，如付延慧认为文化与产业相辅相成、不可或缺，文化产业作为结合体同时具备文化和商品的双重属性⑥。

随着研究范围的逐步扩大、研究内容的逐渐深入，世界各国学者对文化产业的认识也更为全面，除了认为文化、科技与创意三者完美地融合创造更多的价值，还倾向于结合文化属性和商品属性两方面进行定义：文化产业首先体现为文化的特征，创造文化价值是核心、也是文化消费的实质内容；其次，文化产品也是一种商品，必须依托产业运营体系，遵循商品

---

① 张浩、张志明：《文化创意方法与技巧》，中国经济出版社，2010，第33~36页。
② 胡惠林：《文化产业发展与国家文化安全－全球化背景下中国文化产业发展问题思考》，《上海社会科学院学术季刊》2000年第5期。
③ 单世联：《从文化与经济的关系讨论文化产业的若干议题》，《中国文化产业评论》，2012年第9期，第25~62页。
④ 〔美〕Scott, G., Leritz, L. E., & Mumford, M. D. The Effectiveness of Creativity Training: A Quantitative Review. Creativity Research Journal, 16, 2004, pp. 361–388.
⑤ 吴志华：《巴西文化产业政策初探》，《拉丁美洲研究》2007年第8期，第10~15、79页。
⑥ 付延慧：《文化产业与社会发展关系研究》，载胡惠林，陈昕主编《中国文化产业评论》，上海人民出版社，2013，第66~71页。

运营规律，注重品牌打造、专利开发，以及更抢眼的产权和版权保护。

3. 文化产业的特征

林拓提出，经过从混沌到有序再到快速发展，文化产业出现重大调整，各种优胜劣汰，资本与实业强强联手，但从整体上呈现产业整合加快空间聚合提速的趋势。在国内城市化进程中，追求城市整体形象、增加城市文化含量、提升城市文化品位、打造现代文化都市，文化产业集聚效应具有显著的强化作用。比如，可以不断推进城市空间布局结构趋于优化；①在高新技术迅猛发展的背景下，祁述裕提出，传统的文化单元与新媒体以及传统媒体联合，使文化产业出现许多新生态，横向与纵向多种融合形成新的产业链，所谓的核心与边缘的主从关系以及彼此的心理和物理的边界也在逐渐消失；②许为民、曹峰旗认为，文化产业具有潜在性、传播性特点，其在文化建设、保护、开发的过程中，往往会面临与传统习俗、民族政策、发展规划、环境保护、文化安全的冲突③，胡惠林提出，对外开放必然带来文化安全冲击，文化产业健康发展又必然需要对外交流，应建立多级联动文化安全预警机制，文化市场与文化产业要有准入控制。④

总之，文化产业特征具有文化和产业的双重维度，是两者相互影响、相互平衡的结果：一是加强与文化融合能促进产业链条更健壮、产业的空间布局更合理；二是围绕价值的挖掘创新是推动文化产业发展的根本动力；三是发展文化产业必须注重对文化保护、文化安全带来的不利影响，把影响降到最低。

二 文化产业的分类研究

文化产业在世界各国呈现不同的称谓和内容，使得各国对文化产业内

---

① 林拓：《世界文化产业与城市竞争力》，《马克思主义与现实》2003年第8期，第21~31页。
② 祁述裕：《我国文化产业发展的几个重要特点》，《山东社会科学》2009年第2期，第9~13页。
③ 许为民、曹峰旗：《韩国政府在文化产业发展中的作用与启示》，《理论导刊》2008年第2期。
④ 胡惠林：《文化产业发展与国家文化安全——全球化背景下中国文化产业发展问题思考》，《上海社会科学院学术季刊》2000年第5期，第114~122页。

容的分类标准也不同。

《2009年联合国教科文组织文化产业统计框架》从商业维度来对文化产业的范围进行界定,将文化产业的领域定义为"一系列具有文化性的生产制造、活动和实践"[①]。文化产业的涵盖范围不仅包括私营的企业文化生产经营活动和服务活动,公共文化活动也被纳入文化产业的范围,并且强调了二者唇齿相依的关系。英国是最早对文化产业进行明确分类的国家,各国对文化产业的分类情况如表1-1所示。

文化产业分类标准因地制宜,各取所需,独具一格。北京有9类文化创意产业:文化技艺、新闻发行、广播影视、软件及电脑服务、广告展播、艺术品市场、策划服务、旅游观光体验以及其他的服务。上海创意产业分为五大类:研发策划创意、建筑策划创意、文娱媒体创意、咨询规划创意、时尚花费创意。[②]

表1-1 各国文化创意产业的门类情况

国家/区域/机构	文化创意产业划分
联合国教科文组织	视觉技艺、表演技艺、工艺与规划、印制发行、影视、广告宣传、建造、歌剧舞蹈与制作音乐、视听设备、文化休闲
英国	文化及古玩市场、表演技艺、工艺布置、时尚布置、发行、广播影视、广告宣传、建造艺术、音乐制作、软件及计算机、文化服务、互动娱乐软件
美国	文化技艺、音乐录制、出版发行、影视与传媒业、信息服务业
韩国	动漫文化、电影电视、音乐制作、电玩竞技、动画人物
日本	文化技艺、信息传递、运动健身、私人订制、文娱、观光游览
加拿大	出版发行、影视广播、文化古迹、电信运营、网络服务、赌场和娱乐
新加坡	文化艺术类、规划类、传媒类
澳大利亚	文娱及演出场馆、策划、杂志发行、影视、录像及播放、图书场馆、社区活动展、博物及美术馆、动植物园、传媒

---

① 联合国教科文组织统计研究所:《2009年联合国教科文组织文化产业统计框架》,联合国教科文组织网,2018年3月25日。
② 上海市统计局:《文化及相关产业分类》,http://www.stats-sh.gov.cn/tjfw/201103/94579.html,2015年3月20日。

续表

国家/区域/机构	文化创意产业划分
香港	视觉技艺及做工、表演技艺、策划、时尚策划、发行、影视、广告宣传、建造艺术、音乐制作、软件及计算机服务、电竞软件、漫画
台湾	视觉技艺、音乐制作及演出、策划、做工、策划产业、策划品牌时尚、影视广播、广告宣传、建造策划、文化演出设备、数字体验、创意活动
北京	文化技艺、新闻发行、广播影视、软件及电脑服务、广告展播、艺术品市场、策划服务、旅游观光体验以及其他的服务
上海	研发策划创意、建筑策划创意、文娱媒体创意、咨询规划创意、时尚花费创意

综上所述，当前世界各国无论文化产业发展有多大的差异，都是从自身历史遗留、当下所具备的各种资源状况、整个社会人文与经济发展情况出发，制定出与本国国情相适合的分类体系，对于不同的分类标准，适应于不同的切入点和角度，所以各个国家研究文化创意及相关产业的切入点不同，反映产业经济发展的角度也不同，有的从产业的整体出发，产供销全面监控，反映产业运行状况；有的从产业的多角度出发，侧重横向某一环节、纵向某一层面，发现发展中的问题和可能的趋势，找到产业链的关联性。如果从产业价值链角度来考量，要对设计研究、生产制造和传播销售等各个环节的相关产业进行关注，这里既有文化创意活动本身，也有文化创意活动所衍生的活动（见表1-2）。

表1-2 文化及相关产业划分（2012年版）

一、文化主导产品的生产	二、文化非主导产品的生产
1. 新闻出版发行服务	3. 文化艺术服务
（1）新闻服务	（1）艺术制作与演出服务
（2）出版服务	（2）图书与档案场馆服务
（3）发行服务	（3）文化资源保护服务
2. 广播电视电影服务	（4）群众文化服务
（1）广播电视服务	（5）文化研究和社团服务
（2）电影和影视录音服务	（6）文化艺术培训服务
	（7）其他文化艺术服务

续表

一、文化主导产品的生产	二、文化非主导产品的生产
4. 文化信息传输服务	（6）会展服务
（1）互联网信息服务	（7）其他文化辅助生产
（2）增值电信服务（文化部分）	9. 文化用品的生产
（3）广播电视传输服务	（1）办公用具的制造
5. 文化创意和设计服务	（2）乐器的制造
（1）广告服务	（3）玩具的制造
（2）文化软件服务	（4）游艺器材及娱乐用品的制造
（3）建筑设计服务	（5）视听设备的制造
（4）专业设计服务	（6）焰火、鞭炮产品的制造
6. 文化休闲娱乐服务	（7）文化用纸的制造
（1）景区游览服务	（8）文化用油墨颜料的制造
（2）娱乐休闲服务	（9）文化用化学品的制造
（3）摄影扩印服务	（10）其他文化用品的制造
7. 工艺美术品的生产	（11）文具乐器照相器材的销售
（1）工艺美术品的制造	（12）文化用家电的销售
（2）园林、陈设艺术及其他陶瓷制品的制造	（13）其他文化用品的销售
（3）工艺美术品的销售	10. 文化专用设备的生产
8. 文化产品生产的辅助生产	（1）印刷专用设备的制造
（1）版权服务	（2）广播电视电影专用设备的制造
（2）印刷复制服务	（3）其他文化专用设备的制造
（3）文化经纪代理服务	（4）广播电视电影专用设备的批发
（4）文化贸易代理与拍卖服务	（5）舞台照明设备的批发
（5）文化出租服务	

资料来源：中华人民共和国统计局《文化及相关产业分类》（2012）。

三　文化产业研究的学科交叉轨迹追踪及研究脉络梳理

本书以"culture industry""cultural industry""creative industry""copyright industries""content industry"等各自为主题，利用最新的文献信息可视化软件 cite space 进行计量分析。文献年份选所有年份，在 Web of Science 的三大子数据库——Social Sciences Citation Index（简称 SSCI 数据库）、Arts and Humanities Citation Index（简称 A&HCI 数据库）、Conference

Proceedings Citation Index – Social Science & Humanities（简称 CPCI – SSH 数据库）进行检索，对从论文（article）、会议论文（proceedings paper）和综述（review）三种文献类型中所获数据进行提纯，利用 cite space 自带的去重功能进行去重后得到目标文献题录数据 1201 条，时间跨度是 1972～2018 年，通过对共现关键词和共引文献的分析，揭示了国内外文化产业发源于各不同学科的研究脉络和民族文化产业的研究轨迹及热点变化。

1. 资料来源和参数设置

本研究在利用 cite space 生成可视化图谱时，如果没有特别说明，各参数阈值皆以默认值来处理，具体步骤如下：将下载得到的数据转换后导入 cite space，而 WOS 数据选取时间段为 1972～2018，给出文化产业文献的数量分布如图 1-1 所示。设定 WOS 的数据"YearsPerSlice"（每分区年数）的值为 5；在"TermSource"选项下全部勾选（主题词来源）；在"TermType"（主题词类型）选项下选择"BurstTerms"（突现词），开始检测突现词，检测的目的是发现在较短时间内突现词被引用的频率次数或出现频次急剧波动的振幅，图谱中节点表现这个变化，cite space 通过这种突现信息来实现对领域演化深层次的动力机制分析和发展前沿的摸索[①]。cites pace 提供了 7 种抽取标准用于决定节点的数据是否取舍，本文对节点数据的选取标准设定为"TopN"，分析在每个 TimeSlice 内出现的被引用频率，每个 TimeSlice 内出现被引用频次最高的 N 个节点数据，在图谱绘制时 N 的大小根据具体情况进行设定。

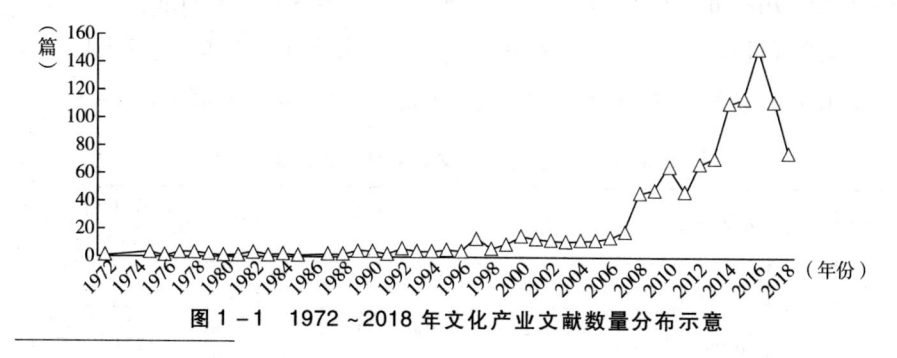

图 1-1　1972～2018 年文化产业文献数量分布示意

---

① 陈悦、陈超美、胡志刚、王贤文：《引文空间分析原理与应用》，科学出版社，2014，第 54 页。

从图 1-1 可见，国际上对文化产业的研究从 1972 年开始，在 30 多年中呈现缓慢推进的状况，而从 2006 年开始进入对该领域研究的快速发展期，直至 2016 年达到研究文化产业的高潮，从 2017 年开始高潮渐退，回归平稳发展。这说明对文化产业的研究伴随着产业革命的兴起，随着第三产业的发展壮大而日益走向前台，已经成为独立的研究领域。

2. 文化产业相关核心期刊分析

这里 N 选的值为 50，没有选择任何修剪算法，得到如图 1-2 所示图谱。

图 1-2 文化产业期刊共被引图谱

期刊质量的高低，以及对读者产生的影响力，可以在共被引频次上体现出来，所以可以通过共被引频次指标的对比来确定核心期刊，如图中圈的大小反映了共被引频次的大小，中心性是测度节点在网络中重要性的一个指标，cite space 中利用此指标来发现和衡量文献的重要性，并用深色圈对此类文献（作者、期刊或机构）进行标注。利用 cite space 自带的节点汇总（Network Summary Table）功能将节点信息输出，现截取前 30 位的数据展示在表 1-3 中。

表 1-3 文化产业期刊共被引 Top 30

序号	频次	中心性	期刊/专著	所属学科领域	2017年影响因子	类型
1	102	0	Rise Creative Class			图书
2	80	0.06	International Journal of Urban and Regional Research	地理、规划及发展、城市研究	2.239	期刊

续表

序号	频次	中心性	期刊/专著	所属学科领域	2017年影响因子	类型
3	77	0.03	Urban Studies	环境研究、城市研究	2.604	期刊
4	77	0.01	International Journal of Cultural Policy	文化研究	1.115	期刊
5	75	0.04	Environment and Planning A	地理、环境研究	2.152	期刊
6	72	0.02	Geoforum	地理	2.566	期刊
7	69	0.27	American Journal of Sociology	社会学	3.764	期刊
8	63	0.06	Regional Studies	经济学、地理、环境研究	3.147	期刊
9	55	0.18	Media Culture & Society	社会学、传播学	1.305	期刊
10	54	0.02	International Journal of Cultural Studies	文化研究	0.976	期刊
11	50	0.03	Harvard Business Review	商学、管理学	4.374	期刊
12	48	0.01	Journal of Economic Geography	经济学、地理	3.453	期刊
13	46	0	The Creative Economy: How People Make Money from Ideas			图书
14	45	0.02	Academy of Management Journal	管理学、商学	6.700	期刊
15	45	0.09	Organization Science	管理学	3.027	期刊
16	45	0.11	Dialectic Enlighten	哲学		图书
17	44	0	Research Policy	管理学、规划及发展	4.661	期刊
18	43	0.01	European Planning Studies	地理、环境研究、规划及发展、城市研究	1.863	期刊
19	42	0.01	Progress in Human Geography	地理	6.885	期刊
20	42	0.06	Administrative Science Quarterly	商学、管理学	5.878	期刊
21	42	0	Cities	区域研究	2.704	期刊
22	41	0.01	Economic Geography	经济学、地理	6.438	期刊
23	40	0	Creative Industries: Contracts between arts and Commerce			图书
24	39	0.04	Geografiska Annaler Series B - Human Geography	地理	0.630	期刊
25	38	0.1	Academy of Management Review	商学、管理学	8.855	期刊

续表

序号	频次	中心性	期刊/专著	所属学科领域	2017年影响因子	类型
26	38	0	Theory Culture & Society	文化研究	1.622	期刊
27	36	0.01	The Cultural Industries			图书
28	33	0.04	American Sociological Review	社会学	5.063	期刊
29	32	0	Creative Industries			图书
30	29	0.05	Journal of Organizational Behavior	商学、管理学、应用心理学	4.229	期刊

表1-3给出了共被引频次最高的前30位论著，其他数据还有中心性、刊物类型、2017年影响因子、所属学科领域。

首先从表1-3的2017年影响因子来看，只涉及文化研究领域期刊的影响因子普遍不高。管理学、商学领域的期刊影响因子最高。其他期刊的影响力分布在二者之间。其次从表1-3期刊所属学科领域可以看出共有6本图书，其余全是期刊。另涉及管理学、商学的期刊5本，涉及经济学和地理的期刊3本，涉及文化研究的3本，只涉及社会学的2本，涉及社会学和传播学的1本，涉及应用心理学的1本，其余的期刊涉及地理、城市研究、规划及发展、环境研究。通过以上分析可以看出，文化产业领域涉及的学科范围比较广泛，对文化产业研究的学科轨迹沿着哲学—社会学—地理学—心理学—行为科学—管理学—经济学逐步展开，研究主体涉及城市、各类组织、地理族群、企业、行业及特定阶层，研究取向包括族群心理及价值观、城市治理、规划与发展、区域经济、文化研究、企业管理、行业发展、商业市场等。这些共同构成了文化产业领域的知识版图和学科结构。

3. 国家和代表性学者分析

（1）国家分析

表1-4是文化产业发文量的国家分布，选取N=50，利用cite space进行分析，从表中可以看出中国的发文量，大约是美国的3倍，中心性却只有美国的一半左右，与中国巨大的发文量形成了鲜明的对比。其中德国的中心性最高，这与文化产业一词最早是由法兰克福学派在《启蒙辩证法》中提出有关。

表1-4　文化产业研究国家/地区发文量排序

发文量（篇）	中心性	国家/地区
458	0.13	中国
137	0.23	美国
68	0.14	英国
42	0	中国台湾
41	0	澳大利亚
41	0	印度尼西亚
37	0.31	德国
25	0.01	西班牙
24	0.02	加拿大
23	0.06	斯洛伐克

（2）代表性学者分析

代表性学者是对学科发展有突出贡献、引领学科发展方向，对学科有重大影响力的人。cite space 提供的 Author Cocitation Analysis（ACA）可以绘制出各种学科学术科研领域的重量级人物，作者共被引指的是两个作者同时被一篇文献引用的现象，可以得到相关领域的学术和科学团体。利用 cite space，取 N = 50，"YearsPerSlice" 的值设定为5得到图1-3。

如图1-3中所示，本文依据共被引频次列出了前30位的节点，因为第一位的作者显示的是匿名，且其突现性最高，中心性为0，故将其排除，得到如表1-5所示的文化产业共被引作者 TOP 30。下面简要介绍几位被引频次较高的学者。

西奥多·阿多诺（Adorno，T. W.，1903-1969），法兰克福学派第一代的主要代表人物，德国哲学家、社会学家、音乐理论家，著有《启蒙辩证法》《否定的辩证法》《美学理论》《权力主义人格》《音乐社会学导论》《阿多诺全集》，其中在《启蒙辩证法》中第一次提出了文化产业的概念。他在《启蒙辩证法》的初稿中，先居高临下地对大众文化（mass culture）进行了毫不留情的批判，认为大众文化非常商品化、趋于标准化，大众文化摆布和愚弄广大的受众，让受众处于消极被动、任人宰割的状态。后来

图 1-3　文化产业作者共被引图谱

又采用了"文化工业"（culture industry）这个术语，将文化与工业结合，让文化从低级的大众文化向较先进的工业文化迈进，但绝不是当代流行文化，而是"根据大众消费文化的需求，进行设计，按照计划进行生产，这样由需求而来的产品，自然在很大程度上决定了消费的属性"。[1]

麦克斯·霍克海默（Horkheimer Max, 1895-1973），德国哲学家，法兰克福学派创始人之一，法兰克福大学社会研究所所长，创办了《社会研究》杂志广泛吸收了一批经济学家、哲学家、心理学家和历史学家，致力于对现代资本主义社会进行多学科的综合研究。

瓦尔特·本雅明（Benjamin, W., 1892-1940），德国哲学家、文化评论和调和主义思想家。他与法兰克福学派关系密切，且受哥舒姆·舒勒姆犹太神秘主义理论的影响。本雅明和阿多诺的观点大相径庭，他认为大众是经验性客体，大众文化是人机合作，技术在推动经济发展的同时，必然会导致文化艺术的变革。本雅明表现出浪漫主义的乐观情怀，是一位融合了德国唯心主义、浪漫主义、唯物史观以及犹太神秘学等元素，并在美学理论和西方马克思主义等领域有深远影响的学者。

---

[1] T. W. Adorno, *The Culture Industry: Selected Essays on Mass Culture*, ed. J. M. Bernstein, London: Routledge, 1991, p. 85.

皮埃尔·布尔迪厄（Bourdieu，P.，1930－2002）是当代法国社会学领域最具国际性影响的思想大师之一，任巴黎高等研究学校教授，法兰西学院院士。其经典的社会学著作《实践理论概要》（1972）、《实践的逻辑》（1980）及 1975 年创办的《社会科学的研究行为》杂志从社会学与哲学结合的角度探析文化产业，认为客观结构和社会结构是社会世界自身生成的，并进行着周而复始的运动。为形象说明他的理论，学者们概括为"由结构而产生惯习，再由惯习决定实践，又从实践再产生结构"[①]。

詹明信（Jameson，F.，1934－　），杜克大学评论理论研究所主任，前半期是一个文学评论家，著有《马克思主义与形式》《语言的牢笼》《政治无意识》，他从一个"文化批评家"的视角关注世界范围内的后现代主义文化的发展。从《政治无意识》开始，他跳出了文学框子，关注文学之外的文化环境，全面观察后工业社会。

斯科特·拉什（Lash S.，1945－　），密歇根大学心理学学士，西北大学社会学硕士，伦敦经济学院博士。哥尔斯密学院社会学教授，文化研究中心主任。他是《文化和社会》杂志的编辑，其作品被翻译成 15 种语言，著有《组织化资本主义的终结》《韦伯：理性和现代性》《后现代主义社会学》等。斯科特·拉什是一位积极回应并主动参与构建自反性现代化理论的重要人物。拉什认为，当下的现代性已从资本逻辑转向了以符号为主导的文化逻辑，这种文化嬗变瓦解了马克思所提出的现代性超越方案，从而构筑起一种全新的现代性内在超越道路。

理查德·弗罗里达（Florida，R.，1957－　），他曾是乔治梅森大学（George Mason University）公共政策教授与盖洛普公司的资深科学家，曾在卡内基梅隆大学海兹公关政策和管理学院（Heinz School of Public Policy and Management）执教近 20 年，并为麻省理工学院和哈佛大学的客座教授。现在多伦多大学罗特曼管理学院从事商业与创意领域的研究，是从管理学角度研究当代文化创意产业的领军人物。

米歇尔·福柯（Foucault M.，1926－1984），法国哲学家和思想史学

[①] 杨善华：《当代西方社会学理论》，北京大学出版社，1999，第 43 页。

家。他对文学评论及其理论、哲学批评理论、科学史、批评教育学和知识社会学的影响深远,其思想对当代文化社会学发展产生了巨大影响①。

斯图亚特·霍尔(Hall, S., 1932 - 2014),英国社会学教授、文化与媒体理论家、文化研究批评家。他致力于媒介与大众文化研究,以其在文化研究领域的主导地位和杰出成就被誉为当代文化研究之父。人的社会地位和立场决定了其对媒介文化产品的评价,为此霍尔提出了一种有关编码与解码的理论,这成为他最知名的重要贡献。

艾伦·J. 斯科特(Scott, A. J., 1938 -),斯科特教授的研究一直集中在工业化、城市化和区域发展等问题上。其研究涉及广泛的理论和实证工作,在理论方面,斯科特博士写了许多关于产业组织、技术、当地劳动力市场和地点之间的相互关系的文章,他撰写的《城市文化经济学》一文,主要研究文化、经济与技术相互之间的作用,城市产业集聚区对文化生产的影响,特别提出集聚经济的观点,并分析了现代文化产业之所以从世界性城市发展起来的原因。斯科特是一个从经济学角度研究文化产业的代表性学者,他还对美国、欧洲和亚洲的个别工业部门进行了大量研究,其对现代文化产业的经济逻辑和经济结构的研究成果十分突出②。

表1-5 文化产业共被引作者 Top 30

序号	频数	中心性	作者	国籍
1	110	0.03	Florida, R.	美国
2	99	0.06	Adorno, T. W.	德国
3	89	0.12	Scott, A. J.	英国
4	82	0.12	Bourdieu, P.	法国
5	56	0.07	Pratt, A. C.	英国
6	49	0.03	Hesmondhalgh, D.	英国
7	46	0.04	Lash, S.	美国
8	43	0	Porter, M. E.	美国

① 刘豪兴、徐珂:《社会学概论》,外语教学与研究出版社,2012,第45~46页。
② https://luskin.ucla.edu/person/allen-j-scott/.

续表

序号	频数	中心性	作者	国籍
9	42	0.02	Howkins, J.	英国
10	40	0.03	Caves, R. E.	美国
11	39	0.06	Zukin, S.	美国
12	37	0.02	Harvey, D.	英国
13	34	0.02	Landry, C.	英国
14	33	0.01	Horkheimer, M.	德国
15	32	0.02	Markusen, A.	美国
16	31	0.03	Hirsch, P. M.	美国
17	31	0	Benjamin, W.	德国
18	31	0.07	Storper, M.	英国
19	30	0	Power, D.	瑞典
20	30	0	Foucault, M.	法国
21	29	0.03	Peck, J.	加拿大
22	28	0	Hartley, J.	澳大利亚
23	27	0.03	Jameson, F.	美国
24	25	0.03	Oconnor, J.	澳大利亚
25	24	0	Mcrobbie, A.	英国
26	24	0.03	Cunningham, S.	澳大利亚
27	22	0.03	Hall, S.	英国
28	21	0	Keane, M.	澳大利亚
29	21	0	Martin, R.	澳大利亚
30	21	0.04	Evans, G.	英国

其他共被引频次高的学者如表1-5所示，表中按照频数来排序。前30位中DCMS是英国政府的文化创意部已经略去，剩余1位来自加拿大，1位来自瑞典，3位来自德国，2位来自法国，10位来自英国，8位来自美国，5位来自澳大利亚。因为文化产业最早起源于法兰福学派，从共现作者上也可以佐证这一点。另外，在文化产业领域前30位的作者中美国占了近1/3，体现了美国引领文化产业研究的强大影响力。相比之下，中国与排位第一的发文量不相协调。显示了我国在这个领域研究空有数量而影响

力不够的现状。

4. 关键文献分析

关键文献分析的目的是找出某个学科或研究领域里那些提出原创性理论或对理论有重要发展的文献。从知识生产的角度讲，这些关键文献代表了该学科或研究领域的知识拐点，对一个学科或研究领域的形成和发展具有重要的奠基和推进作用。文献共被引，是指两篇文献同时被其他文献所引用。如果这种情况经常出现，意味着它们反映的主题很可能是相关的。共被引分析的目的就是利用聚类分析、因子分析、多维尺度分析、社会网络分析等手段找出某研究领域的相关性结构和特征。[1]

本研究在 cite space 生成的文献共被引网络中，用中心性和被引频次来确定关键文献。一般情况下，那些连接两个或两个以上聚类的节点是关键文献节点[2]。中心性是表示一个节点在网络中的中心程度，可以通过中心性来判断这个节点在网络中所占据的重要性的概念。中心性测量为发现不同学科的连接点或进化网络中的支点（tipping points）提供了一种计算方法。而中间中心性是常用来进行中心性测度的指标，代表最短距离是否都经过该点，量化表示为网络中经过某点并连接这两点的最短路径占这两点之间的最短路径线总数之比。这种图论方法的优势在于，可以利用"中间中心性高的点往往位于连接两个不同聚类的路径上"这个特点来甄别网络中的聚类。[3][4]

本研究将节点类型设定为"cite references"，其中 N = 50，时间段以 5 年为一组，对文献进行处理，得到图 1-4。

举例来说，某个研究领域的中心性较高文献可以这样理解：假如在该研

---

[1] 侯海燕、刘则渊、陈悦、姜春林：《当代国际科学学研究热点演进趋势知识图谱》，《科研管理》2006 年第 5 期，第 90~96 页。

[2] Chaomei, Chen, The Centrality of Pivotal Points in The Evolution of Scientific Networks, [Proceedings of the International Conference on Intelligent User Interfaces (IUI), San Diego, CA, 2005], pp. 78-89.

[3] 陈超美：《CiteSpace II：科学文献中新趋势与新动态的识别与可视化》，《情报学报》2009 年第 3 期，第 401~421 页。

[4] 李杰、陈超美：《CiteSpace：科技文本挖掘及可视化》，首都经济贸易大学出版社，2016，第 54 页。

究领域的众多不同角度或不同学科的研究文献 1、2、3…中，文献 1 所引用的参考文献包含 a、b、c 三篇文献，文献 2 所引用的参考文献包含 a、c、d 三篇文献，文献 3 所引用的参考文献包含 a、e、f 三篇文献……那么中心性最高的文献就是 a 文献，这意味着 a 文献是不同学科或不同研究角度/研究路径的交汇点或支点，在推动该领域研究中具有非常重要的学术价值。由此可以将某研究领域中心性高的文献理解为那些连接来自不同路径、不同学科对该领域展开研究的纽带和通向不同研究路径的交汇点文献，这些中心性较高的文献在促进该领域学科交叉研究进程中有重要的推动作用，是促使该领域的研究向纵深发展的重要支点（见图 1-4）。

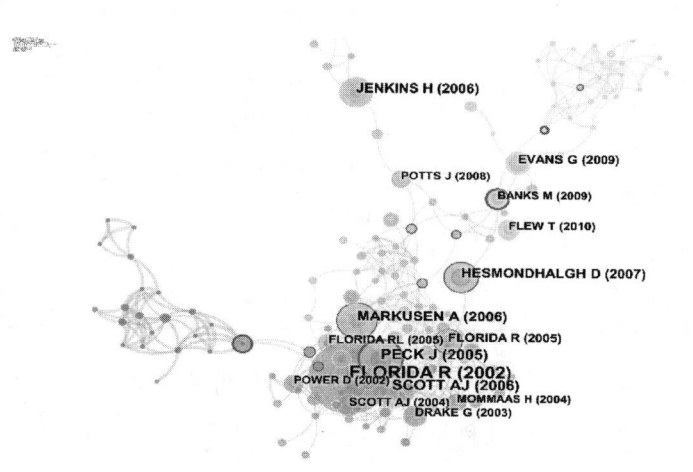

图 1-4 文化产业关键文献图谱

利用 cite space 软件提供的 Network Summary Table 以被引频次排序列出排名前 10 的文献，如表 1-6 所示。

表 1-6 被引频次前 10 位的文献

序号	被引频次	作者	时间	文献信息	Vol（卷）	Page（页码）	文献类型
1	26	Florida R.	2002	*Rise Creative Class*	0	0	专著
2	14	Scott A. J.	2006	*Creative Cities: Conceptual Issues and Policy Questions*	28	1	期刊论文

续表

序号	被引频次	作者	时间	文献信息	Vol（卷）	Page（页码）	文献类型
3	14	Peck J.	2005	Struggling with the Creative Class	29	740	期刊论文
4	13	Markusen A.	2006	Urban Development and the Politics of a Creative Class: Evidence from a Study of Artists	38	1921	期刊论文
5	11	Hesmondhalgh D.	2007	The Cultural Industries	0	0	专著
6	11	Jenkins H.	2006	Convergence Culture	0	0	专著
7	9	Lash S.	2007	Global Culture Industry	0	0	专著
8	9	Evans G.	2009	Creative Cities, Creative Spaces and Urban Policy	46	1003	期刊论文
9	9	Florida R.	2005	Cities And The Creative Class	0	0	专著
10	8	Flew T.	2010	Creative Industries after the First Decade of Debate	26	113	期刊论文

排名第一的是 *Rise Creative Class*，该书分析的是美国的创意阶层崛起的问题，探讨了美国的高科技和文化、人的生活方式之间的内在联系，作者在书中提出了"3T"理论（人才、技术、包容度）。这引起了区域经济学的争论，作者提出创意阶层代表其开辟了区域经济的新的研究领域。

第二位是 *Creative Cities: Conceptual Issues and Policy Questions*，本文代表了对创意城市的本质和意义的广泛而前瞻的辩论，试图将创意城市的概念置于所谓的新经济背景下，并追溯这些现象与技术、生产结构、劳动力市场和地点集聚动态的近期变化之间的联系；试图展示新经济的结构如何在现代城市中释放出历史上特定的经济和文化创新形式。该论点关注的是政策问题，也讨论了全球化的影响。

第三位是 *Struggling with the Creative Class*，本文对当时流行的"创意阶层"和"创意城市"概念进行了批判。

第四位是 *Urban Development and the Politics of a Creative Class: Evidence from a Study of Artists*，作者批评了"创造阶级"的概念以及与城市增长关系的模糊因果逻辑，作者认为在创意阶层中，具有独特的空间和政治倾向的职业被捆绑在一起，这与教育程度有关而与创造力无关，并进一步探究了创意阶层对城市经济增长的贡献及创意阶层作为政治力量在城市转型中的潜力。

第五位是 *The Cultural Industries*，为我们提供了一个至关重要的工具包，帮助我们对数字媒体时代及其所处的位置有批判性的理解，分析了自20世纪80年代以来文化生产如何、为什么和以何种方式发生了变化，引导读者通过现有方法审查关于文化和创造力在现代社会中的作用的事实和辩论。

第六位是 *Convergence Culture*，作者是美国最受尊敬的媒体分析家之一亨利·詹金斯（Jenkins, H）。本书映射了一个新的领域：新旧媒体相交的地方，基层和企业媒体相互冲突，媒体制作者的力量和消费者的力量以不可预测的方式相互作用。通过深入研究新媒体炒作，揭示媒体融合时发生的重要文化转型。

被引频次排第七位的是 *Global Culture Industry*。书中作者重新定义了在全球化背景下对文化产业的理解。通过分析和记录在当代意义生产中它们从表象到对象的转变，为研究沟通和文化开辟了新的途径：通过对象化处理。事物实现了我们的想象，这一开创性的研究激发了未来数年的讨论。

第八位是 *Creative Cities, Creative Spaces and Urban Policy*，本文基于对公共部门创意城市倡议和计划及其基本原理的调查，介绍了创意产业政策和战略的国际研究成果。除了这项调查和随附的文献综述外，本文还与来自欧洲、北美、非洲和东南亚的高级政策制定者与中间人进行了访谈，研究了当地文化中所谓的新产业集群、创意区和次区域创意中心的范围与规模，这些都是在当地的政策干预和政府投资下产生的，进而探究了创意城市、创意空间和城市政策间的关系。

第九位是 *Cities And The Creative Class*，本书介绍了创意城市和创意阶层的概念，认为随着近十年来城市之间流通和交流限制的减少，创造力已经成为企业、城市、地区和国家成长与发展的主要推动力。

第十位是 *Creative Industries after the First Decade of Debate*，该文通过总结文化产业的相关评论，探讨了参与性媒体文化的本质、文化生产与经济创新之间的关系以及公共文化机构的未来作用等问题。

在表1-7中，剔除与被引频次相重合的论文，剩余的论文分别是第一位的 *After the Creative Industries*，介绍了从文化产业概念到创意产业概念以及创意产业的独特性。第二位是 *Creativity without Borders? Rethinking Remoteness and Proximity*，该文探究了地理因素中偏远和邻近对创意产业产生的政治经济学影响，以及创意工作者如何在贸易、交换和流动中看待他们的活动。

表1-7　文化产业中心性前10位的关键文献

序号	中心性	作者	时间	文献信息	Vol（卷）	Page（页码）	文献类型
1	0.31	Banks M.	2009	After the Creative Industries	15	365	期刊论文
2	0.24	Gibson C.	2010	Creativity without Borders? Rethinking Remoteness and Proximity	41	25	期刊论文
3	0.23	Hesmondhalgh D.	2002	The Cultural Industries	0	0	专著
4	0.22	Peck J.	2005	Struggling with the Creative Class	29	740	期刊论文
5	0.19	Florida R.	2005	Cities and The Creative Class	0	0	专著
6	0.17	Hesmondhalgh D.	2011	Creative Labour: Media Work in Three Cultural Industries	0	0	专著
7	0.17	Comunian R.	2010	Location, Location, Location: Exploring the Complex Relationship between Creative Industries and Place	3（1）	5	期刊论文
8	0.15	Markusen A.	2006	Urban Development and the Politics of a Creative Class: Evidence from a Study of Artists	38	1921	期刊论文

续表

序号	中心性	作者	时间	文献信息	Vol（卷）	Page（页码）	文献类型
9	0.13	Coulson S.	2012	*Collaborating in A Competitive World: Musicians' Working Lives and Understandings of Entrepreneurship*	26	246	期刊论文
10	0.13	Bilton C.	2002	*What Can Managers Do for Creativity? Brokering Creativity in the Creative Industries*	8（1）	49	期刊论文

第七位是 *Location, Location, Location: Exploring the Complex Relationship Between Creative Industries and Place*，该文更好地探究了创意产业与其地理环境之间的动态关系。大量文献试图解释"创意场所"的一般特征。

第九位是 *Collaborating in A Competitive World: Musicians' Working Lives and Understandings of Entrepreneurship*，该文借助英格兰东北部的音乐家研究，探讨了音乐家的工作生活和对企业家身份的理解，反映了创意产业作为经济动力带来的组织结构调整和对"创造性"工作实践的影响。

第十位是 *What Can Managers Do for Creativity? Brokering creativity in the Creative Industries*，文中提出"创造力"已成为当代管理和政治词语中的一个时髦术语，标志着其在教育、商业和艺术领域得到的普遍认可，提出创造力已成为知识经济的语言和货币，探究了管理者可以为促进创造力做什么贡献。

通过以上这些对国外文化产业的研究路径和学术渊源的分析可以看出，文化产业与其他产业存在显著区别。第一，文化存在的社会性，表明对文化产业的观照离不开与社会学、人类学、民族学等学科的关联；第二，文化消费的经济性，意味着文化产业的运行不能摆脱经济学、管理学等的规律和框架；第三，文化价值的思想性，体现了文化产业的理论和实践的发展需要哲学、心理学等学科的支撑；第四，文化传播的审美性意味着文化产业投射出的艺术附加值需要相关艺术学科的植入；第五，文化与科技融合的必然性让传播学、与计算机和互联网相联系的 IT 相关学科与其相生相长；总之，这些充分表明文化产业不仅具有跨学科研究的趋势，而且承载着超学科发展的使命，甚至作为一个跨界通吃的高融合度产业颠覆着未来的产业发展模式。

5. 研究前沿探测

这里用主题词共现分析来追踪研究前沿。主题词是从文献的题目、摘要、关键词中提取的，利用 cite space 进行分析构建共现词网络，通过其变化来研究文化产业研究领域的动态前沿变化过程。选择从 2005 年开始是因为 2005 年之前的数据太少不能形成有价值的图谱。本书以 5 年为单位对 2005 年之后的关键词进行了划分。其中 N = 50，没有选择任何修剪算法。节点类型设置为"Term"，每个区间的"YearsPerSlice"设置为 1，得到如图 1-5 所示图谱。

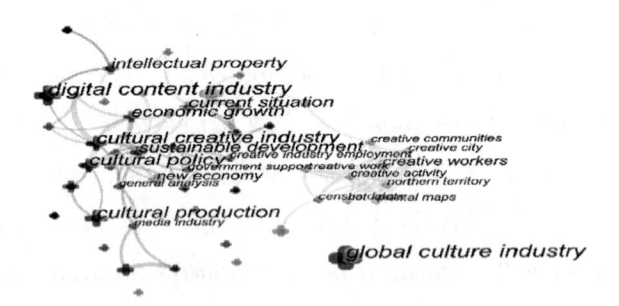

图 1-5　文化产业 2006～2010 年 Term 词图谱

从图 1-5 可以看出，在 2006～2010 年这 5 年间主题词之间的连线越来越多，表明对于文化产业的研究越来越呈现复杂交织、多元关联的繁荣景象，其主要的主题词除了 economic growth、cultural creative industry、sustainable development、cultural policy、new economy、cultural production、media industry、creative communities、government supportative 等，值得注意的是 digital content industry、global culture industry、intellectual property 等关键词的出现，一定程度上说明了文化产业研究经过之前的积累和酝酿，已经开始关注其市场行为，并分化出内容产业这样的具体产业、创意阶层这样的人力资源。由此可见，这一阶段的文化产业研究主要进入行业和企业领域,但已经开始面向经济发展、竞争优势、公司绩效与信息技术等探讨民族文化、国家文化方面的话题,表现为从经济学、管理学、行为科学等领域涉足文化领域的研究。

相比较于图 1-5 的多样化交织,图 1-6 显得有些盘根错节的"拥挤",关注其主要的关键词可以发现 2011~2015 年的主题词是创意阶层、新经济领域、文化软实力、21 世纪、持续发展、经济全球化、新媒体、未来发展等。在图的上方连线密集区域的 Term 词如图 1-7 所示,其中的主要 Term 词是中国西部、民族文化产业、清晰的结构差异、重要的促进力量、相关变量数据、实证调查、自治区、主要力量等。体现了文化产业研究已经开始关注实际的场景和区域应用,学科交叉性表现更为突出,而且创意产业作为独特的领域被正式提出。

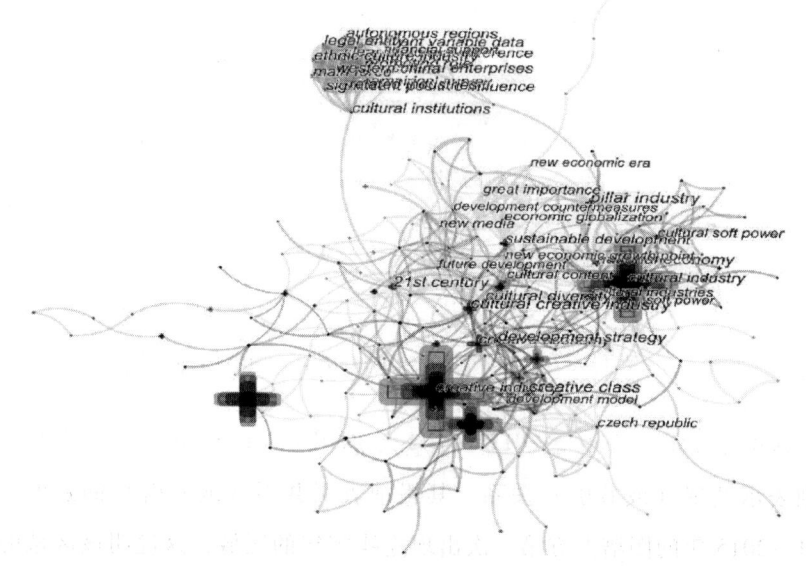

图 1-6 文化产业 2011~2015 年 Term 图谱 (a)

相对于图 1-7 的集中,可以看出图 1-8 表现为多元分散。一定程度上说明了 2016 年到 2018 年上半年的研究前沿是围绕这些主题词展开的:文化产业、创意聚集、经济增长、文化创意产业、快速发展、发展战略、旅游产业、国家经济、文化消费、传统文化、经济全球化、可持续发展、当前情况等。

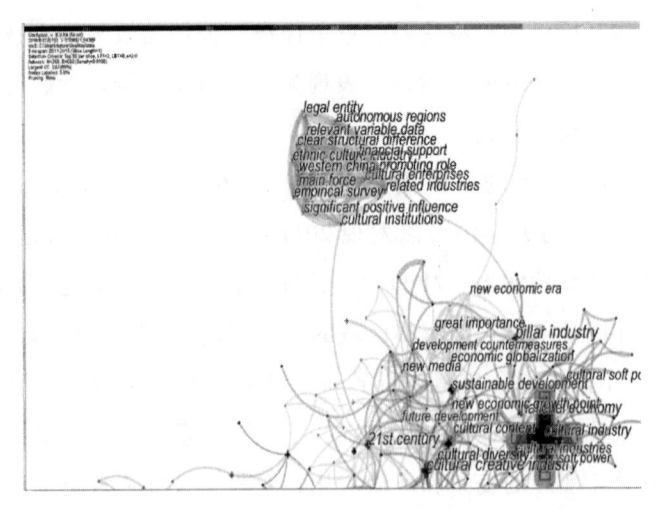

图 1-7　文化产业 2011~2015 年 Term 图谱（b）

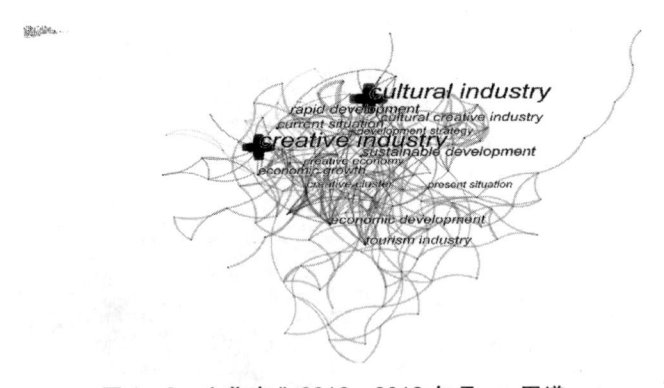

图 1-8　文化产业 2016~2018 年 Term 图谱

这里需要重点说一下 2011~2015 年的图谱。cite space 节点之间的连线则表示共现（或共引）关系，其粗细表明共现（或共引）的强度。在 2011~2015 年的图谱上方第一次出现连线密集的区域，这说明该区域的词共现关系较强，该区域的 Term 词是中国西部、清晰的结构差异、重要的促进力量、相关变量数据、实证调查、自治区、主要力量等。通过这些可看出中国的文化产业研究于 2011~2015 年在国际上有影响力，而 2011~2015 年的 Term 词与中国区域经济和文化产业的作用有关。

从图 1-4 到图 1-8 可以看出文化产业领域研究的发展脉络和大体趋势，总体上说，文化产业领域的研究在 2005 年后开始增多，而主题词由具体的文化产业领域深入创意经济、创意阶层、经济发展、发展战略、可持续发展、文化软实力等方面。研究范围从点到面；研究视角从微观到宏观，从聚焦到发散；研究取向从关注经济现象到探讨社会影响；研究学科从社会学、人类学进入经济学、管理学及行为科学，进而到多学科交叉研究；研究方法从理论到实证、从定性到定量。在这个多元化推进过程中，还需要进一步健全该领域发展规律的理论体系探索，对文化产业行业细分的研究还有待完善。

四 文化产业研究的学科轨迹及研究局限性

通过以上对文化产业领域的关键文献和知识建构的梳理，最早起源于德国法兰克福学派的文化产业英文表述 culture industry 是来自哲学领域的研究，从共引期刊来看文化产业相关领域主要涉及地理、区域研究、商学、管理学、社会学、哲学等多学科的复合。再后来在英美逐渐被创意产业所代替，再后来出现了针对创意经济、创意产业和创意阶层以及城市区域经济发展与创意阶层的一系列研究。该领域的著名学者主要是美国、英国、法国和澳大利亚等国籍。而在 2005 年之后的多学科研究发展已使得 cultural industry 成为主流，研究的热点趋势向着经济和意识形态方面靠拢。这一点从共现期刊图谱上也能看出来。综合来看，我国文化产业领域的研究局限性体现在以下方面。

一是研究的学科领域单一：学科交叉不够，学科间分野明显造成对文化产业研究及观察视角的局限性，只有逐渐形成跨学科甚至超学科研究的范式，比如让文化产业学、产业经济学、文化人类学、文化资源学、文化产业管理学、消费心理学等学科充分交叉融合，文化产业的研究才有更开阔的空间。

二是研究方法单一、欠规范：大量的描述性研究充斥学界，学理性研究严重不足，实证研究水平较低使得系统性、深入性、前瞻性的研究凤毛麟角。

三是研究内容支离破碎、凌乱随机，有影响力的研究成果不多：对文化产业整体性研究，以及对生产、传播、消费等的局部研究，甚至是对文化产业的微观研究都缺乏相关的成体系理论；区域研究也存在厚发达地区、薄经济欠发达地区的现象，缺少对文化资源与文化产业的比较研究；而且我国文化产业研究明显受政治影响较多，尽管就发文量来看排名第一，但在共现作者排名前30位中明确中国国籍的作者人数与我国庞大的发文量不成比例，体现了我国的文化产业研究量大但影响力不足的尴尬局面。

面对当今这个文化资源全球化分配、文化传播智能化发展以及文化生产、交换、消费的方式里程碑式颠覆的时代，使文化产业的理论研究能够更好地揭示文化产业实践的发展规律、探析文化产业发展对社会发展的流变是对未来文化产业研究的全新挑战。

第二节　国内外商业模式研究综述

"商业模式"（Business Model），是管理学的重要研究对象之一，20世纪70年代中期，Konczal[1]和Dottore[2]借助模型对数据和流程进行分析，提出了这个概念。在信息化领域，信息化总体规划开始应用商业模式。80年代，商业模式在信息化行业动态的文件中大量出现，90年代中期后，商业模式建构在互联网上的电子商务平台带动下，在社会上得到广泛的传播和应用，其内涵也从信息管理扩展到企业经营管理这一更深的层面和更广泛的范围。由于商业模式先天来源于信息化领域，因此商业模式的研究在一段时期内主要集中在电子商务领域，常被用来研究如何利用互联网快捷方便的优势来整合企业内部的经营方式及与外部联系的各种渠道。目前，对商业模式的研究已超越电子商务的局限，步入新经济下一种价值创新模式的新境界。但时至今日，世界经济理论研究界仍未能对商业模式的定义给出统一的界定，各国企业根据各国具体实际发展现状而对商业模式做了各自的表述，存在很大的分歧。综合国内外对商业模式的研究，可以得出如

---

[1] Konczal, E. F, "Models are for Managers, not Mathematicians," *Journal of Systems Management*, 26 (165) 1975: pp. 12-15.

[2] F. A. Dottore, "Data Base Provides Business Model." *Computer World*, 1977, 11 (44): pp. 1-3.

图 1-9 的研究文献分类。集中围绕商业模式定义，许多学者展开探讨，分别从价值论角度、系统论角度和盈利论角度来进行定义。

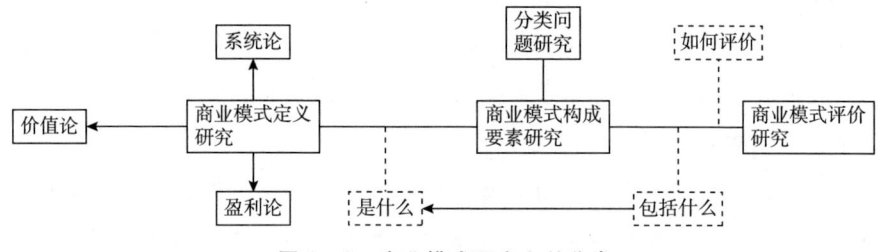

图 1-9 商业模式研究文献分类

一 商业模式内涵与外延的文献研究

1. 国外文献研究

"Business model"最初是由信息技术科学家所提出和创建的，很大程度上是作为"商业模型"或"数学模型"来理解和使用，通过模拟来测试和验证一些技术和经济指标的运行情况，[1] 直至 1980 年以后，才脱离这种唯模型的技术方式，被作为"商业模式"来进行关系理论研究分析。有一个好的商业模式，就成功了一半，学术界、商界对商业模式研究非常认可，但从本质上仍未达成共识。研究逐渐从盈利层次、运营层次、战略层次向价值层次递进。

从关注盈利层次上看，商业模式表现为企业运营的经济模式，主要研究其如何获利和使收入来源稳定、选择合适的定价方法、确定企业的成本结构、寻求达到最优产量的方法[2][3][4]。Osterwalder 直接认定能够买卖产品、

---

[1] 邱洁威：《国外商业模式理论研究综述（1929—1999 年）》，《福建论坛》2010 年第 8 期，第 49~53 页。
[2] Stewart, D. W., "Internet Marketing, Business Models, and Public Policy", *Journal of Public Policy & Marketing*（Match 2000），pp. 287-296.
[3] Hawkins R., "The Business Model as a Research Problem in Electronic Commerce", *Science and Technology Policy Research*（May 2001），pp. 111-120.
[4] Afuah A. and Tucci C., *Internet Business Models and Strategies: Text and Cases*（Boston: McGraw-Hill/Irwin, 2001），pp. 32-33, 196-201.

服务并赚钱的方法就是商业模式。Bossidy 关注企业获取利润的方式，认为商业模式就是企业获取利润、财富的系统性方法，要实现盈利目标就需要综合考虑企业的外部竞争环境和企业战略选择的匹配。[1] 最初的盈利型商业模式基本是"唯盈利论成败"，而这一盈利论的商业模式突破了原来的局限，从多层面多维度开始考虑盈利的企业商业模式，充分与企业的运营战略和企业战略相结合。

从关心运营层面上看，商业模式被看作企业的经营结构，要让结构适应企业的各种实体和管理流程，主要有产品流、服务流和信息流等，这一体系结构及对各种商业活动干系人利益和收入来源的描述是 Timmers 提出的。Mayo 从运营角度出发，提出商业模式要抓住企业的核心元素，进行使企业有效运营的系统设计、制造。这样才能保持商业竞争优势。[2] Mahadevan 则从运营系统整体出发，认为商业模式创造的价值是多变的，不变是相对的，也提出价值流、收益流和物流的概念，可由其中的一种或几种组合成具体的商业模式。[3] 也有学者认为商业模式有产品及服务的交付流程、控制管理流程、资源流和物流等。[4][5]

从强调战略层面上看，商业模式上升到企业发展的战略高度，是基于一系列的构成要素及它们之间的关系而作的战略性方向选择。商业模式作为一个真正意义上的独立概念被描述，必须是独特的、不可效仿的，而不像前两个层面的商业模式有些像包装，更多讨论内部要素的问题，而作为战略研究的商业模式，主要考虑抽象的，对企业发展影响大的，如识别利

---

[1] 〔美〕加斯柏：《开放性商业模式》，程智慧译，商务印书馆，2010，第24页。
[2] 陈文基：《商业模式研究及其在业务系统设计中的运用》，北京邮电大学博士学位论文，2012，第18~25页。
[3] 张其翔、吕廷杰：《商业模式研究理论综述》，《商业时代》2006年第30期，第14~15+8页。
[4] Applegate L. M., "E‐business Models: Making Sense of the Internet Business Landscape", in Dickson G, Gary W, and De Sanctis G, eds., *Information Technology and the Future Enterprise: New Models for Managers* (New York: Prentice Hall, 2001), pp. 136–157.
[5] Timmers P., "Business Models for Electronic Markets", *Journal on Electronic Markets* (February 2003), pp. 3–8.

益相关者，价值创造、愿景、网络联盟等[1][2]。

从追求价值层次上看，企业出现和存在发展的意义就是为社会和自身创造价值。因此，Linder 抽象提出企业或组织进行商业活动创造价值的逻辑过程就是商业模式。Magretta 更为细致地分析认为企业在维持正常运转的前提下，保证客户、所有参与者进行价值创造的过程就是商业模式。Scott 则从另外角度表述，把价值创造和战略选择联系起来，如何在价值网络中进行价值创造，是一个更为抽象的商业模式概念。

总体来说，对商业模式内涵和外延的研究可以总结归纳为由起始的经济类概念逐渐转向运营类、战略类以及整合类[3]，如图 1-10 所示。

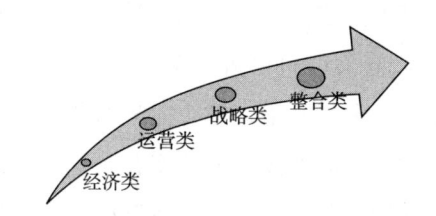

图 1-10 国外商业模式内涵与外延研究历程

经济类定义侧重企业盈利的方式。运营类定义将商业模式升华到影响企业内部架构的层面，影响主要来自与公司运营相关的干系方。主要有供应商及替代者和客户。[4] 战略类定义则将商业模式的地位进一步提升，从企业整体战略的角度来定义商业模式。整合类定义则是集企业经济利益、营销手段、运营战略于一体，捋顺内部结构，优化与各类伙伴形成的关系，提升创造顾客价值的能力，获得政府支持以及资本市场的青睐，创造利润并保障现金流。

---

[1] Michael Morris, Minet Schindehutte, and Jeffrey Allen, "The Entrepreneur's Business Model: Toward a Unified Perspective", *Journal of Business Research* (January 2003), pp. 726-735.

[2] Osterwalder A, "Yves Pigneur, and Chirstopher L Tucci. Clarifying Business Models: Origins, Present, and Future of the Concept", *Communications of the Information Systems* (May 2005), pp. 1-25.

[3] 原磊：《国外商业模式理论研究评介》，《外国经济与管理》2007 年第 10 期，第 17~25 页。

[4] Amit R., and C. Zott, "Value Creation in E-business", *Strategic Management Journal*, 2001, 22 (6/7), pp. 93-520

2. 国内文献研究

在我国，对商业模式的概念研究较国外滞后十余年，受商业模式起源以及国内经济发展特别是互联网的影响，把主要研究对象集中在互联网行业，而研究的内容主要为经营模式或经营策略。申文果、汪纯孝最早把"辛迪加"这种具有互联网经营模式的公司作为研究对象，基于此提出一种新型商业模式；① 王国新通过对网络经济的大量有关商业模式研究，建立了从客户到服务、市场、销售、产品的模型，用产业链工具分析了商业模式。② 随着与国外商业模式专家学者理论交流的开放与加深、对商业模式内涵的认识加深，中国学者开始了新的深度探析，并逐渐将商业模式上升到企业战略规划的高度。这方面研究比较早的是王波和彭亚利，他们除了认为商业模式是企业的运营机制外，又提出另一种战略层面的商业模式，后一种实质上是前一种的升华，把企业战略和运营紧密结合起来，从两个方面定义商业模式，适应外部环境的变化是这一商业模式的精髓，就是要求企业不断根据环境变化改变自己的运营模式及战略选择，改变自己的商业模式选择。③ 直到2005年，国内才有更多的学者注意到商业模式的重要性，开始投入商业模式的研究之中，大量相关研究文献纷纷出现。由此，中国学者对商业模式的研究逐步升级，从只关注经营到战略统筹，从具体产业链分析到抽象价值链研究。主要从盈利论、系统论及价值论三个方面进行论述。

（1）盈利论方面

学者荆林波认为市场定位和盈利目标是企业发展的关键所在，在准确定位和确认目标后，为达到目标顾客主体满意而采取的相关战略组合就是商业模式。④ 随着大数据技术的迅速发展，李文莲等提出了依据自有资源开发的本地化大数据"平台式商业模式"和采用异地共享云的大数据"数

---

① 申文果、汪纯孝：《辛迪加——因特网时代新型商业模式》，《商业经济与管理》2000年第11期，第22~24+61页。
② 王国新：《网络经济与旅游商业模式的变革》，《商业经济与管理》2000年第6期，第50~53页。
③ 王波、彭亚利：《再造商业模式》，《IT经理世界》2002年第4期，第88~89页。
④ 荆林波：《解读电子商务》，经济科学出版社，2001，第88页。

据驱动跨界模式"。① 濮林峰提出以大数据技术为驱动,抓住 5 个关键因素进行创新设计,建立适应大数据时代要求的商业模式。②

(2) 系统论方面

李殿伟认为企业是内外多种因素协调运行的实体,商业模式就是保障企业正常运营达到从外到内的统一联系的机制,促使企业不断进行内外交换。③ 李林强调管理要素的重要性,通过管理要素的有机组合可以满足客户价值并实现企业利润最大化,进而达到稳定的竞争优势,这一组合就是该企业应该追求的商业模式。④

(3) 价值论方面

企业离不开价值,企业的所有活动间接或直接创造价值,价值是衡量企业运营好坏的尺度。还有学者抓住价值这个红线,将价值主张、价值支撑和价值保持贯穿起来,构成企业商业模式的三维空间,认为商业模式围绕价值创造和价值获取展开,就是将运营活动进行一系列结构性、功能性的设计。⑤ 企业以价值创造为目的,秦其文等认为在商业模式这个框架下,企业有效整合内外资源和运作管理,实现企业的战略理念和价值创造,并在实践过程中维持和发展该商业模式,是产业顺利发展的重要保障。⑥

综合以上国内外学者的研究,目前国内外有关商业模式特点的研究主要围绕以下三个方面展开。第一,商业模式简而言之就是企业获取利润的方法。持盈利论方面研究的学者非常认同这个观点;从事价值论方面研究的学者认同创建价值创造、价值获取和价值保持三维空间;从事系统论方面研究的学者认为,信息流、物流、商流的多流统一,都是为了企业价值

---

① 李文莲、夏健明:《基于"大数据"的商业模式创新》,《中国工业经济》2013 年第 5 期,第 83~95 页。
② 濮林峰:《基于大数据的商业模式创新研究》,北京邮电大学硕士学位论文,2014,第 16~17 页。
③ 李殿伟:《基于价值网理论的电信企业商业模式研究》,天津大学博士学位论文,2007。
④ 李林:《小环境中的大文化——关于试衣间文化的分析与研究》,《商场现代化》2007 年第 7 期,第 46~47 页。
⑤ 陈鑫:《文化产业商业模式研究》,中南大学博士学位论文,2012,第 11~19 页。
⑥ 秦其文、王兆峰、雷丽蓉:《民族文化旅游创意产业商业开发模式研究——以湘西凤凰古城为例》,《旅游研究》2010 年第 3 期,第 40~47 页。

保值和增值以及利益干系人利益的获得。第二，商业模式是以企业外部要素为诱因，内部要素不断适应外部要素变化的动态组合。外部要素主要有市场环境、竞争对手、客户、供应商等，内部要素主要有各种资产和竞争能力、人员、发展战略、组织架构、财务等，这些内外要素有机组合，使企业通过要素整合进而获取竞争优势，这种动态的组合方式就是企业的商业模式。第三，商业模式表现为一个过程，从应运而生，到蓬勃发展，再到维稳守护。因为发现市场出现新的需求，需要重构或新建商业模式，围绕客户的需求设计、研发产品或服务，以样品投放市场，对外部市场反馈进行分析，市场反响良好可以开始批量生产，由应运而生进入蓬勃发展，这是开足马力进行价值创造阶段。老产品逐渐退出，新产品快速替代，保持物流及供应链的通畅、根据市场变化对战略和运营进行相应的调整等。最后进入维稳守护阶段，对成功的商业模式进行打磨调整，开展相应的商业活动，如进行局部的技术创新、发展衍生产业和配套产业等。

由此可以看出，经过长时间的探索，国内外专家学者对于商业模式的概念认知已经逐步由以某行业为角度的片面认知升华为从多行业多角度出发的、覆盖面广泛的综合认知层次，对商业模式的概念已经表现出全面的视角，对各行各业的商业模式概念都有了一定了解和区分。随着中国城市化进程的加速，供给侧改革逐步深入，各类商业模式纷纷涌现，带来产业结构的巨大变化，在百度、阿里巴巴、腾讯（简称 BAT）后，国内又出现一批发展迅猛成功上市的企业，比如、爱奇艺、拼多多、精锐教育，以及即将上市的脉脉等，为国内学者提供了大量的素材，学界、商界也在加深对商业模式的研究，可以预期，对商业模式的本质会在更高的层面上达成共识，同时又会出现新的理论分支。

二 商业模式构成要素研究

各国发展情况不同，其对商业模式研究的切入点不同、研究方法不同，没有形成权威的被广大学者广泛接受的模式，所以，从探究商业模式构成要素角度看，通过对要素的分析去发现各种商业模式的不同成为必然的研究路径。从本质上看,对商业模式的定义与商业模式构成要素有着密不可分的关系。

Timmers[1]认为产品与服务、信息流、相关干系者的利益有关;收入种类是商业模式的有机组成部分,对商业模式的定义分析要从此入手。Hamel[2]提出商业模式是一个动态的系统,它的组成部分不是简单的核心战略、战略资源、顾客界面,而是由它们两两之间构成的三个交互的界面。Mahadevan[3]则认为商业模式由收益流、价值流及物流三部分组成。Afuah 等[4]对商业模式组成进行了细分,分成八个方面进行分析,其中有顾客价值、模式范围、重要活动等。

国内对商业模式构成要素研究比较典型的学者是翁君奕。他提出了环境论,认为平台环境、客户环境、伙伴环境、顶板环境和内部环境是构成商业模式的五大环境系统。内部环境是核心,其他四类环境围绕在内部环境外,构成外部环境,在每两个环境系统之间建立了一个界面,如平台界面建在内部环境与平台环境之间,伙伴界面建在伙伴环境与内部环境之间等,对环境系统进一步细分,又包含相应的组成要素,如在伙伴环境系统中就有供应链、合作伙伴、债权人等[5]。陈翔把商业模式分解成为价值增加、产品营销和资源配置三个组成部分,每个部分下分别设立相应 2~4 个子部分,相当于一、二级指标体系的设立。[6] 原磊则围绕企业价值活动建立了抽象的价值分层结构,所谓的"3-4-8"架构体系,4 是指主要的构成部分,3 是 4 发生作用的条件,即客户价值、伙伴价值和企业价值,这三个价值是企业商业活动不可脱离的联系界面,8 则表示每个主要构成部

---

[1] Timmers, P., "Business Models for Electronic Markets," *Journal on Electronic Markets*, 2003, 2: pp. 3 – 8.

[2] Hamel G. *Leading the Revolution*, (Boston: Harvard Business School Press, 2000), p. 87 – 98.

[3] Mahadevan B., A Frame Work for Business Model Innovation. Bangalore: IMRC 2004 Conference, 2004, pp. 57 – 76.

[4] Afuah. A. and Tucci. C., *Internet Business Model and Strategies: Text and Cases*, (Boston: McGraw – Hill Irvin, 2001), p. 32 – 33, 196 – 201.

[5] 翁君奕:《商务模式创新:企业经营"魔方"的旋启》,经济管理出版社,2004,第 26 页。

[6] 陈翔:《互联网环境下企业商业模式研究》,东南大学博士学位论文,2004,第 68~69 页。

分下包含2个分部分。据此他提出三种商业模式分类模型：以内在构成部分为主的商业模式分类、以外在环境因素为主的商业模式分类和以二者混合的商业模式分类。①

就实际情况而言，国内外很多学者都对商业模式进行分解，构造出主要的构成要素，再由构成要素组合成各种商业模式分类标准，成为绝大多数研究者采用的商业模式分类方法。

三 商业模式分类研究

总体上，国外对商业模式分类的研究起步比较早，各种流派观点比较多，尚未形成权威的一致结论，研究结论趋于分散，相对而言，对互联网企业的盈利模式创新研究比较多，而其他行业覆盖比较少。国外对于商业模式的分类问题研究时间很长，经过大量的收集分析，具有代表性和影响力的分类方法可以归纳为两大类型：案例归纳型和演绎推理型。

案例归纳型分类法的代表观点主要有：Paul Bambury 从新、旧经济的商业模式差异出发，将互联网中的商业模式分为两大类型②；一种基于价值主张和价值实现的商业模式分类体系由 Rappa 提出，他根据互联网企业的商业模式将其分为五类，每类又分为 2~8 个子模式③，这种分类方式简单易行、使用方便，在国外应用比较广泛。案例归纳型分类法均根据实际案例总结而得，通常简单直观、方便实用，但案例基本都来自互联网企业，覆盖面较窄，多数企业不适用。

演绎推理型分类法主要观点有：Timmers 提出一种围绕价值链展开的商业模式分类体系，按照对价值链分解、进行交互、最后再造价值链三个步骤可以运用该体系。④ Dreisbach 等提出一种基于企业的三类提供品，即

---

① 原磊：《国外商业模式理论研究评介》，《外国经济与管理》2007 年第 10 期，第 17~25 页。
② Paul Bambury, "A Taxonomy of Internet Commerce", *First Monday*, 1998, 10 (2), pp. 1-11.
③ Rappa, M., Managing the Digital Enterprise – business Models on the Web, http://digital enterprise.org/models/models html, 2000.
④ Timmers P., "Business Models for Electronic Markets", *Journal on Electronic Markets*, 1998, 8 (2), pp. 3-8.

产品、服务和信息的差异而进行的商业模式分类体系，从而将商业模式分成了三大类[1]。Chesbrough 试图统一商业模式分类标准，提出六种商业模式分类类型：无差别、有差别、细分、开放、集成、自适应。[2] 这种分类法虽然覆盖范围较案例分析法更为广泛，但分类复杂，实践性较差，也未能得到业界的一致认可。

在国内，我国部分学者也对文化创意产业商业模式的分类提出了自己的见解。苏卉主要从宏观经济的角度出发，关注政府与市场的效用，提出市场推动型、政府市场型、政府主导型三种文化创意产业发展模式[3]。胡晓鹏的着力点是创意产业的形成因素，对商业模式成功的主要来源或关键因素进行归类：特殊资源型、自然演进型、政策聚焦型、功能定位型、市场选择型、环境主导型。[4] 文化创意产业的基本特征是浓郁的文化色彩和与时俱进的创意设计，肖雁飞、赵佳华抓住这个基本特征，认为以创意设计带动文创企业发展和依托丰富的文化资源推动文创企业发展是两种主要模式。[5] 臧维等认为各种链构成企业内外部的联系，它们的相互作用推动企业发展。文化创意产业商业模式分类应该是围绕线上线下的主要组成部分即产业链、价值链、资金链三条链展开，被认为更具全面性、实用性和独特性。[6] 厉无畏整合各类与企业发展相关的产业，把"核心产业、支持产业、配套产业、衍生产业"以四个同心圆来展示内在的关系，它们的相互嵌套、又彼此独立，构成创意产业价值体系，实现全景产业链。[7]

---

[1] C. Dreisbach, and S. Writer, Pick A Web Business Model that Works for You, http://www.workz.com, 2000.
[2] Chesbrough H, "Business Model Innovation: Opportunities and Barriers", *Long Range Planning*, 2010, 43 (2), pp. 354 – 363.
[3] 苏卉：《河南文化创意产业发展模式研究》，《科教导刊（上旬刊）》2010 年第 2 期，第 155~156 页。
[4] 胡晓鹏：《文化创意产业的地区发展模式研究》，《中国地质大学学报（社会科学版）》2010 年第 1 期，第 25~30 页。
[5] 肖雁飞、赵佳华：《文化创意产业发展模式研究》，《经济研究导刊》2013 年第 16 期，第 81~82 页。
[6] 臧维、孟博：《产业视角下商业模式分类方法研究》，《商业时代》2010 年第 11 期，第 111~113 页。
[7] 厉无畏：《文化创意产业推动城市创新驱动和转型发展》，《科学发展》2014 年第 2 期。

目前，关于商业模式分类研究，原磊提出的"3-4-8"构成体系在国内具有比较大的影响力，其通过强调3个价值即客户价值、伙伴价值、企业价值，对商业模式的4个主要构成要素进行分解，提出了8个要素：目标顾客、价值内容、网络形态、业务定位、伙伴关系、隔绝机制、收入模式、成本管理。将这些分解要素进行归类，有归于内部因素"价值内容"的，有归于外部因素"技术基础"的，再把"价值内容"进一步分解为几个大类：一般性、知识性、体验型产品和服务。把"技术基础"也进行分类，分为专业性和共享性两大类技术基础，对两部分的要素进行两两组合，得到了以专有技术基础提供一般性产品、以专有技术基础提供知识性产品等12类商业模式[①]。

综合上述，国外对商业模式的分类研究有很多，有的覆盖面广泛但复杂难衡量，有的简单易行却适用面过窄，研究者分别从文化创意产业的各种角度设定了多种分类方式，但尚未形成一个比较全面、具有普适可比性的分类标准。学术界对于文化产业商业模式的分类标准多数基于定性的理论分析，依然无法厘清许多关于商业模式的关键问题，这些关键问题包括商业模式种类、关键影响因素、分类标准模型、进行界定和认知的分类方法、导致商业模式成败的原因等都亟待解答。总的来说，现有的商业模式分类研究对于文化产业通常不能够套用，对其多样异质性体现较多，对不同商业模式进行直观可比性的研究还远远不够。

我国在商业模式方面的研究从引进、消化、吸收再到独自产出和应用是一个必然过程，现在有很多学者在研究内容与方法上还在沿用国外的思路。国内关于文化创意产业的商业模式分类方法的研究比较零散，基本都是从不同角度进行分类分析，有的基于产业链视角提出分类方法，有的基于提供品种类进行商业模式分类等，多停留在具体问题具体分析的描述，缺乏概括性界定的普适性分类模式。

总之，对商业模式的分类研究无论是理论分析还是个案分析，无论是案例归纳还是演绎推理，无论是基于产业链视角还是基于提供品视角，都

---

① 原磊：《商业模式分类问题研究》，《中国软科学》2008年第5期，第35~44页。

存在覆盖面较窄、结论比较零散、系统性不强、偏于个性化问题分析，而无法从普适性角度解决商业模式的分类问题，缺乏从全局角度对文化产业商业模式进行归纳与梳理的学理性研究，十分有必要总结出一个既覆盖面广泛又简单易操作的普适性分类方法，建立起来源于关键影响因素且对其具有综合可比性的、科学性的统一分类标准。

四 商业模式评价研究

迄今为止，商业模式本身还没有一个固定明确的定义，对其效率进行评估和评价也是八仙过海、各显神通，国内外学者为此进行了不懈的努力和积极的探索。

Hamel[1]在商业模式定义和构成要素两方面均有建树，提出了商业模式是否具有财富潜力是该模式能否成功的关键。财富潜力在于独特性、功效、营利性和适用性。而在企业的实际运营中，上述提法很难分析财富潜力中的独特性、功效性，且没有相关的标准证明商业模式是否已达到。因此，此类方法脱离实际无法使用。Afuah 和 Tucci[2]关注企业的营利性，提出营利性因素、营利性预测因素对商业模式的潜力进行评估，一般可以出具前两个衡量因素相关数据，能够比较真实地反映商业模式的盈利水平，更具可操作性。Gordijn[3]从价值观出发，认为商业模式评估的关键是分析不同参与主体的价值流动情况。通过 e~3-value 创建参考模型，利用利润效用表来对商业模式进行有效评估。[4] Dubosson - Torbay[5]、Osterwalder

---

[1] Hamel G., *Leading the Revolution*, (Boston: Harvard Business School Press, 2000), p. 99 - 115.

[2] Afuah. A. and Tucci. C., *Internet Business Model and Strategies: Text and Cases*, (Boston: Mc Graw - Hill Irvin, 2001), p. 32 - 33, 196 - 201.

[3] Gordijn J., Akkermans H, "Designing and Evaluating E - business Models." *IEEE Intelligent Systems*, 2001, 16 (4): pp. 11 - 17.

[4] 欧阳锋、赵红丹、郑广录：《基于 e~3-valued 的网络出版商业模式仿真分析研究》，《中国软科学》2007 年第 3 期，第 134~139 页。

[5] Dubosson - Torbay M., Osterwalder A, Pigneur Y, "E - business Model Design, Classification, and Measurements." *Thunderbird International Business Review*, 2002, 44 (1): pp. 5 - 23.

and Pigneur[①]提出商业模式评估与平衡计分卡结合,实现了设计商业模式的合理性与投入使用后的获利性达到统一。

与国外的研究方法相类似,国内学者的研究也大致分为两类:一类是商业模式成功与否关键看盈利,营利性指标非常重要,并具有可测量性,另一类是将商业模式进行分解,找出主要构成要素,进而对各个部分进行评估。如王翔、李东、后士香则以盈利为导向,结合成长性、运营效率和市场价值来进行商业模式评价。[②] 也有结合营利性和商业模式组成部分进行评价的,如陈翔在对商业模式进行评价时,除了对各个组成部分进行评价外,还引入了反映营利性的财务指标。[③] 如果说商业模式定义研究还更多地集中于定性和实证上,那么对商业模式评价研究就需要进行定量性探索,这既是商业模式评价研究的方向,也是商业模式评价研究的难度所在。由于评价方法多集中在定性评价和实证评价两个方面,所以对商业模式的评价也集中在这两个亟须突破的方面。当然,结合定性和定量评价方法,是对商业模式组成部分和商业模式盈利部分两个维度进行评价所不可缺少的。

第三节 文化产业商业模式的研究综述

一 文化产业商业模式的概念及构成研究

我国文化产业商业模式的研究多年来始终滞后于国外的研究,这与我国的国情和文化体制有着较大关联,即文化主要是为政治服务的。我国文化产业在很长一段时间内由国家负责运营管理,并没有形成真正意义上的产

---

① Osterwalder A., Pigneur Y., Tucci C. L. "Clarifying Business Models: Origins, Present, and Future of the Concept." *Communications of the Association for Information Systems*, 2005, 16 (1): pp. 1 – 43.
② 王翔、李东、后士香:《商业模式结构耦合对企业绩效的影响的实证研究》,《科研管理》2015 年第 7 期。
③ 陈翔:《互联网环境下企业商业模式研究》,东南大学博士学位论文,2004,第 68 ~ 69 页。

业,后来直到市场经济体制的逐步建立,有关文化产业商业模式的研究、文化产业的运营模式研究才成为20世纪70年代的研究热潮并逐渐展开。

1. 文化产业商业模式的概念

李军认为在进入流通前,文化产品要抓住的环节,一是精神文化产品的创作环节,二是精神文化产品与一定的物质文化载体相结合的"物化"阶段。第一个环节劳动者所付出的劳动量无法精确计算,却是最关键的。而第二个环节的社会必要劳动时间是可以计算和考量的,商品经济社会往往实现的是第二阶段的价值。随后,有关文化产业商业模式体系建构过程中政府行为的研究成为学者研究的重点。[①] 金冠军、尚月总结梳理了发达国家的文化管理体制和经营方式,提出我国应该建立起集权—放权—分权的多元文化体制。[②] 范玉刚提出我国社会主义初级阶段不宜笼统提出全面商品化经营的口号,文化产业需要建立多元的价值补偿机制,以促进文化事业的全面发展。文化改革的号角吹响之后,文化产业正式登上历史舞台。这一时期有关文化产业经营模式的专门研究也日益增多。[③] 章顺磊等提出文化产业在商业运行中要注重对文化心理的塑造,植根于地区的文化历史。各地区也形成了针对本地区文化产业发展趋势的研究,如南京、浙江、北京等地立足自身城市特色寻找文化对城市经济发展的带动效应。[④] 陈洁琼以武夷山地区为研究对象,分析武夷山地区文化市场中9大细分市场,并就文化市场出现的问题提出相应的对策。学者研究从宏观文化产业聚焦到某一细分市场或某地区的某一细分市场,研究更具体化和针对化。[⑤] 花建讨论研究广播电影

[①] 李军、罗永常、徐宏:《"一带一路"建设背景下民族工艺品产业化道路探讨:作品·产品·商品》,《广西民族研究》2018年第2期,第127~134页。

[②] 金冠军、尚月:《国外文化管理体制与经营方式初探》,《上海大学学报》(社会科学版)1989年第6期,第31~38、25页。

[③] 范玉刚:《健全文化产业体系研究的问题导向、多维价值与时代关切,学习与探索》2017年第9期,第126~132页。

[④] 章顺磊、叶林:《文化资源向文化产业转化的困境与突围》,《学术探索》2019年第9期,第76~81页。

[⑤] 陈洁琼:《武陵山区文化产业也是支柱产业》,《吉首大学学报》(社会科学版),1998年第4期,第77~79页。

电视的商业运营问题。① 段跃庆、任宁云提出利用将云南独特的民族文化资源优势变为产业优势最终实现民族文化形态产业化的构想，② 经济欠发达地区文化产业开始受到学者关注。夏进③、陈兰香④等分别对土家族、苗族以及彝族的文化产业进行了探讨。马文刚提出了商业模式的成功"SUCCESS"法则，即 Simple（简单）、Unexpected（意外）、Credible（可信）、Combine（整合）、Emotion（情感）、Story（故事）、Secret（神秘），其实更反映了文化创意产业的创意特征。⑤ 胥悦红提出了"创意资本"的概念，即要以资本调动一切力量使创意最终形成一个成功的商业运作模式，并构建了创意产业链的衍生模式，而聚合成一个更大的创意资本。⑥ 以上结论都是在理论分析层面上，将文化创意产业特点概括为以上几大方面，但同时关键因素的分析也离不开以数理分析为基础的定量分析法。邬关荣等认为创新企业氛围、构造价值网络、分享企业内部资源、整合外部资源和企业绩效是文化产业商业模式的五大关键影响因素。⑦ 作者通过收集北京、广州、上海、南京、大连这五大城市文化创意产业的案例进行剖析，将文化创意产业的实际运营状况转化为数据进行科学的分析，结论更具有科学性。

2. 文化产业商业模式的构成

方晓超将文化产业构成因素划分为 5 类，分别为产业价值的实现、目标消费者的确定、销售渠道、合作伙伴关系网和资源的整合能力；⑧ 吴玥

---

① 花建：《文化产业竞争力的内涵、结构和战略重点》，《北京大学学报》（哲学社会科学版）2005 年第 2 期。
② 段跃庆、任宁云：《云南民族文化形态产业化的客观必然性》，《云南社会科学》2000 年第 5 期，第 43~49 页。
③ 夏进：《重庆土家族、苗族文化产业化的前瞻思考》，《重庆商学院学报》2000 年第 8 期，第 8~12 页。
④ 陈兰香：《试论彝州传统民族文化的现代化转型》，《楚雄师专学报》2000 年第 4 期，第 67~71 页。
⑤ 马文刚：《以"SUCCESS"打造创意商业模式》，《销售与市场（管理版）》2011 年第 6 期，第 37~39 页。
⑥ 胥悦红：《创意产业链的动态衍生模式探析》，《改革与战略》2009 年第 10 期，第 120~123 页。
⑦ 邬关荣、熊晖：《基于层次分析法评价动漫产业区域特性——以京、杭、沪、深四地为例》，《经济论坛》2012 年第 2 期，第 41~44 页。
⑧ 方晓超：《文化产业的商业模式创新对策探讨》，《商业时代》2012 年第 29 期，第 133~134 页。

将其分为三类，分别为市场定位、盈利模式和经营系统，在文化产业商业模式构成要素的结构图中将用户、合作伙伴两个要素同样纳入其中。[1] 不过，仍有少数学者在研究文化产业商业模式时将文化产业的特性考虑在内，例如柏定国、陈鑫强调版权制度的重要性，与价值主张、目标客户、关键能力等构成要素相并列，反映了文化产业的知识产权对商业模式具有重大影响。[2]

由于不同学者针对文化产业的研究切入角度不同、研究对象主体不同，因此对文化产业商业模式构成要素的分类也有差别，但总体来看还是围绕文化产业链与价值链展开。

二 文化产业商业模式的运行机理研究

商业模式运行机理的内在逻辑是各构成要素之间相互作用、相互影响所形成的，文化产业商业模式是商业模式在一个与一般行业具有很大不同的领域的应用，不是简单的套用，而是"而今迈步从头越"，需要推陈出新，需要在继承中发展。文化产业与众不同之处在于：独特性与创新性、不确定性与风险性、多样性与差异性、越界性与高端性、市场性与动态性，因而在遵循商业模式一般性的同时，也应该围绕这些产业特性来进行研究。创意产生于大脑，所具有的灵活性、创新性、抽象性的特点赋予了文化创意产业的商业模式，因而在商业模式的选择过程中需要不断探寻有"文化创意"特色的经济发展之路。也就是说，在结合文化创意产业这些特征的基础上发展经济。

柏定国、陈鑫通过分析文化产业商业模式六大构成要素得出，基础设施、财务生产能力、客户、提供物（产品/服务）以及它们之间的相互影响、相互作用就是文化产业商业模式的作用机理；基础设施包括重要能力与关键资源、渠道与合作两方面，是价值主张传递的重要环节，同时影响价值创造；

---

[1] 吴玥：《文化创意产业商业模式研究》，《生产力研究》2013 年第 2 期，第 153~156、192、201 页。

[2] 柏定国、陈鑫：《论文化产业的商业模式》，《福建论坛》（人文社会科学版）2012 年第 10 期，第 49~55 页。

财务生产能力直接体现为文化企业的价值实现;客户为基础,决定文化企业收入来源的多元化能否顺利实现;文化商品即提供物是价值实现的关键,同时受客户需求影响而不断演变和递进。[1] 吴玥认为文化产业商业模式是从内部封闭系统中,把市场、经营、盈利转移到有合作伙伴、用户等参与的新型开放系统中,连接外部创意与内部价值创造,加强知识产权管理,为获取价值培育新的环境,将内部未能充分利用的创意更好地在外部释放。[2]

三 文化产业商业模式的类型研究

针对此类研究,许多学者从不同的角度出发,提出了不同的划分标准,本文以表格的形式予以归类整理(见表1-8)。

表1-8 商业模式类型汇总

出处	商业模式类型	备注
陈少峰、张立波[3]	行业化的商业模式(行业专业化)	陈少峰等将文化产业领域比较成熟的商业模式进行归纳和提炼,分为6大组,并指出,在经营实践中企业往往在不同发展阶段采用不同的商业模式组合,"一主多辅""多种并用,合理配置"
	基础型的商业模式(把企业作为整体价值进行经营、价值增值产业链经营、产业集聚、资本运作与企业并购成长、定制、连锁经营、城市主题化、品牌先行)	
	内在能力型的商业模式(持续化积累、专业化技术领域、专业化文化、内容创新与提供、智库型、创意定制、品牌授权、互补性)	
	提升型的商业模式(项目大型化、品牌化、持续化,组合发展,明星经纪与娱乐结合,改造提升制造业,跨媒体经营,大型项目拉动,反向提升等)	
	资源整合型的商业模式(企业总部集聚、搭便车、消费者互助、知识产权中介、虚拟、资源嫁接、资源捆绑、跨界融合、代工、预制化等)	
	与资本运作结合的商业模式(投资、文化产业基金运作、产权交易、金融服务、合作投资与营销、创业投资孵化)	

---

[1] 柏定国、陈鑫:《论文化产业的商业模式》,《福建论坛》(人文社会科学版) 2012年第10期,第49~55页。
[2] 吴玥:《文化创意产业商业模式研究》,《生产力研究》2013年第2期,第153~156、192、201页。
[3] 陈少峰、张立波:《文化产业商业模式》,北京大学出版社,2011,第54页。

续表

出处	商业模式类型	备注
方晓超①	品牌先行	
	内容为王	
	产业链经营	
柏定国、陈鑫②	产业聚集模式	
	产业链运营模式	
	品牌化运营模式	
	文化资本运营模式	
	跨传媒经营模式	
	平台运营模式	
	跨产业经营模式	
黄锦宗、陈少峰③	未来模式（看重企业的整体价值和未来盈利能力）	基于"互联网+"的时代背景，对互联网文化产业商业模式类型的划分
	平台模式	
	广告营销模式	
	技术服务模式	
	IP（知识产权）改编模式	
	小企业联合平台模式	
陈少峰、陈晓燕④	品牌化和延伸产业链相互促进	基于数字文化产业商业模式类型的划分
	五位一体的平台模式	
	数字全产业链产业集聚	
	用数字技术提升娱乐内容和艺术表现⑤	
	现实借鉴的本土化结合	

---

① 方晓超：《文化产业的商业模式创新对策探讨》，《商业时代》2012年第29期，第133~134页。

② 柏定国、陈鑫：《论文化产业的商业模式》，《福建论坛（人文社会科学版）》2012年第10期，第49~55页。

③ 黄锦宗、陈少峰：《互联网文化产业商业模式创新》，《福建论坛》（人文社会科学版）2016年第2期，第63~68页。

④ 陈少峰、陈晓燕：《基于数字文化产业发展趋势的商业模式构建》，《北京联合大学学报》（人文社会科学版）2013年第4期，第64~69页。

⑤ 陈少峰、李微、宋菲：《新一代信息技术条件下文化与科技融合及其产业形态研究》，《山东大学学报（哲学社会科学版）》2022年第9期，第50~59页。

综上，我国文化产业商业模式研究按照时间脉络，研究对象分别经历了国家层面—地区层面—产业层面的转变，研究内容从宏观政策研究转向文化产业具体细分行业的研究。虽然研究者较多、涉及领域较广，但对文化产业商业模式的研究还停留在个别感性和零乱无序层面，不具有统一的特点和样式，对经济欠发达地区文化产业商业模式研究也聚焦在现状描述和提出对策上，尚未形成针对经济欠发达地区整体文化产业商业模式运行的综合研究。

第二章 经济欠发达地区文化产业发展现状与问题分析

第一节 经济欠发达地区文化产业发展概述

一 我国文化产业的总体发展态势

21世纪以来，随着世界各国纷纷将文化产业立为本国的支柱产业，我国也把大力发展文化事业和文化产业，进而带动区域经济快速发展作为国家战略，文化产业取得令人瞩目的成绩，每年以15%以上增速发展（见图2-1），其中区域文化产业极具特色，其发展引发产业发展的新动能。

	2005	2006	2007	2008	2009	2010	2011	2012	2013	2014	2015	2016	2017	2018	2019
占GDP比重	2.27	2.33	2.39	2.39	2.52	2.68	2.76	3.69	3.69	3.81	3.95	4.12	4.26	4.48	4.54
文化产业增加值	4253	5123	6455	7630	8786	11052	13479	18071	21870	24538	27232	30785	35427	41171	45016

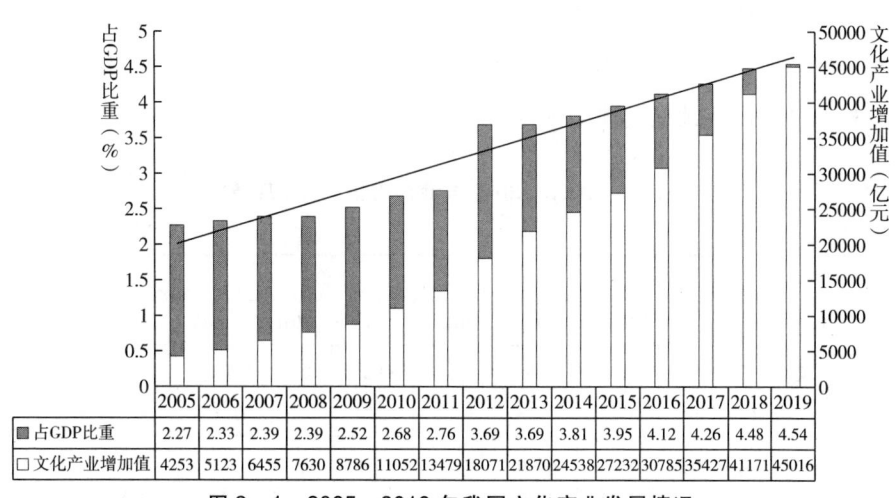

图2-1 2005~2019年我国文化产业发展情况

资料来源：《中国文化及相关产业统计年鉴2020》。

二 近年来主要经济欠发达地区文化产业的发展态势

欠发达地区，是指那些有一定经济实力和潜力但与发达地区还有一定差距，生产力发展不平衡、科技水平还不发达的区域，如我国的中、西部地区。就经济发展水平来讲，我国经济分为发达和欠发达两部分，除了发达地区就是欠发达地区，没有非常精确的定义。一种观点是按照是不是贫困地区来界定是不是经济欠发达地区，这是最窄范围的说法；还有一种观点按照各个地区发展水平在国内所处的相对位置来界定，即将低于全国平均收入的中低收入地区归为经济欠发达地区，中等收入以上就不是欠发达地区；还有一种范围更广的观点，即按照世界银行标准，人均收入低于800美元就是欠发达国家，高于9000美元是高收入国家或称发达国家，在欠发达国家和发达国家之间的国家是中等收入国家。按照这种观点，我国人均收入在世界上还处在较低水平，国内很多地方人均收入即使超过国内平均水平，按国际标准，仍然是欠发达地区，只有部分城市和发展水平很高的县域地区不是欠发达地区。无论按照以上哪种观点，我国中西部的大部分地区基本都属于经济欠发达地区。而且改革开放以来，这些欠发达地区与发达地区之间经济发展上的差距有不断加大的趋势。为此，本书主要选取所调研的新疆、西藏、广西、贵州、云南、宁夏、青海、内蒙古作为分析经济欠发达地区的典型地区（见表2-1）。

表2-1 2005~2019年我国文化产业发展情况

单位：亿元，%

地区	项目	年份							
		2012	2013	2014	2015	2016	2017	2018	2019
内蒙古	文化产业增加值 占GDP比重	31.0 0.19	— 1.72	— 1.69	322.1 1.81	350.1 1.93	378.1 2.35	350.2 2.17	383.0 2.23
宁夏	文化产业增加值 占GDP比重	51.7 2.21	60.0 2.30	67.0 2.44	64.9 2.23	74.4 2.35	81.5 2.37	90.4 3.58	102.0 2.71

续表

地区	项目	2012	2013	2014	2015	2016	2017	2018	2019
广西	文化产业增加值	357.0	396.8	381.4	424.2	449.1	480.0	448.3	501.0
	占GDP比重	2.70	2.74	2.40	2.52	2.45	2.59	2.28	2.36
新疆	文化产业增加值	27.5	—	112.7	112.7	127.9	147.7	258.2	277.0
	占GDP比重	—	—	1.21	1.21	1.32	1.36	2.02	2.03
西藏	文化产业增加值	—	—	27.0	26.5	36.3	38.1	73.7	83.0
	占GDP比重	—	—	5.00	2.58	3.16	2.91	4.76	4.89
青海	文化产业增加值	35.0	43.5	46.7	54.8	63.8	44.6	49.4	53.0
	占GDP比重	1.86	2.07	2.03	2.27	2.48	1.70	1.80	1.81
贵州	文化产业增加值	152.0	209.7	296.9	241.6	285.3	324.0	446.6	461.0
	占GDP比重	2.22	2.62	3.20	2,30	2.42	2.39	2.91	2.75
云南	文化产业增加值	380.3	>600	—	425.1	453.6	517.4	622.4	692.0
	占GDP比重	3.70	6.00	—	3.12	3.07	3.16	2.98	2.98

资料来源：1.《年终盘点：2017年全国各地文化产业发展大揭底》，财经_中国网，china.com.cn；

2.《中国文化及相关产业统计年鉴》（历年）。

近年来，中央及各部门、地方政府为加快少数民族文化产业的发展不断出台各项专门性政策（见表2-2）。在"十三五"期间，中央加大对地方文化事业、公共文化设施建设和非物质文化遗产保护的全面投入力度，总计达69.45亿元；国家特色文化产业名录收入70多个经济欠发达地区文化产业，批准设立藏羌彝文化产业走廊重点项目库，多达22个文化产业园区成为国家级示范基地。

表2-2　党的十八大以来文化产业政策主要类别（截至2021年底）

单位：部

文化产业政策类别		发文机关	数量
文化产业综合政策		国务院、文化部、财政部、工信部、中办等	10
文化与相关产业融合发展政策	文化贸易	国务院	2
	文化金融	中宣部、文化部、财政部、商务部、中国资产评估协会	6
	文化科技	国务院、科技部、国家新闻出版广电总局	5

续表

文化产业政策类别		发文机关	数量
文化与相关产业融合发展政策	文化旅游	国务院、文化部、国家旅游局	3
	其他	国务院、中宣部、国家新闻出版广电总局、国家发展改革委、教育部、财政部、住房和城乡建设部、商务部、文化部、中国人民银行、国家税务总局、国家工商总局、国家文物局、科学技术部、工业和信息化部	12
文化产业资金扶持政策		文化部、财政部	3
文化产业税收优惠政策		文化部、财政部、海关总署、国家税务总局	17
文化产业园区（集聚区）认定相关政策		财政部、工信部	4
动漫企业认定管理相关政策		文化部、财政部、国务院、国家税务总局	3

资料来源：根据国务院、文化部、民委等网站整理。

三 全国各区域规模以上文化及相关产业企业营收情况

根据国家统计局资料，在2016年全国规模以上文化及相关产业企业营业收入中，西部地区总体营收与东部地区相差甚远，增长率却独占鳌头（见表2-3），可见经济欠发达地区文化产业具有的得天独厚的资源与政策优势正在显现；有一批地市及州入选2016年第一批国家文化消费试点城市，其中有鄂尔多斯市、丽江市、黄南藏族自治州和银川市。

表2-3　2016年全国规模以上文化及相关产业企业营业收入情况

单位：亿元，%

区域	营业收入（亿元）	全国占比	增长率
东部	59766	74.4	7.0
中部	13641	17.0	9.4
西部	5963	7.4	12.5
东北部	943	1.2	-13.0

注：表中速度均为未扣除价格因素的名义增速。

资料来源：国家统计局，http：//www.stats.gov.cn/tjsj/zxfb/201702/t20170206_1459430.html。

第二节　各主要经济欠发达地区文化产业发展概况

一　新疆维吾尔自治区文化产业发展概况

新疆是古代丝绸之路的重要通道，也是东西方文明的交汇之地，47个少数民族的文化互相融合，历史文化资源特色鲜明，《十二木卡姆》《阿肯阿依特斯》《玛纳斯》《江格尔》《福乐智慧》《突厥语大辞典》等世界名典，近年来迅速为人们所知晓。能歌善舞的各少数民族在历史上创造了大量的文学、音乐、舞蹈文化作品，少数民族的能工巧匠也制作了各具特色的服饰、饮食、手工艺等大量的生产生活用品，建造了克孜尔千佛洞、交河故城、楼兰遗址等享誉海内外的名胜古迹。民族的多样性、文化的多样性，造就各种特色手工艺、特色演艺娱乐、特色文化旅游等产业，在文化资源上具有比较优势。

根据自治区文化厅调研得知，2013年、2014年、2015年新疆的文化产业增加值分别为908100万元、1109100万元、1126800万元。新疆文化产业增加值占GDP的比重从2009年的3%增加到2014年的约5%，说明文化产业的发展在稳步增长。新疆文化机构数量近年来持续增加，图书馆从2011年的103个增加至107个；文化馆从2011年起增加了5个；艺术展览创作机构则从2011年仅有4个大幅增加到2014年的42个。与文化相关的投入占政府总投资比重逐步增大。文化产业专业技术人才从2011年的6708人增加至2014年的7786人，从业人员数量明显增加。2014年，新疆全区艺术市场演出团体达到80个，一年演出4000余场，创造营业利润4400万元。新疆自治区级文化产业示范基地如雨后春笋纷纷建立，有52家之多，遍布新闻出版发行、广播电影电视、动漫、文化娱乐与旅游、工艺美术、创意设计等领域，2013年，在众多的申报中央文化产业发展专项资金企业中，有15家新疆企业申请到6420万元。2010~2013年，中央文化产业发展专项资金拨付新疆1.2亿元，2017年拨付7040万元。

党的十九大以来，新疆逐步完善文化产业政策，健全现代化文化市场体系。制定了《文化厅2019年文化体制改革发展工作方案》，将现有文化事业单位按照社会功能划分为承担行政职能、从事生产经营活动和从事公益服务三个类别，推行国有文化企业改制，提升企业竞争力。出台了《关于贯彻落实〈国务院关于推进文化创意和设计服务与相关产业融合发展的若干意见〉的实施意见》《文化产业示范基地管理办法》《文化产业发展专项规划（2016—2020年）》等政策文件，在这些产业政策的规范和引导下，文化产业发展环境日趋合理，政府对合规经营的各类企业积极扶持和服务，在创新、税负、融资等方面同等对待，自治区形成多种所有制文化企业共存、共荣、公平竞争的市场发展格局。

推动文化产业发展需要加大投资力度，特别是对固定资产的投资，"十三五"期间投资规模增长强劲，"十三五"收官之年文化产业固定投资相比"十三五"的第二年增长高达225.86%。对固定资产投资的快速增长势头不减，2017年社会投资达8个文化项目，总值130.2亿元，政府计划投资83.3亿元，较上一年增长51.3%。文化产业发展也拉动了产业就业人口增加，"十三五"末为221366人，比"十三五"前一年增长了5.87倍。"十三五"末从业人员占总就业人数的1.95%，比"十三五"前一年提高了1.53个百分点。销售额大的文化批发零售企业和文化服务企业的标杆效应强、收入高，"十三五"末他们年平均工资分别为112598元、104276元，是同年全国平均工资53615元的2倍左右。

新疆是个好地方，到处都有好宝藏，特色文化资源居全国之首，"传统工艺振兴计划"将资源优势转化为产品优势、"和田玉文化产业创意研究推广中心"为和田玉提升蕴藏的价值提供研究平台。让传统的玉器、刺绣、织锦、沙粒画、音乐、舞蹈等有地方特色的文化元素在非遗"活态传承"下，与文化旅游、动漫游戏等深度融合，用高科技手段激活传统的特色文化元素，在时尚的文化产品中得到升华，走进寻常百姓家，也走向高端群体，将古老的意蕴传播下来。

由于新疆地域广、边境线长，周边与8个国家为邻，所以新疆开设有

17个一类口岸、12个二类口岸，成为我国向西开放的重要门户。2010年喀什和霍尔果斯被设立为经济特区，享有特殊优惠政策。2015年国家《推动共建丝绸之路经济带和21世纪海上丝绸之路的愿景与行动》发布，对新疆进行了明确定位，在丝绸之路所形成的与周边国家共享经济带上，新疆要成为联通中亚的重要交通枢纽，多样快捷的商贸物流中心和多种文化交流、促进科教发展的中心，成为以丝绸之路为纽带的相互贯通的多种文明经济带的核心区域。2016年新疆《关于加快推进丝绸之路经济带核心区文化科教中心（文化体育部分）建设的实施意见》出台，为进一步贯彻国家赋予新疆的历史使命，发挥新疆得天独厚的区位和口岸优势，进一步扩大文化对周边的开放与辐射，比较详细地制定了对文化产品、服务出口扶持优惠政策，并加强与丝绸之路经济带沿线各国的文化沟通。在霍尔果斯、阿拉山口、红其拉甫设立对外文化贸易区，并在这些地区建设丝绸之路经济带文化科教中心。

2017年以来新疆旅游业呈现快速发展的态势，也是新疆各地区经济发展的重要支柱。古"丝绸之路"成为到新疆旅游的牵引，文化遗产和自然风景是新疆旅游的重要内容。比较著名的"五区三线"是伊犁塞外江南风光、喀什民俗风情、喀纳斯湖、天池、赛里木湖和博斯腾湖、吐鲁番和库车的古文化遗址。新疆位于丝绸之路经济带核心区，乌鲁木齐的丝绸之路经济带是旅游集散中心，肩负着构筑"一带一路"发展新格局的重要使命，拥有集游客集散综合服务、旅游公共服务、新疆礼物营销展示、精准扶贫产品展销、新疆旅游资源展示体验、酒店餐饮、休闲娱乐、智能化办公于一体的综合服务设施，也是国家旅游局唯一授予的"中国旅游产业创新服务基地"。然而，经过几年的快速发展，新疆旅游有所放缓，主要是对自然风光依赖度高，后期投入不够，在文化遗产保护和发展上协调不够，对旅游衍生产业开发不够；依靠政府这只手可以快速积聚力量，在主导产业取得突破进展，但与市场这只手有时会发生冲突，导致旅游产业链条衔接不畅，导致丰富的民俗、自然资源被浪费或低端开发。要提振新疆旅游，需要两手都要硬，继续加大对旅游资源蕴含的文化价值开发，加大"特色文化＋旅游"的深度结合，让新疆旅游形成多姿多彩的有特色音乐、舞蹈、服饰、美食和手工艺伴随的"特色文化+旅游"的新业态。

总体来看，新疆全区文化产业展现了巨大潜力，但由于政府观念相较于发达地区仍然落后，体制落伍等使得现阶段文化产业发展与发达地区相比在GDP中的比重低很多，新疆文化产业发展要上台阶，确实有产业发展不充分、不平衡，文化消费不充分，要素市场培育不充分等问题，解决这些问题需要提高产业发展质量，优化产业空间布局，拓展市场发展空间，让资金、人才、技术、信息等发育起来，可以预期新疆旅游的明天会更美好。

二 云南省文化产业发展概况

云南处于我国西南边陲，原生民族有25个，自然资源独特，旅游资源丰富，已形成独特的民族文化空间和著名旅游集聚区。云南因自然生态的多样性和文化的多样性而逐渐形成非常成熟的旅游市场，每年都有4000万~6000万名游客，旅游市场每年实现的价值在3000亿元人民币左右。云南省具有独特的民族文化属性和文化旅游市场，其少数民族文化产业发展状况具有很强的典型性和参考价值。

根据统计数字，从2009年开始连续8年云南文化产业增加值发展强劲，占GDP比重年年增速超越5%，文化产业已成为云南省的支柱型产业。[①]目前，云南文化产业经过多年的布局与发展已形成具有比较规模的旅游产业、演艺产业、会展产业和手工艺产业等。2003年的《云南印象》开启了云南的演艺产业。之后，《印象丽江》《丽水金沙》《望夫云》《梦幻腾冲》《花楼恋歌》等演艺项目成为云南文化产业品牌产品，与云南旅游形成相互促进的发展态势。

截至2022年，云南省建有博物馆149个、美术馆10个、村（社区）综合文化服务中心14652个、覆盖率达到90.6%，图书馆151个、达标率

---

① 2012年文化产业统计口径变化，根据全国统计口径，2012年云南文化产业增加值380.3亿元，占比3.7%；根据云南省统计口径，2012年云南文化产业增加值635亿元，占比6.1%。

为94.6%，文化馆148个、达标率为75%，乡镇综合文化站1434个、达标率为82.7%。云南大力发展数字经济，建成"文化云南云"公共文化服务大数据平台，覆盖省级16个、州市共1021个公共文化场馆；在广大农村乡镇积极推动文化信息资源共享工程，将中华传统的文化信息资源以及贴近大众生活的现代社会文化信息资源传给千家万户，通过工程实施，乡镇以上覆盖率达100%、农村覆盖率达95%。①

云南地质结构丰富，森林高覆盖，多民族杂居，形成了丰富的历史文化遗产，云南省高度重视对文化遗产的保护和利用，利用信息技术，建立了全省覆盖、分级保护的文物史迹网络。据统计，至2022年6月，云南省在拥有世界遗产方面列全国第二位，在5处世界遗产中有2处是文化遗产；在拥有中国传统村落方面列全国第一，共计615个，占全国总数的15%；在拥有各级历史文化名城方面居全国前列，共有84处；在拥有固定文物点和可移动文物方面数量可观，分别有14704处和784196件；文物保护单位是指具有历史、艺术、科学价值的古文化遗址、古墓葬、古建筑、石窟寺和石刻等。在拥有的各级文物保护单位方面，全国重点文物保护单位132个、省级文物保护单位332个和市县级文物保护单位3741个，占全国总量的5.3%；在拥有省级备案博物馆方面，国有文物系统88个、国有非文化行业系统21个、民营22个；在拥有各级非物质文化遗产保护名录方面，有国家级122项、省级610项、州市级2103项、县级4973项，"傣族剪纸""藏族史诗格萨尔"2个项目入选人类非物质文化遗产代表作名录；在拥有非物质文化遗产传承人及保护传承机构方面，有国家级传承人125人、省级传承人960人和保护传承基地28个、州市级传承人2649人和传习中心11个、县级传承人7321人；在拥有文化生态保护区方面，国家级文化生态保护实验区的数量占全国的1/10；在省级民族传统文化生态保护区方面，21个民族的聚居村寨有85个，居全国之首；在非物质文化遗产保护和振兴方面，有国家级生产性保护示范基地4个、国家传统工艺振兴项目14个。

---

① 资料来源：云南日报网，http：//yndaily.com，2022年6月11日。

在国家宏观政策引导下，云南省对文化产业进行了战略布局，在产业结构、人员配置、资金配套上进行了调整，结出了丰硕的成果。一个初具规模的文化市场已经形成：市场经营机构11901个、行业人员5.61万人，建水紫陶文化产业园成为首批国家文化产业示范园区，一批特色工艺品成为知名品牌，如刺绣、扎染、斑锡、斑铜、乌铜走银等，在文化产品出口创汇上成为生力军，丽江市、昆明市在旅游的带动下文化消费成为主流，被列为国家级试点城市，动漫产业在成长壮大，动漫企业升级上档次，有6家通过国家认证，开发出2个动漫创意项目获得国家政策的大力支持，并被列入动漫扶持计划。作为文化传承的重要场所，省博物馆、省图书馆发挥了核心作用，成为国家级试点单位，云南省国家藏羌彝文化产业走廊云南廊道项目得到国家的高度认可，其中11个项目被列为国家重点，云南以第五届南博会文化创意展展示了文化产业所取得的成绩。

综上，得益于天时、地利、人和，加之文化产业起步较早，云南形成了文化产业发展的"西部模式"，得到学界和企业界的认可。天时，云南四季如春，都是旅游的季节；地利，地质构造具有多样性，奇峰秀水，自然景观资源全国翘楚；人和，国家地方各级政府出台好政策，文化企业大胆创新、共同营造西部特色的商业模式。通过现代科技手段将民族文化元素进行创新，并与云南特色旅游进行架接，衍生出很多具有少数民族传统文化特色的产品，以旅游带动演艺、会展、手工艺品等，形成云南旅游系列品牌效应，产生相关产业共同发展的局面。依赖于得天独厚的自然与文化资源，云南旅游已经是家喻户晓的世界品牌，同时依托少数民族优秀的传统文化资源，推陈出新，打造了一些优秀的文化产品，推动了演艺产业的发展。演艺业与旅游业相互促进、相辅相成，成为云南文化产业的两大支柱。与旅游业和演艺业的辉煌相比，手工业显得比较暗淡，很多企业还停留在家庭手工作坊水平，只是作为谋生的手段，成规模的文化企业较少，而专门经营民族文化产业的成规模的企业更少。令人可喜的是旅游业开始带动传统手工业也逐渐走向集群化、规模化生产，例如"刺绣文化产业集群"集中了生产圆角刺绣、石屏彝族（花腰）刺绣和腾越刺绣的公司；"大村模式"将刺绣、木雕、文艺演出等小作坊、小团体进行整合，在空间布局上进行集聚、在行动上统一规划，用共同的文化理念创造出规模效应。

三 西藏自治区文化产业发展概况

西藏自治区处于我国青藏高原西南部，与印度、尼泊尔等国相邻，藏族占自治区人口的大多数。根据近年来相关政府的规划，西藏将重点打造藏羌彝文化产业走廊18个重点项目，争取扩大集聚效应，将文化旅游、特色餐饮、特色民族手工艺品等联合起来形成产业集群，有力推动西藏文化产业的发展。

近年来，自治区政府越来越重视文化产业在西藏经济发展中的地位，培育西藏新的主导性、战略性、支柱性产业。在"文创西藏"新理念的引导下，西藏以建设国家级、自治区级文化产业示范基地为中心，先后建成41家，其中，"中国藏民族音乐产业基地"更是中国成立的第一个以藏民族音乐为主题的文化产业基地。"藏博会"迄今已举办4届，其主旨体现了新时代背景下西藏传统文化产业转型升级。同时也是宣传和推销藏毯（编织）、藏香、唐卡、造像特色文化产品的窗口，文化产业产值逐年增加。2018年，西藏文化产业产值达46亿元，文化企业数量超过4000家。伴随着西藏旅游热潮的兴起，其文化产业发展被逐步带动起来，2017年，拉萨、林芝、山南三市公共数字文化升级工程已全部完成。西藏文化产品2019年成交金额超过1300万元，创历史新高。《文成公主》藏文化大型史诗剧等民族类歌舞演出市场活跃，吸引越来越多的观众进入剧场。自治区3家文化企业、30个西藏特色文创产品走向了国际市场。

西藏虽拥有丰富的文化资源，但受经济、科技等条件的制约，文化产业的竞争力相对较弱，规模小、科技含量低，缺少具有竞争力的市场主体，整体实力不强。文化产业受经济发展的制约，西藏经济总量较小，文化产业也随经济的发展处于起步阶段，文化市场的规模化还在培育，很大程度上依赖于政府主导、政府支持；产业配套环境没有形成，产业类型单调，产业布局零散，整个产业尚未形成统一、规模化的发展格局；比如，西藏旅游仍在"门票经济+纪念品消费"阶段徘徊。传统家庭作坊式的手工业随处可见，规模以上的企业屈指可数。为藏族文化所特有的唐卡、藏香、藏毯等传统手工业还需扩大合作，形成完善的产业链，进一步挖掘文化潜力，产业集聚能力有待提升。

国家的产业扶贫政策也推动了西藏文化产业的发展，文化产业带动自治区经济增长的趋势愈加明显。尽管西藏的文化产业增加值目前规模较小，但随着基础设施不断完善，比如交通更加便利、通信更加畅通，魅力西藏前景可观。藏域高原的生态旅游与文化资源相映成趣，西藏的文化产业必将在世界之巅独放异彩。

四 青海省文化产业发展概况

青海省位于青藏高原之上，省内有藏族、蒙古族、回族等43个少数民族，人口约580万，省内盆地、山川、河流交互，地理环境偏恶劣。由于地处中原、西藏、西域、北方草原民族四大文化圈内，青海的文化中包括昆仑文化、河湟文化、宗教民俗文化等。近年来，青海省围绕以昆仑文化为主体的多元文化体系着力打造"一圈五区"的发展布局。西宁市打造都市休闲及设施农业产业圈；海东市打造民俗文化及现代农业特色区；环青海湖地区打造景观旅游及生态农牧业特色区；玉树、果洛藏族自治州打造藏文化体验及草地畜牧业特色区；海西蒙古族藏族自治州打造盐湖观光及绿洲农业特色区；黄南藏族自治州打造热贡艺术及水上体验特色区。

青海特殊的文化资源主要有青海特色生态文化、民族文化（由江河文化、草原文化、宗教文化构成）。藏羌彝文化产业走廊（青海片区）带动17个文化产业项目，先后投入20多亿元资金，从业人员达4.4万人，经济欠发达地区文化企业有1591户。规划范围涵盖黄南、海北、海南、海西、果洛、玉树6个藏族自治州，黄南州——热贡文化特色区，主要展示唐卡、泥塑、堆绣、藏戏等；海南州——文化产业集聚区，展示藏绣、民族服饰等；海北州——环湖文化旅游集聚区，可以前往门源百里花海、王洛宾音乐体验基地、达玉民俗村等；海西、果洛、玉树——文化产业集聚区，主要有昆仑玉、湟中银铜器制作等。打造"六个品牌"，包括丝路花儿艺术节、玉树康巴艺术节、热贡六月会、土族纳顿节等。争创国家特色小镇，有化隆回族自治县群科镇、乌兰县茶卡镇等6个镇入选。

2011~2018年，青海省文化产业增加值年均增长21.09%，2019年文化产业驱动力指数居全国第5位。近年来创作的歌舞话剧《草原之子》《大美青海·丝路之光》《千里和缘》《音画玉树》《唐卡》《七个月零四天》等原创舞台艺术特色剧目和动漫作品《格萨尔王》等打造出独具特色的民族民间歌舞文化；牵头举办西北五省区"丝路书香出版工程"工作协作会，推动西北五省区新闻出版信息交流平台建设；互助土族纳顿特色文化产业发展示范项目入选国家特色文化产业重点项目；热贡龙树画苑唐卡加工项目等17个项目入选国家藏羌彝文化产业走廊重点项目，城南文化产业聚集区丝路创意产业园项目入选国家文化产业重点项目。

近年来，青海省还以体育旅游为牵引，以多种形式推进体育、健康、旅游、休闲、养老、文化、宜居综合开发，建设高原运动休闲特色小镇，能促进镇域运动休闲、旅游、健康等现代服务业良性互动发展，推动产业集聚并形成辐射带动效应，为城镇经济社会发展增添新动能。在拓展和深化体育与文化融合方面，通过"赛事+"的新模式，赋予赛事更多的文化内涵，促进体育产业转型升级，以赛为媒，宣传展示青海自然生态、人文文化，开展经贸洽谈和招商，推动体育产业与文化、旅游的深度融合。

据相关数据，2018年青海省文化及相关产业增加值达73.87亿元，比上年增长16.5%，占全省GDP的比重为3.48%。到2019年底，文化企业快速增长到6000多家。中央文化产业发展专项资金投入2391万元，让13个项目受益。"十三五"以来，文化产业招商引资成为重头戏，青海受益匪浅，签约项目18个，吸引资金11.45亿元。①

2016年12月，省政府出台了《关于加快发展文化产业的意见》。一方面发放演出场租补贴，减轻演艺团体的经济压力，另一方面发放含有政府补贴的"文化惠民卡"，吸引更多的群众来观看演出，通过常态化的演出，

---

① 资料来源：青海省统计局。

丰富了群众精神文化生活。2019年的《高层次文化人才引进实施办法》和《文化人才培育实施办法》对文化产业人才的吸引、培养和使用起到了推动作用。在财税方面，降低文化产业发展的税负、免除国有重点文化企业的国有资本收益税，通过一系列的财税优惠政策加快文化产业发展。

综上，青海省文化产业起步较晚，但由于思路开阔、做法创新而发展较快，文化产业后来居上，后发优势凸显。在"十三五"期间，文化产业增加值年均增长20%、固定资产投资增长7.6倍，文化对旅游的支撑更加凸显，青海湖、塔尔寺等文化资源是拉动青海旅游业发展的重要支撑，特色文化品牌进一步彰显，走出国门。凭借唐卡、藏毯、藏香、绣品、雕塑等传统手工艺产业构成了海南州——中国藏绣艺术之乡、黄南州——热贡文化品牌之乡、贵南县——中国藏绣生产基地等具有品牌特色的区域，产品出口到美国、意大利、蒙古、印度等国家，对宣传青海民族文化、史前文化起到积极作用。根据青海省政府的2018~2022年未来发展规划，青海将进一步构建具有鲜明青海特色、明显比较优势的特色文化产业体系，推动文化产业规模化、集约化、专业化发展，使得"大美青海"日益成为青海省对外交流的一张名片。

五 宁夏回族自治区文化产业发展概况

宁夏回族自治区处于黄河中上游，是华夏文明重要的发祥地之一、是35个少数民族的聚居地。宁夏拥有西夏文化、塞上风光等独特历史和自然资源，以黄河文化、西夏文化、回族文化等民族区域特色文化为主。

近年来，宁夏文化产业增加值逐年提高，且在GDP中的比重逐年增加，2011年自治区文化产业增加值43.7亿元，占GDP比重为2.08%；2012年文化产业增加值为51.7亿元，占GDP比重为2.21%；2013年自治区文化产业增加值为60亿元，占GDP比重为2.3%；2015年文化产业增加值为64.94亿元，2016年全区文化产业实现增加值74.4亿元，占GDP比重为2.35%，比上年增长14.5%。2017年，全区文化产业实现增加值81.5亿元，比上年增长9.5%（未扣除价格因素，下同），比同期全区

GDP名义增长率高0.8个百分点，文化产业增加值占全区GDP比重为2.4%，比上年提高0.02个百分点。2018年，全区文化产业实现增加值89.4亿元，比上年增长9.7%。2019年，全区文化产业实现增加值97.5亿元，比上年增长9.1%。在全国31个省（区、市）中排名第25位，在西北五省区中排名第2位，均比上年前移一位。到2020年底，宁夏共有文化产业单位1.2万家，从业人员7.5万人，其中规模以上文化企业108家。文化产业示范区和基地分为两级，国家级为1家和6家，自治区级为4家和53家。自治区还有示范户66家、特色村镇5个。

2015年，宁夏就完成了对全区文化产业进行统筹布局、特色引导的《宁夏丝绸之路文化产业发展规划》和《贺兰山东麓葡萄文化长廊文化发展规划》的编制工作。与此同时，自治区政府出台了一系列文件给予文化产业相关活动优惠，以此来进一步推进文化产业的集群化发展，推动转制文艺院团深化改革。目前已经形成了文化旅游业、会展业、演艺业、文物艺术等主流产业，其中比较突出的是以中卫"沙坡头"为核心的沙漠文化旅游产品，中华回乡文化园、镇北堡影视基地等已经成为文化产业示范基地。少数民族能歌善舞，而舞又是最能抒发情感的文化元素，用舞剧形式打造的《月上贺兰》《花儿》，电影作品《同心》《画皮》，动漫作品《薯仔历险记》深受人们的喜爱，成为具有地方民族特色的文化产业项目。《神秘的西夏》等影视作品入围国产优秀影视纪录片，《西夏乐舞飞天》获中国工艺美术品金奖。举办银川文化艺术创意节、互联网电影节、宁夏博物馆文创产品设计大赛等系列文化创意活动。截至2020年6月，宁夏人民剧院累计演出576场，惠及观众近70万人次。宁夏博物馆、固原博物馆、宁夏图书馆成为全国文化文物单位中文化创意产品开发试点单位，已开发文化创意作品200种。2017年，自治区文化厅借央企之力推动宁夏文化创意产业加快发展，与中国动漫集团签订战略合作框架协议，联手举办宁夏"一带一路"动漫节和"艺术宁夏"艺术品博览会，建立中国动漫集团众创空间宁夏基地。

宁夏文化产业取得长足进步，但和其他西北诸省区相比，发展稍显缓慢。在文化产业的主要方面，如公共文化设施建设与服务、各种产业聚集示范园区建设、特色文化和旅游资源融合、遗产保护和传承等方面任重而道远。古老蜿蜒的黄河文明、浓郁回味的回乡文化、神秘悠远的西夏文化、光荣神圣的红色文化等有待深入挖掘和弘扬。随着近年来闯新路、走市场，多措并举的推进，宁夏文化产业正由体量小、整体比较落后的起步阶段向着逐步形成产业主体快速成长，培育文化企业数量逐年增加；园区基地不断壮大；文艺惠民乐民深入推动；宁夏演艺市场日益成熟；文化产业整体规模向逐步扩大的方向推进，尤其在构建文化旅游、工艺美术、节庆会展、演艺娱乐等文化产业体系方面有新的突破。

六 内蒙古文化产业发展概况

内蒙古自治区地处中国北部边陲，横跨东北、华北、西北地区，接邻8个省区，北与蒙古国和俄罗斯接壤，是中华文明的发祥地和草原文化的源头，少数民族人口数量众多，全区有49个少数民族。草原文化、蒙元文化、昭君文化、中蒙苏边贸、三少民族文化、乌兰牧骑、那达慕等各类文化资源交相辉映，拥有大面积的草原、森林资源及马头琴、摔跤、呼麦等蒙古族文化艺术资源。匈奴、鲜卑、契丹、蒙古等各北方民族的文物古迹遍布全区，馆藏文物和散布各地的文物古迹等物质文化遗产在全国首屈一指，现有2项世界级人类非物质文化遗产代表作；78项具有代表性国家级非物质文化遗产项目；398项具有代表性自治区级非物质文化遗产项目；盟市级项目1190项；旗县级项目2312项。有国家级非遗项目代表性传承人37人，自治区级传承人508人，盟市级传承人2104人，旗县级3732人，基本实现了全区非物质文化遗产代表性项目及其代表性传承人的分级保护。并开展了对元上都遗址、大窑文化遗址、红山文化遗址、阴山岩刻遗址、辽上京遗址等十余处重点文物保护单位的保护工作。悠扬的马头琴是草原文化的鲜明特征，在内蒙古无处不在，草原文化打造了独特的旅游业、演艺产业、民俗工艺品产业等，这些产业交相辉映、共同发展。

内蒙古旅游业具有独特的资源优势，优美的草原风光、独特的民族风情吸引众多游客流连忘返，在天似穹庐、笼盖四野的美景下，欣赏和体验民族歌舞表演、那达慕大会、篝火晚会、祭敖包、骑马等民俗活动。演艺产业方面也是硕果累累，大量优秀作品纷纷涌现，《鄂尔多斯的婚礼》《昭君出塞实景演出》《盅碗舞》《吉祥颂》等以实景演出走进人们的生活，以多种文艺表现形式进行模式创新。内蒙古自治区已经成功承办14届草原文化节，建成5家国家级文化产业基地，有一批文化产业园区正在建设中，规模与集约效应初显。这种聚集效果可以打破地区、部门、行业界限，演出、传媒、会展、节庆、音像等行业也纷纷效法。

经过"十三五"以来的长足发展，全区文化产业单位范围不断扩大，形成相关的休闲娱乐、信息传输、创意和设计服务等10个行业，在全区的50个行业中，文化产业门类增加迅速、趋向齐全。文化创意产业的发展为文化传统产业如新闻出版发行、广播电影电视、文化艺术、文化休闲娱乐等注入了活力，让它们协调发展。全区规模以上[①]文化企业主要集中在呼和浩特市、包头市、鄂尔多斯市，2019年，三地规模以上文化企业达到149家，年末从业人员10912人，实现主营业务收入138.90亿元，拥有资产325.13亿元，分别占全区规模以上文化企业的56.3%、61.4%、67.6%、82.7%，呼包鄂地区已占五成以上。

基本公共文化设施逐渐完善。近5年，内蒙古陆续实施了乡镇苏木综合文化站工程、文化信息资源共享工程、公益性文化机构免费开放和文化遗产保护及广播电视户户通等重点文化工程。先后建成鄂托克旗托雷伊金博物馆、百眼井遗址保护和岩画遗址保护项目、土左旗文化中心和兴安盟广播电影电视局户户通广播电视工程等一大批公共文化设施项目。

广播电视覆盖面持续扩大。2015年已达到广播、电视综合覆盖率99.05%、99.1%，有线电视达到347.34万户。卫星传送的汉语广播电视节目，全国及亚太53个国家和地区可以接收，每天蒙古语卫视播出长达

[①] 规模以上文化制造业企业、限额以上文化批发零售业企业和规模以上文化服务业企业的总称，具体包括：年主营业务收入在2000万元及以上的文化制造业企业；年主营业务收入在2000万元及以上的文化批发企业或主营业务收入在500万元及以上的文化零售企业；从业人数在50人及以上或年营业收入在1000万元及以上的文化服务业企业（其中文化和娱乐业的年营业收入在500万元及以上）。

18 个小时。

内蒙古文化产业增加值在"十三五"期间年均增速达 22%，已经高于同期 GDP 增速 12 个百分点，2019 年达到 625.5 亿元，占 GDP 比重提高到 2.82%。近年来，内蒙古相继出台涉及知识产权、文旅融合、文艺创作、戏剧振兴、保护文物、非遗保护开发等文件，为文化产业繁荣发展提供方向引领和动力支持。命名了骨干文化企业 20 个、重点小微文化企业 70 个，认定了 70 个自治区重点文化产业项目。已成功举办 5 届鄂尔多斯文博会，在产业融合、产业新业态等诸多方面，展示了内蒙古地区文化产业发展成就。自治区政府制定了第十三个五年规划纲要，规定到 2020 年文化产业增加值占比达到 4%。内蒙古文化产业的发展主要受益于文化服务业，其占近 80%，文化产品制造业占比偏低。2019 年，内蒙古文化制造业企业 642 家、文化批发零售业企业 1616 家和文化服务业企业 9685 家，占文化产业企业总数的比重分别为 5.4%、13.5% 和 81.1%。①

综上，内蒙古文化产业发展迅速，连续多年增加值幅度居中高水平，与蒙俄接壤，内蒙古文化独具优势，内蒙古文化"走出去"的美好前景似乎才刚刚开始。内蒙古文化产业发展虽初具成效，但区域内发展不平衡，文化产业结构尚需优化，文化科技融合度低，文化消费意识有待加强。近年来，文化产业与科技、旅游等相关产业由一般性融合向纵深融合发展，需要打造"草原文艺网络"品牌。培育"艺术+科技、旅游、金融、产业、互联网"的跨界艺术品牌，创建开放、共享、协调的内蒙古民族艺术文化产业。只有推动文化与旅游深度融合，才能从根本上改变草原文化规模以上企业少、对周边产业的影响小、集聚能力差的局面。

七 广西壮族自治区文化产业发展概况

广西与东盟多个国家在风俗和文化上相通相近、一脉相承，有自身的地缘优势。广西有 13 个少数民族，其中壮族人口最多。广西有丰富的文化

---

① 国家统计局：《内蒙古"十三五"文化产业发展综述及"十四五"展望建议》。

资源，近年来，广西整合文物、古迹、名胜、民俗、礼仪、戏剧等文化资源，通过实景演出、节庆会展、文化旅游产品等丰富旅游文化内容，加快发展重点文化旅游区、建设重大文化旅游项目，全面推进文化旅游业。

对自治区影响较大的传统行业主要有奥群彩印、真龙彩印、广西日报印务集团、南宁高新区的印刷企业等印刷行业和造纸行业，博白、浦北、都安的工艺品制造等天然植物纤维编织工艺品制造行业。这些传统行业都具备一定的基础，形成了一定的产业规模，也拥有一定的市场份额，要推动广西文化产业发展，必须做强这些传统产业。

广西独特的区位优势和民族优势，使文化产业发展势头好、潜力大。南宁作为中国－东盟博览会永久会址使得广西成为中国－东盟经贸合作的桥头堡，可以通过会展业和旅游业为广西文化产业发展带来新的契机与动力。《广西文化产业跨越发展行动计划（2017—2020）》提出以"双核驱动""四维发展"战略为基础，引导各地根据资源禀赋和功能定位，加强重点文化产业区域布局，充分发挥各地的资源和产业优势，制定了六大重点产业带——海丝文化、西江文化、世界遗产文化、民族风情文化、红色文化、沿边文化等规划。同时，注重与统筹城乡文化产业发展和全面脱贫攻坚相结合，使自治区文化产业发展成为新型城镇化建设的黏合剂，成为"老少边穷"地区脱贫攻坚的"助推器"。

广西旅游业、演艺业带动了文化产业全面发展。从旅游业的拉动效应看，建设了5A级、4A级景区（点）4个和11个，围绕桂林、南宁的重要旅游资源，重塑或打造桂林山水甲文化、环北部湾滨海出境、南国边寨风情、桂东宗教历史文化、桂中民俗风情、桂西奇山秀水等旅游文化精品；从演艺业的成效看，中国－东盟博览会、"三月三"歌节、美丽中国等文化项目影响巨大。特别是《印象·刘三姐》通过实景演出的大胆创新，轰动广西、全国，成为广西歌舞演艺业的著名文化品牌，再通过高科技手段，在线上就可以全景展现原生态的民族风情。

近年来，广西文化产业有所发展，根据自治区统计局的数据，2019年全区文化及相关产业（以下简称文化产业）增加值为764.22亿元，比上年增长11.2%，同比提高7.9个百分点。增加值占全区GDP比重为

2.52%，比上年提高0.1个百分点。其中，文化产业法人企业增加值为584.07亿元，比上年增长18.5%；非法人企业80.15亿元，比上年增长3.5%。与全国规模以上文化及相关产业企业实现营业收入增长7.5%相比，增速高4.8个百分点。但与西部地区增长12.5%相比，低0.2个百分点。2019年1~12月，规模以上文化及相关产业企业实现营业收入523.18亿元，比上年同期增长9.1%，但营业收入增速比全国平均水平高1.6个百分点。

广西经济落后带来的长期各方面落后，使得文化产业发展还存在不少问题和困难。广西人均收入处于全国偏低水平，很难拉动当地的文化消费。受地理环境、人口分布、对外交流、资金不足等多因素影响，广西各地区的文化产业发展不平衡，缺少有影响力的大型企业、缺少对文化资源的认识与挖掘、缺少产业结构多样化等问题普遍存在。与西部文化大省的差距逐步拉大，与支柱产业的要求存在较大的差距。

八 贵州省文化产业发展概况

贵州是多民族杂居的省份，除汉族外，贵州的少数民族主要有苗、布依、侗、彝、水、回、仡佬、壮、瑶、满、白、土家等，其中在人口数量上，苗族、布依族、土家族、侗族和彝族居前5位，少数民族人口约占全省总人口的39%。贵州民族众多，特别是几个主要世居少数民族历史形成的特色文化，使贵州拥有大量与众不同的文化民俗，地处边缘区域，以及自我发展的封闭性，让贵州民族文化保存了明显的原生态性，而形成弥足珍贵的文化遗产，以及具有强烈民族特色的传统节日与歌舞曲艺。地方特色戏曲有花鼓、梆子和黔剧等，傩戏被称为"中国戏剧活化石"，是中国最古老的文化之一，有独特的审美价值和意蕴。世界傩戏在中国，中国傩戏在贵州。在贵州开展傩戏研究，正当其时。还有将世界两大染色绝技完美传承的"贵州蜡染"，音色清越优美、雕刻精致细腻的箫笛等独特的文化遗产。物华天宝、匠心独运、琳琅满目是贵州文化资源的特征，这些特征具有的原生态属性，让贵州文化产业的发展具有独特的资源保证和排他性的竞争力优势。

贵州又称"喀斯特王国",多种喀斯特地形在不同地域的差异化组合,造就了贵州有1000多处具有较高价值的旅游景点。茂兰喀斯特森林把千姿百态的山光水景、地下溶洞与碧绿的森林景色糅合在一起,呈现出一幅完美的自然景色;黄果树大瀑布以雄奇壮阔、连环密布的瀑布群而闻名于海内外;龙宫集溶洞、峡谷、瀑布、峰林、绝壁、溪河、石林、漏斗、暗河等多种喀斯特地质地貌景观于一体,是国家5A级景区;梵净山千姿百态、峥嵘奇伟,是中国第五大佛教名山。贵州布满了中国古人类活动的遗迹,从黔西观音洞可以找到旧石器时代早期文化遗址,还有石器时代遗址80余处,各具情态的岩画石刻200余处。贵州出土了大量的青铜文物,土司城堡是迄今为止国内罕见的保存完好的古代军事要塞。在近代发展历史上,贵州保留有遵义会议会址等红色资源。为此,贵州素有"千岛文化""民族生态博物馆"等美誉。借助得天独厚的历史、多样杂居的民族、耀眼夺目的红色历史、喀斯特山地和大搬迁的三线历史等文化资源,目前,贵州有世界级民族民间文化遗产侗族大歌,有国家级非物质文化遗产名录苗族古歌、苗绣、水族端节等85项,426个特色村寨入选中国传统村落名录,数量蔚为可观。各种民族节庆集会络绎不绝,是名副其实的民族文化资源大省。

贵州的民族文化资源丰富多彩。首先是多元化与多样性。侗族大歌、布依族"八音坐唱"各放异彩;苗族的"四月八"、布依族的"六月六"、彝族的火把节欢庆各异;苗族刺绣服饰、侗族轻便服饰、布依族蜡染服饰各不相同。其次是原生态,从民族村寨的秦汉遗风、唐代发型、宋代服饰、明清建筑等古老的传承中可以窥见。保存着原生态风貌的苗族、侗族、布依族歌曲、舞蹈、服饰、节庆等,传承了千百年。贵州民族文化具有深厚人文底蕴和顽强的生命力是原生形态保留如此完整的根源。最后是和谐共处、求同存异。贵州是汉族和少数民族交汇之地,形成"大分散、小聚居""又杂居、又聚居"的分布状况。在黔北及东北区域主要是汉族移民,在黔东南方位分布苗族、侗族,在黔南和西南地域是布依族和苗族,在黔西北杂居彝族、白族、回族、仡佬族、苗族、汉族等民族,在黔中共处汉族与其他民族。这些分布形态使各个民族在文化上有很强的包容性、互通性、共融性，形成了你中有我、我中有你、"和而不同"的民族文化特色。

近年来，"多彩贵州"已受到越来越多的国内外人士的关注，通过多种艺术形式、多种包装设计以及多种衍生品，贵州正形成越来越亮的文化品牌，与"多彩贵州"相关广告、建筑艺术、手工艺品、时尚设计以及旅游、博物馆、遗产等产业相生相催。另外，传统产业要升级，实现产业结构优化，必须与文化创意产业相融合。例如，在茅台中加入文化因素，提升茅台酒的品牌价值。全省文化产业增加值从2012年仅有152亿元，占GDP的比重为2.22%，发展到2019年增加值达到798亿元，占比达到3.79%。文化产业年均增速超过20%，高于同期全省GDP增长水平，也高于全国同期文化产业平均增长水平。

贵州着力培育新兴产业，从2016年贵州获批成为首个国家级大数据综合试验区起，以此为契机，需要梳理和整合各种资源，形成虚拟规范的云资源，用文化产业去融合旅游与科技，用新兴媒体去改造传统媒体，用文化园区去统领综合体建设。"云上贵州—媒体云""中国文化（出版广电）大数据产业"等一批"文化+大数据"项目正在加快建设，从数据资源应用、数据要素流通、大数据产业聚集等方面开展系统性试验。大数据、大旅游、大扶贫，为贵州文化产业实现跨越式发展提供了有利机遇。"十三五"期间，文化产业发展迅速，已开发3万多处景点，其中有40多个重点文化产业项目，投资超过220亿元。"文化+大数据"打造了各种各样的发展模式，让贵州的世界文化遗产、世界自然遗产、红色文化、白酒文化、少数民族文化、古老村落等大放异彩，贵州文化产业在迅速崛起。

从工业体系上看，贵州是"经济洼地"，贵州省的支柱产业是能源、烟酒，贵州的优势产业是特色食品和民族制药。但这些产业总量小、产业化水平不高、产业效益低下。如上所述，贵州又是文化资源富集的"精神高地"。用文化产业带动工业体系转型升级，既是贵州文化资源蕴含巨大潜能的爆发点，也是供给侧改革的正确之路。

在后金融危机时代，贵州作为"经济洼地"和"精神高地"，有条件吸引技术、资金。为此，一是要改善市场化程度不高、与市场需求结合不够紧密的现状。二是要缓解区域发展不平衡、城乡发展不平衡、领域发展不平衡问题，让发展水平相对较高的黔东南、黔南、黔西南三个民族自治州带动相对滞后的民族自治州；让城市带动乡村；让已成品牌的民族音乐、歌舞、服饰等强势文化产业带动民族节庆、民族村寨、民族食品、民族历史等弱势文化产业的发展。三是要在洼地效应和高地效应共同作用下，加强人才队伍的培养，特别要重视非物质文化传承方面后继乏人的窘境。比如仡佬族民间的务川高台舞狮是省级非物质文化遗产项目，动作难度高，安全风险大，学习的青少年越来越少，该项传统杂技表演面临没落的危险。

第三节　经济欠发达地区文化产业发展的 SWOT 分析

经济欠发达地区文化产业的发展依赖于其日益壮大的文化类企业的支撑，本章运用管理学的 SWOT 分析法作为分析工具，把经济欠发达地区文化类企业作为研究对象，通过对有代表性企业的分析，找到经济欠发达地区文化产业发展的优势（Strength）之所在、劣势（Weakness）在哪里、机会（Opportunity）有哪些、威胁（Threat）源于哪儿，从而探寻将资源与环境有机结合的、符合经济欠发达地区的文化产业发展之路。

一　经济欠发达地区文化产业的发展优势

1. 资源禀赋优势

我国多数经济欠发达地区在气候、地理生态、自然环境等诸多方面具有明显的地域特点，并且在历史发展过程中形成了独特的自然及人文特点，环境之作用于人通过人对环境的不同反馈表现出来，最能彰显不同的是带有区域特色文化烙印的经济文化类型。

（1）得天独厚的自然资源形成富有地域特色的产业模式

西部经济欠发达地区地域辽阔，拥有我国 64.2% 的土地面积，巍峨的高原、绵延的山岭、广袤的平原、延缓的丘陵，还有四周群山环绕、中间平缓的大小盆地，陆地上的5种基本地形类型，在经济欠发达地区都有分布。中国西部地区的自然地理、气候、生态环境等都比较复杂。西北部地区气候干燥寒冷，大多数地区是沙漠和戈壁，其中蜿蜒点缀着生命的绿洲，这种独特的自然条件，造就了维吾尔族的绿洲农业，哈萨克、塔吉克等族的绿洲、戈壁草原游牧业，撒拉族、保安族、回族等的旱地犁耕农业，从而形成了不同的经济文化类型。西南部地区包括青藏高原大部、四川盆地、秦巴山地及云贵高原大部，显著地分为三个地形单元：湿润北亚热带季风气候的四川盆地，南亚热带季风气候的云贵高原，高山寒带气候的青藏高原。这里广泛分布着高山草原、河谷平坝。生活在这个区域的各民族，亦根据居住地的特殊条件创造了本民族特有的经济模式，如彝、苗、瑶、布朗、景颇、傈僳等族的山地粗放农业，哈尼族、部分壮族的山地梯田稻作农业，傣族、部分壮族、布依族等的稻作农业，藏、珞巴、羌等民族的高山草场游牧和小面积的草原农业。相比发达的华北平原、长江中下游平原等地带，西北经济欠发达地区的自然景观更丰富，这也成为文化产业研究，尤其是旅游产业研究的重要基础。同时，经济欠发达地区文化资源的聚集程度更高，例如，内蒙古草原面积近8700万公顷，占全国草场面积的35%以上，具有草原文化集中开发的先天优势。

（2）依托独特的人文资源形成品质独特的生活方式

人文资源，顾名思义，是人类在适应环境并不断改造环境的过程中，创造的物质的、精神的文明成果总和。以人的知识、精神和行为为内容，本身不直接表现为实物形态，而是以思维方式、生活习俗、语言文字、文化传统、历史遗存、思想观念、科学技术等来展现。西部地区很早就有人类的活动，创造了蕴含丰富的历史文化。经济欠发达地区多样化的种族结构使得其具有更为丰富的语言、文字、服饰、风俗、节日、歌舞、建筑、信仰等人文资源；精神生活的不断丰富使得人们对异质文化的猎奇欲望、对外界的探索欲望不断加深，而经济欠发达地区文化资源的异质性、异地性恰好满足人们的欲望需求，对文化消费具有强大的吸引力。西部各地迥异的生存环境，使得各地区在物竞天择的发展过程中，产生了截然不同的生活和生产方式，沉淀了各地区族群智慧和劳作的各具特色的人文历史，不断打磨、不断积累，在世代相传中，西部的人文历史画卷展现出绚烂多彩、品质独特的族群历史文化以及宗教文化。

在族群风貌文学方面，并称为气势磅礴的三大英雄史诗是藏族的《格萨尔王》、蒙古族的《江格尔》、柯尔克孜族的《玛纳斯》，它们同时进入《第一批国家级非物质文化遗产名录》，表明中华民族文化异彩纷呈；民族风味饮食方面，蒙古族传统宴客菜煺毛整羊宴，维吾尔族烤馕、鄂伦春族手把羊肉、回族臊子面、藏族的酥油茶、侗族油茶、彝族坨坨肉等闻名遐迩；民族风情节日方面，维吾尔族有肉孜节、古尔邦节和诺鲁孜节，彝族有火把节、插花/打歌节、祭龙节，傣族有泼水节、采花节、送龙节，德昂族有关门节和开门节等；民族风俗建筑和手工艺品方面，端庄稳固、古朴粗犷的藏族碉房，易于拆装、便于游牧的蒙古包，哈尼族的土掌房，土家族的吊脚楼等，蒙古族的马鞍、腰刀、镶嵌制品，傣族、壮族、土家族、苗族、侗族、黎族等各具风格的织锦，维吾尔族、藏族的地毯，苗族、侗族的挑花、银首饰，苗族、布依族的蜡染，哈萨克族的补花，彝族的漆器等。各民族以勤劳、勇敢和智慧创造了各自历史文化的珍品，如宗教色彩的西藏布达拉宫、绚烂夺目的彝族民族服饰、飘然若仙的维吾尔族歌舞等。人文资源源自各族人民的生产与生活而形成的历史文化、传统习俗，还有赖以生存的自然环境，而一旦失去了原生的土壤，也就失去了存在的价值。这些有待开发的文化资源是世界的瑰宝，独立于世界民族文化之林。人文资源是资源之魂，是未来发展西部文化产业的国之重器，也是西部文化产业快速发展的独特力量。

在历史的进程中，经济欠发达地区文化自身和外在的封闭性，一方面形成了各自的特色，另一方面约束了对外的交流。经过"十三五"的规划与建设，交通与信息基础设施得到增强，各项发展文化产业的专项资金落实到位，大大提升了对经济欠发达地区文化资源的认同程度，以及拓展了对文化资源的挖掘与研究。让埋藏于地下、散落在民间的各种民族文化资源重新被认识，再进行深度的开发。

资源禀赋决定了经济欠发达地区经济发展的比较优势，这是该地区选择最优文化产业结构以及最优产品的基础，利用自身的资源禀赋进行特色化发展，是产业持续发展的原动力。经济欠发达地区各具特色的文化资源成为地区发展文化产业的基础与优势。

2. 后发经济优势

经济欠发达地区文化资源更具原真性，即文化资源保存更为完整、原始。

首先，发达地区受工业化、城市化的影响，很多文化资源破坏严重，后期开发往往面临重新修缮的难题。1978年中国改革开放之初，国家重点发展东部沿海地区，深圳经济特区的崛起成为东南部沿海地区经济发展的缩影。20世纪初，中部省份加快城市的工业化、城市化进程，"中部崛起"的经济圈正在形成。但是，经济高速增长与低效率、低质量并存，经济仍然以粗放型增长为主，资源配置结构不合理；规模经济效益差，经济规模迅速扩大与资源浪费、环境污染日益严重并存，能源和水资源短缺和生态失衡、环境恶化日益成为经济社会可持续发展的制约因素。发达地区某种程度上以对资源的消耗和对环境的破坏作为经济发展的代价，是粗放型和不可持续的，西部开发将走集约化的以文化产业带动传统产业转型升级之路。

其次，在文化保护意识不强、市场利益导向明显的时期，文化资源往往被过度开发、商业包装，消磨了文化资源本身的韵味和价值。还由于思路的固化单一，文化产品、发展模式同质化，失去了竞争力。借鉴发达地区的经验和教训，不走错路，少走弯路，在西部大开发中避免工业化、城市化带来的城市野蛮拓展、工业污染、传统文明消逝等问题。让青山绿水的生态和谐理念贯穿在经济欠发达地区经济发展中。西部拥有东部发达地区不具备的人文资源和自然资源，其独特的文化资源、生态环境得以保存，成为文化产业发展的后发优势。

二 经济欠发达地区文化产业的发展劣势

1. 文化产业总体发展水平落后，文化产业占比小

在经济欠发达地区的产业分布中，一方面，那些商品化程度过低、产业内部分工不发达的传统产业如农牧业占比较大；另一方面，经济欠发达地区占据能源（电力、煤炭、石油）、矿产资源的优势，使其表现出以采掘、能源、原材料（有色金属）工艺为主的钢铁、机械、化工、军工等重工业型产业结构，资金密集程度高，原材料、初级产品的深度加工不发达，与其他产业的关联度不大，没有推动其他产业的发展，对当地的就业贡献度较低。总之是第一产业劳动生产率低；第二产业不利于带动当地就业结构转换，另外，还缺乏基本的产业关联，产业间互动很少；第三产业没有形成配套，交通通信业、科技教育业及其他生产生活服务行业等严重滞后。许多经济欠发达地区经济发展水平依然处于相对落后的状态，造成了文化产业发展不平衡、规模依然偏小的事实。区位偏远、环境恶劣使得各地经济发展不平衡，虽然近年来各种相关支撑政策出台，带动区域文化旅游发展，尽管许多经济欠发达地区的文化产业发展迅速，但与全国平均水平相比，经济总量和整体实力还存在不小差距。在文化产业增加值方面，2019年全国为4.2万亿元，而经济欠发达地区刚过5000亿元，只占到全国的12%；在人均文化产业增加值和增加值占GDP的比重方面，经济欠发达地区除云南外，其他省区均落后于全国水平。文化产业发展潜力仍然没有释放，文化价值转化为经济价值的经营性开发产业发展比较落后，在支撑国民经济方面尚不具备绝对优势。根据2019年底中国人民大学发布的中国省区市文化产业发展指数（2019）和中国文化消费发展指数（2019），在综合指数方面，只有四川在前10名，其他地区发展明显落后。综合指数的增长率方面，2020年指数增长最快的10个省市均位于东、中部地区。在发展文化产业方面，多数经济欠发达地区文化产业发展与其他地区相比劣势明显。

2. 文化资源开发的"散""粗""泛"使得文化产业呈现随意发展的状态,没有形成符合区域特色的文化产业聚集发展

从文化产业协作来看,文化资源开发主体及资本投入、开发项目及主题、产品定位及功能的"散",缺乏文化资源整合观念,衍生产品开发力度不够,表现为产品资源开发上的粗制滥造,产业资源规划上的粗暴克隆,环境资源维护上的粗枝大叶。与"老"相关面临绝境,老艺人后继无人、老作坊强制推倒、老工艺失传掺假等,传统手工艺品如年画、皮影、剪纸,也已岌岌可危;旅游资源开发过度商业化;诸多注重短期经济利益的行为让经济欠发达地区文化产业面临竭泽而渔的困境。部分经济欠发达地区在民族文化资源与其他产业的融合中,没有深入的创意设计、文化产品创意营销,只是老一套的文化搭台、经济唱戏,同质化严重,重推介、轻基础,重形式、轻内容。很多地方在旅游推介上下了很大的力气,在局部地方打造了一些特色旅游景区和规模企业,但是大多数区域发展滞后、附加值低且经济效益差、创新不足、同质化现象不容忽视,文化产业规划不到位,产业布局散乱,集聚效果差,规模上不去,销售模式单一,市场细分不够,与其他区域的差异性不突出,使得经济欠发达地区文化产业的发展层级较低,直接导致区域文化产业发展乏力。

3. 文化消费需求低下以及地理区位劣势

消费(consumption)是社会再生产过程中的一个重要环节,也是最终环节。投资、出口、消费是经济增长传统意义上的"三驾马车",文化消费需求主要是指内部需求,就是本地居民的消费需求,它是文化产业经济增长的主要动力。从中国西部文化消费指数(2020)发现,西部地区文化消费综合指数低于全国平均水平。西部地区文化消费意愿和文化消费水平两个分指数与全国平均水平相差较大,文化消费环境、文化消费能力和文化消费满意度比全国平均水平低3%左右。在这些数据的背后,是西部整体经济发展水平不高,传统"衣食住行"消费仍是大多数地区居民追求的基础生活需求,交通、环境等条件不佳极大降低了当地居民的文化消费欲望,西部明显低于同期东部发达地区的文化消费需求。除了经济因素,各地区的社会发育水平和区域文化的某些基因也是影响文化消费需求的重要因素。

我国许多经济欠发达地区自然地理条件较为艰苦，与外界交流严重受阻。经济欠发达地区文化产业发展所需的配套产业大多数不在本地，需要快捷方便的物流通道，但天然阻隔很难被破除。文化产业发展较为成熟的省份，如北京、上海、江苏、浙江、广东等地，多处于东部及沿海地区，与全球主要市场跨海而居，在海上贸易频繁的时代，东部沿海地区的经济发展被迅速带动起来，在公共基础设施建设、人才培养、科技创新等方面均远超经济欠发达地区，使得发达地区之间在人才流动、信息共享、数据挖掘等方面具有优势；而经济欠发达地区大多地处西部，环境恶劣、交通不便、地广人稀，使得地区之间交流受阻，少数经济欠发达地区文化产业难以跨越很多障碍，外部机会也被阻拦，区位地理条件的差异不仅使得经济欠发达地区经济落后，也造成不同地区"各自为政"的散落局面。经济欠发达地区信息不畅使得很多资源在开发过程中难以形成合力，以致出现产业项目开发雷同、低质低效的局面，这一短板严重威胁许多经济欠发达地区文化产业升级。

4. 思想保守是制约文化产业发展的瓶颈

思想落后一方面造成了文化产业的人才匮乏，直接导致缺少文化产业发展的动力源泉。只有突破人才瓶颈，经济欠发达地区文化产业才可能获得根本发展。经济欠发达地区文化企业多为民营企业和个体企业或是家庭作坊式生产的工作室，其主要面临着三种专门人才奇缺和流失的状况：民族民间文化传承人不少年事已高，面临收徒困难、后继乏人的危机；文化产业的创意人才需求缺口急速扩大；文化产业是高投资、高回报、高风险的产业，经济欠发达地区文化产业的健康发展离不开高素质的经营管理、策划、营销等人才，目前，经济欠发达地区文化产业人才匮乏，表现在人才的总量、结构、素质和层次上还不能适应产业发展的需要，人才的创新能力总体上还比较低。经济欠发达地区文化产业发展迫切要求解决人才匮乏的问题。

思想落后另一方面造成了对技术重视性认识不够和缺乏适合文化产业发展的社会文化环境。国外研究表明，人才（Talent）、技术（Technology）

和宽容的社会文化环境（Tolerance）是文化产业发展的三个关键因素。通过关联分析得出技术和宽容的社会文化环境产出系数排在前两位。文化产业的发展很大程度上依赖技术的推动；数字化技术日益与文化产业融合，使文化产业的组织模式发生变化；个性化、差异化是保持竞争优势的关键，高科技加大创意产品个性化；"互联网+"改变了传统的制作、出版及传播等方式，降低了创意产品的生产成本。借助国家出台的各种技术政策的扶持，经济欠发达地区文化产业的科技能力迈上了新台阶，经济欠发达地区的新闻出版、广播、电视电影、软件、网络及计算机服务等产业获得较快的发展，文化产业门类逐步走向齐全。文化产业对社会环境的开放程度、容忍度、文化多样性、人口集中度、公共服务能力要求比较高，主要体现在：文化越多样，对新事物、新信息、新想法的接纳程度越高，创意出现越快；越开放，越能接纳人才，促进流动和竞争；越包容，人才能在心灵自由、无拘无束中，超越各种障碍与歧视，发掘和激发创造力。要求经济欠发达地区加强区域交流、加强对外合作，营造宽松的社会文化氛围。经济欠发达地区文化产业应加快完善市场机制、激发文化创意阶层的创造力，促进民众对创意的接受，推动文化产业的健康发展。科技是第一生产力，对文化产业的发展起关键作用，应加大科技对文化产业的渗透，尽快摆脱单纯进行产品粗加工和对当地垄断性的文化资源简单挖掘的做法，经济欠发达地区文化产业在这一方面仍是短板。

三　经济欠发达地区文化产业的发展机会

通过"十三五"国家与地方政府的政策支持与引导同经济欠发达地区丰富多彩的文化资源相结合，少数经济欠发达地区文化产业的发展取得长足进步，尤其是区域文化旅游产业初具规模，以区域文化旅游产业为核心的衍生产业不断丰富和扩展。"十三五"期间，已经明确文化产业是经济欠发达地区全面协调发展不可或缺的组成部分，文化产业发展是促进经济欠发达地区发展的重要手段。随着经济欠发达地区条件逐步改善，文化旅游这个新兴文化业态，在"十三五"成果基础上，继续提升发展能力，继续加大对文化产业乃至当地经济发展的带动和提升力度。进入新的发展时期，国家积极推进与邻边各国的国际经济合作走廊建设，推进与周边国家基础设施互联互通。通过举办国际文化博览会，积极运作在文化、科技、旅游、环保、中药等领域合作，通过国家官方交流和支持民间交流，以互办文化年、艺术节、电影节、博览会等形式加强互信与合作。共同开发旅游资源，提供旅游便利。

2009年通过的《文化产业振兴规划》，第一次将文化产业发展提到了国家战略高度。从"十一五"到"十三五"，国家大力支持发展经济欠发达地区文化产业，相继出台了很多优惠政策，都对推动经济欠发达地区文化产业发展做了重要规划（见表2-4）。特别是"十三五"规划明确指出，推动区域文化传承和繁荣发展不仅是规划的目标之一，更是实现经济欠发达地区建成小康社会这个全局性目标所要倚重的重要手段。这些政策高密度的出台，反映了国家对经济欠发达地区文化发展的重视。换言之，经济欠发达地区文化产业发展发生了重大的政策环境变化。在政策的推动下，近年来西部经济欠发达地区文化产业增加值的增速均快于东部地区，经济欠发达地区文化产业进入了一个快速发展时期。

表2-4 促进经济欠发达地区文化繁荣发展的专门性文件

文件名称	发文单位	时间
《关于进一步加大对少数民族文字出版事业扶持力度的通知》	中宣部和国家民委等5部门	2007年
《藏羌彝文化产业走廊总体规划》	文化部、财政部	2014年
《国务院关于进一步繁荣发展少数民族文化事业的若干意见》	国务院	2012年
《国家民委关于做好少数民族语言文字管理工作的意见》	国家民委	2010年
《关于推动特色文化产业发展的指导意见》	文化部、财政部	2014年
《关于推进新疆教育实现跨越式发展的意见》	教育部等八部门	2010年
《"十三五"促进经济欠发达地区和人口较少民族发展规划》	国务院	2016年

资料来源：依据各年政府文件整理。

经济欠发达地区文化资源富集，特色文化产业发展也具有一定的基础，更应顺势而为，增强特色文化企业发展能力，增进业态联动和区域联动，全面促进文化产业在新的历史时期下积极高效发展。

四 经济欠发达地区文化产业发展威胁

1. 发达国家、国内发达地区产业发展带来压力

相对于发达国家和地区，经济欠发达地区文化产业的整体发展处于劣势地位。从国际上看，全球化一方面体现了各国共同参与全球生产分工和经济发展，另一方面也表现为各国影响力的不对称。不仅担心本土文化产业面临的挑战，也担心文化产品的入侵弱化了客户对本地文化的认同感，世界文化多元性面临被同质化的威胁，经济欠发达地区从规模和内容上都很难与发达国家的企业相抗衡。从西部特殊的区域看，民族文化产业的发展要处理好与宗教习俗的关系，在与"一带一路"周边国家发展文化往来时，也要防止三股势力向文化产业的渗透，保证文化产业的安全健康发展。从和东部发达地区关系上看，北京、上海、广东等文化产业的快速发展也对西部地区带来冲击和压力。

2. 民族传统文化由于盲目开发，生态破坏而传统文化加速流失

在经济欠发达地区文化产业快速发展的同时，由于认识高度不足以及顶层设计的缺失，有些经济欠发达地区丰富的文化资源在自然和人为的双重打击下变得十分脆弱，这进一步加速一些经济欠发达地区文化、历史和自然景观的消亡。一些有利于区域文化传承的习俗和禁忌也不断被打破，经济欠发达地区的文化开始失去固有的特色而面临流失。保证本来已经十分脆弱的自然和文化生态不被破坏是我们文化保护的底线。综合考虑经济效益和社会效益，把对脆弱的生态环境和文化遗产保护放在第一位，克服重开发、轻保护的思想和做法，严禁各地区对当地资源的肆意开发、对生态随意破坏。在现实中，为了追逐商业利益，出现了很多扭曲的行为，例如为迎合消费者的一些低俗趣味而改变民俗表演内容，为降低民族手工艺品的成本而随意改变传统工艺，使得历史文化价值降低、文化生态环境破坏。发展民族文化产业面临传统文化流失的挑战。

3. 提升文化产业发展能力面临诸多挑战

许多经济欠发达地区近年来也开发了一些知名文化品牌，如"香格里拉""普洱茶""丝路花雨"等，但是这些文化品牌科技含量低，文化企业融资能力弱，商业化运作程度低，缺乏市场竞争力，品牌效应的发挥仍然困难。在内容产业方面缺乏类似长城、中国烹调、龙、大熊猫、中国功夫、阴阳图、故宫、丝绸等享誉全球的有符号影响力的驰名品牌，只是跟风式地上一些已经产生良好效益的产业项目，缺乏独有的创意设计，带来严重的同质化竞争，远达不到预期的效果，有些夭折，有些很快就陷入亏损和破产，对文化资源造成很大的破坏。例如，很多旅游景区、民俗文化村、产业园区等项目千篇一律，缺乏当地特色。

提升经济欠发达地区文化产业的发展能力，打造知名品牌是很关键的一环。北京798、上海外滩公园、深圳世界之窗等文化品牌值得借鉴和学习。应该加速经济欠发达地区文化产业和科技的融合，以科技的创意能力来重新塑造经济欠发达地区文化产业的已有品牌，不断地推陈出新。通过"互联网＋"等手段，线上、线下立体宣传品牌形象，可以极大提高品牌认知程度。经济欠发达地区有较高影响力的文化品牌，见表2-5。

表2-5 经济欠发达地区代表性文化品牌

地区	文化品牌
新疆	立足瓜果资源开展的创意农业
青海	民谣——青海花儿
宁夏	丝绸之路遗产文化
西藏	藏传佛教文化
广西	壮族三月三——壮族大歌

总之，除了经济因素，各地区的社会发育水平和区域文化特性是影响经济欠发达地区文化产业结构更新的重要因素。经济欠发达地区文化产业发展依然存在不平衡、产业关联度较低、一些瓶颈约束明显等问题，整体产业结构亟待优化。

第三章 经济欠发达地区与中东部文化产业发展比较

我国多数经济欠发达地区长期以来经济发展相对比较滞后。经济欠发达地区文化产业总体上来看受到经济、发展方式等的制约，与我国发达地区比较来看，长期处于落后位置，存在较大的不平衡。

第一节 经济欠发达地区与中东部地区文化产业发展的比较

随着全球化的技术和网络经济向纵深发展，我国发达地区日益告别粗放式发展，正逐步实现产业转型和产业升级，而自我发展能力不足的我国经济欠发达地区，要摆脱粗放式发展路径，改善集中连片贫困地区状况，如果走发达地区改造传统产业模式的老路，无非就是通过生产组织方式变革提高产业内部分工水平和规模经济水平；或加大资金和技术投入，利用先进的生产技术装备进行技术手段变革。而发展文化产业既有利于更新经济欠发达地区产业结构，又是一次重新构建区域文化产业的机会，对提高经济欠发达地区的国民素质也非常有利。文化有价值，产业是载体，文化通过产业实现价值，产业通过文化提升价值。低消耗地满足人类日益增长的物质与精神需求的文化经济代表了人类的未来，它是以文化资源作为推动社会经济发展的主动力，不仅节能环保、绿色循环，而且取之不尽、用之不竭，而这恰恰又是经济欠发达地区的优势和持续发展的基础。此外，需要强调的是，经济欠发达地区的文化产业发展还兼具扶贫的重要使命，这种让贫困人口、贫困民众通过自己的劳动来改变贫困状况，使贫困的地方拥有金山银山，是一种有尊严的扶贫，是返贫率低的扶贫方式，具有可持续发展的特征。这与多年来我国的被动输血式扶贫形成明显的对比。为此，对于多民族、多宗教、多文化类型的经济欠发达地区，发展文化产业是促进扶贫、促进社会和谐、促进经济持续健康发展，实现民族团结、宗教和谐、文化共生共存的不二选择。只有通过促进文化产业发展，寻求安全、环保、绿色的集约式发展路径，才能从根本上改变长期以来经济欠发达地区不断被动输血的局面，有效促进其自身造血能力，优化产业结构，推动产业转型和产业升级。而促进经济欠发达地区文化产业发展离不开对各经济欠发达地区经济结构与产业发展模式进行行之有效的设计。

本章针对经济欠发达地区和发达地区的文化产业发展中的关键影响因素进行比较研究，一方面为两类地区文化产业的协同发展提供理论准备，另一方面为两类地区文化产业发展整合与互补提供对策措施。

经济欠发达地区主要是指人均国民生产总值、人均财政收入、农民人均纯收入三项主要经济指标低于平均水平的地区。经济欠发达地区主要集中于民族地区。据2020年《中国统计年鉴》的统计，中国有77个民族自治地方地级区划，38个民族自治地方地级市，30个民族自治地方自治州，713个民族自治地方县级区划，84个民族自治地方县级市，120个民族自治地方自治县（旗）。中国民族自治地方总人口数19089.32万人，民族自治地方少数民族人口数9269.22万人，后者约占前者的48.56%。人口在百万以上的少数民族有壮族、维吾尔族、蒙古族、回族、藏族、苗族、布依族、彝族、朝鲜族、满族、侗族、瑶族、白族、土家族、哈尼族、哈萨克族、傣族、黎族等。其中壮族人口最多，达1572万人（见表3-1）。

选取广西壮族自治区、内蒙古自治区、宁夏回族自治区、新疆维吾尔自治区、西藏自治区5个少数民族自治区作为经济欠发达地区的研究对象来研究经济欠发达地区的文化产业特点；选取北京、上海、广东作为发达地区的研究对象来研究发达地区的文化产业特点。两类地区文化产业发展的比较研究主要从文化产业的政策、科技水平对文化产业的贡献程度、文化产业的生产能力、文化产业的需求水平、气候环境5个维度展开。

表3-1 五大自治区的少数民族与汉族人口状况的比较

单位：人，%

	其他少数民族人口/在当地占比	主要民族人口/在当地占比	汉族人口/在当地占比
内蒙古	865803/3.60	蒙古族4247815/17.66	18935537/78.74
新疆	3307990/12.80	维吾尔族11624257/44.96	10920098/42.24
广西	3086024/6.16	壮族15721956/31.36	31318824/62.48
宁夏	66109/0.91	回族2523581/35.04	4612964/64.05
西藏	66829/1.84	藏族3137901/86.01	443370/12.15

注：1. 以上数据来自第七次全国人口普查。

2. 普查标准时点为2020年11月1日零时，普查对象是普查标准时点在中华人民共和国境内的自然人以及在中华人民共和国境外但未定居的中国公民，不包括在中华人民共和国境内短期停留的境外人员。

3. 常住人口包括：居住在本乡镇街道且户口在本乡镇街道或户口待定的人；居住在本乡镇街道且离开户口登记地所在的乡镇街道半年以上的人；户口在本乡镇街道且外出不满半年或在境外工作学习的人。

资料来源：内蒙古自治区统计局、新疆维吾尔自治区统计局、广西壮族自治区统计局、宁夏回族自治区统计局、西藏自治区统计局。

经济欠发达地区文化产业近几年的总体发展水平与发达地区相比，无论是从文化产业年度发展的绝对数据（文化产业增加值），还是相对数据（占全区GDP比重）来看，经济欠发达地区都远远落后于发达地区（见表3-2）。

表3-2 经济欠发达地区与发达地区文化产业的总体发展水平比较

	地区	2010年文化产业增加值（亿元）	占全区GDP比重（%）	2019年文化产业增加值（亿元）	占全区GDP比重（%）
经济欠发达地区	宁夏	33.20	2.11	102	2.71
	内蒙	193.98	2.37	383	2.23
	新疆	45.21	0.83	277	2.03
	西藏	12.78	1.80	83	4.89
	广西	180.21	1.88	501	2.36

续表

地区		2010年文化产业增加值（亿元）	占全区GDP比重（%）	2019年文化产业增加值（亿元）	占全区GDP比重（%）
发达地区	北京	1692.2	12.30	3318	9.36
	上海	1673.79	9.75	2302	6.06
	广东	2524	5.6	6227	5.77

说明：2010年无此统计数据，采用的是2012年的数据。

2010年无此统计数据，采用的是2012年的数据。

资料来源：2010年的资料来源如下：

［1］《宁夏文化产业发展"十二五"规划》，宁夏回族自治区人民政府；

［2］包利军：《内蒙古文化产业发展状况及对策建议》，《北方经济》2013年第5期；

［3］《新疆文化事业发展成就解读》，https：//m.sohu.com/a/218230395_505739；

［4］《西藏这十年：文化发展成果丰硕！》，澎湃新闻客户端，https：//m.thepaper.cn/baijiahao_20247844；

［5］《广西文化产业增加值落后经济总量位置 待政府发力》，广西经济新闻网，http：//www.gxwjs.com/infoContent.htm？id=726；

［6］《北京文化创意产业2010年增加值1692亿》，搜狐网，http：//m.orgcc.com/index.php？c=news&a=details&id=9688，2011-05-19；

［7］《上海文化创意产业2010年实现总产出5499.03亿元》，中国经济网，https：//m.sohu.com/n/322333090/，2011，9，23

［8］《广东文化产业增加值连续八年位居各省区市首位》，https：//m.sohu.com/n/322333090/，2011-10-16。

2019年的资料来源：《中国文化及相关产业统计年鉴2021》。

一 资源禀赋与自然地理环境的比较

本书对经济欠发达地区文化产业的调研范围是西藏、宁夏、内蒙古、新疆、广西5个少数民族自治区和青海、四川、云南、贵州、甘肃5个多民族省份的少数民族聚集地区。总体上说，经济欠发达地区发展文化产业有着与经济较发达地区十分不同的资源禀赋条件和环境特点。

1. 文化资源历史悠久、内容丰富、形式多样、开发程度低，发展潜力巨大

经济欠发达地区不仅聚集了丰富的农、牧、林、矿、水力等物质资源，还在饮食服饰、起居住行、宗教伦理、哲学、文学艺术、医药、建筑、习俗等诸多方面孕育了多元的文化资源，但由于地理和历史的原因，经济欠发达地区社会发育程度低，具有长期的封闭性和保守性，尽管经济欠发达地区的文化产业已经萌芽，但相比发达地区，经济欠发达地区文化产业的经济价值并没有被充分挖掘出来。《2018—2022年中国民俗文化产业发展进程与投资战略分析报告》显示，经济欠发达地区文化资源在实践层面多停留在采取一系列措施对区域文化和非物质文化遗产的保护，在理论层面主要集中于学术界"救亡图存"式的田野调查工作，缺乏提高区域文化资源附加值的产业化开发机制研究、打造完整高效产业链的理论指导和实践推进，各地区文化产业发展同质化严重，需要从增强国家经济发展后劲的战略高度探索让经济欠发达地区文化资源的潜力得以释放、附加值得以提升的有效商业模式。

2. 地域特色浓郁，不同的生活方式和发展水平的参差不齐影响着经济欠发达地区文化的形成和发展

自然禀赋和历史地理条件不同带来的生活方式的极大差异也会使经济欠发达地区文化产业呈现各自因地制宜的发展模式。我国经济欠发达地区地域辽阔，东西相距约5000公里，横跨60多个经度；南北相距约5500公里，纵越50多个纬度，各经济欠发达地区海拔悬殊，自然条件各异，地形地貌从高山、高原、盆地、丘陵到平原应有尽有。从巍巍兴安岭到风光旖旎的海南岛，从青藏高原到蒙古高原，从云贵高原到黄土高坡，从武陵山区到喀纳斯湖均有分布。气候条件的迥异，地理环境的差异，使各地区文化呈现强烈的地方色彩。不同地区生物资源、矿物资源迥异，具有高原、雪域、绿洲、农耕、草原、渔猎等多种文化形态。生活于不同自然环境下的经济欠发达族群只能宜农则农、宜牧则牧，需要因地制宜发展具有不同地域特点的文化产业类型。

3. 相互吸纳民族元素而形成的多种文化交汇丰富，使得经济欠发达地区文化产业的发展需要立足于文化交融的背景

中国的许多少数民族是与汉民族同生共长的民族。许多民族都不是由单一族源发展而来，既具有"多源并流"特色，也具有"一脉多传"特点,融合在一起,构成众脉多分与交错混成的族群渊源模式。在经济欠发达地区文化产业中重视文化交融工作,政治上有利于缓解民族矛盾、加强和推进积极的区域友好交往,巩固统一的多民族国家;经济上有利于提高经济欠发达地区共同大市场内部的分工水平和社会化程度,促进各民族共同繁荣;社会层面也有利于各民族间通婚范围的扩大,提高各民族智力和体力的整体素质。

4. 大多与周边国家接壤,具有对外开放的条件

我国有漫长的边境线和多条国际通道,有30多个民族与国外同一民族跨境而居(如新疆的哈萨克、塔吉克等民族与独联体的哈萨克斯坦、塔吉克斯坦等国境内民族相同;云南边境的一些少数民族与缅甸等国境内部分民族相同)。全国2.2万多公里中的近1.9万公里陆地边界线在经济欠发达地区,全国136个中的107个边境县(市、旗、区)在经济欠发达地区。边境少数民族人口占近一半。与境外同一民族毗邻而居的30多个民族见表3-3,这些民族与邻国居民有亲密的感情纽带与密切的经济、文化联系,从而与相邻国家进行经贸往来有得天独厚的条件,可以说经济欠发达地区的对外开放已成为国家整个开放战略的重要部分,这预示着发展经济欠发达地区文化产业,采用良好的商业模式,可以推动与周边国家的文化传播与经贸往来,这将在中国经济发展格局中扮演重要角色。

表3-3 与境外接壤的经济欠发达地区

省份	国境线(公里)	接壤国家
新疆	5600	俄罗斯、哈萨克斯坦、吉尔吉斯斯坦、塔吉克斯坦、巴基斯坦、蒙古、印度、阿富汗
内蒙古	4200	蒙古、俄罗斯
云南	4060	缅甸、老挝、越南
西藏	3842	缅甸、印度、不丹、尼泊尔等
广西	1020	越南

综上,我国多数经济欠发达地区文化资源具有种类繁多、特色鲜明的

特征，与中东部地区文化产业资源具有强烈的差异性，经济欠发达地区文化资源的特点主要体现在奇特、新颖、独有三个方面，这种差异决定了其文化产业具有特殊的经营模式和发展战略。

奇特。经济欠发达地区文化资源的奇特体现在与内地常见的文化资源不一样，经济欠发达地区同胞在其历史发展长河中积淀了丰富的植根于本地生态环境和凝聚各自情感、意志和追求的文化，其成为本地区所特有的标志，直接表现在民众的日常生活中。可以说，经济欠发达地区文化产业正是对各地民风的捕捉和整理。

新颖。经济欠发达地区一般处于我国内陆边疆地区，受地理条件、交通等因素影响，自然资源保存完整，各种地质、地貌、水文景观尚处于未开发或初步开发阶段，中东部地区自然资源受到经济社会发展因素的影响，自然资源处于完全开发甚至过度开发阶段。这些尚待开发的文化资源会给予消费者不一样的精神享受，这些带有地方淳朴民风的文化产品对于外部消费者而言是全新的体验，将带来新的文化消费市场。

独有。我国经济欠发达地区覆盖面广，不同区域之间的风土民情有着显著的区别，就同一民族而言，居住环境不同、生产工艺条件有别、审美情趣各异也使得各支系的民俗民风迥异。经济欠发达地区所特有的文化资源是其区别于其他地区文化产业发展的具有个性化的典型特色资源，是发展当地文化产业应着力关注、重点打造和扶持的部分。

经济欠发达地区文化资源所特有的奇特、新颖和独有的属性，使得经济欠发达地区除创新智能类文化资源以外的思想传承类文化资源、经验传播类文化资源和自然垄断类文化资源成为经济欠发达地区文化产业大放异彩的重头戏，这也造就了经济欠发达地区和中东部地区不同的文化产业开发形式。

二 文化产业的政策比较

闻媛认为价值取向取代权力导向和利益导向是文化政策的未来发展方

向，昭示了文化价值的回归。①作为一种公共政策，文化产业政策的导向功能、调控功能和分配功能影响着地区的文化产业发展，文化产业政策是文化产业发展的推进动力。

截至 2021 年底，中国经济网的中国文化产业政策库收录的各地文化产业地方政策如图 3-1 所示。从数量上来说，5 个经济欠发达地区的政策数量之和与北京的政策数量大体相当。经济欠发达地区文化产业政策更偏向于向微观方向（即对具体某一文化资源的支持等）调控，有相当一部分是纲领性政策。关于资金投入与融资支持等具有资源分配功能的政策较少，这样的政策结构使经济欠发达地区文化产业更倾向于特色鲜明但规模较小的保护式发展。

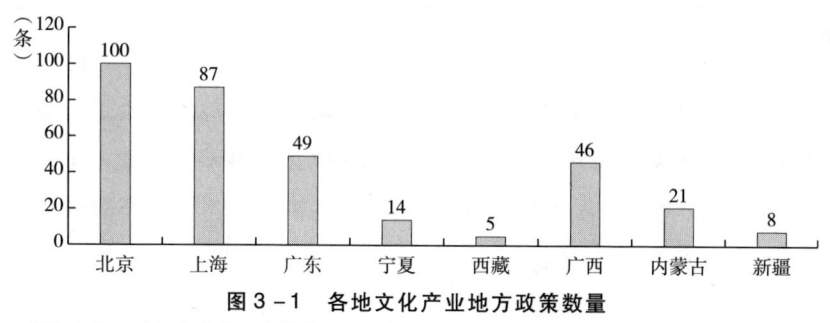

图 3-1　各地文化产业地方政策数量

资料来源：中国文化产业政策库，http://www.ce.cn/culture/zck/，2021 年 12 月 4 日。

三　科技水平对文化产业的贡献程度比较

现代文化产业的发展与科技水平有着密切关联、互为支撑的关系。科技不仅是文化的重要组成部分，而且为文化产业向更高层次的发展提供了诸多有价值的可能性。同时，文化产业为科技发展的方向和应用空间提供了承载的土壤，二者结合促进了社会文明的健康发展。文化科技融合是文化产业的发展趋势，其直接影响就是既推动科技创新的进程又促进文化产业健康持续发展。为此，可以从两个重要表征即文化传播能力和文化制造

---

① 闻媛：《文化政策的价值取向——从文化产业、创意产业到文化经济》，《上海财经大学学报》（哲学社会科学版）2017 年第 4 期，第 15~27 页。

业企业的科技活动情况反映科技水平对文化产业的贡献。

1. 文化传播能力

进入移动互联网时代，随着数字经济的深度推进，文化产业的产业互联网和互联网产业化态势成为必然。根据中国互联网络信息中心（CNNIC）发布的第 50 次《中国互联网络发展状况统计报告》，截至 2022 年 6 月，我国网民规模达 10.51 亿，互联网普及率达 74.4%，较 2021 年 12 月提升 1.4 个百分点。截至 2022 年 6 月，我国手机网民规模达 10.47 亿，较 2021 年 12 月增长 1785 万，使用手机上网的网民比例达 99.6%，人均每周上网时长达到 28.5 个小时。[①] 根据腾讯发布 2022 年第一季度财报，截至 2022 年 3 月 31 日，微信及 WECHAT 的月活跃账户为 12.9 亿，在网民中，即时通信、网络视频、短视频用户使用率分别为 97.5%、94.5% 和 90.5%。这些数据表明移动互联网时代文化传播的主要渠道不再是广播、电视、纸质媒体等传统形式，互联网成为文化传播的最主流渠道。体现互联网传播能力的基础资源支撑是各地拥有的 IP 地址数量。为此，本文采用各省份的 IPV4 占比来反映各地互联网发展水平，一定程度上能够体现不同地区的文化传播能力（见图 3-2）。

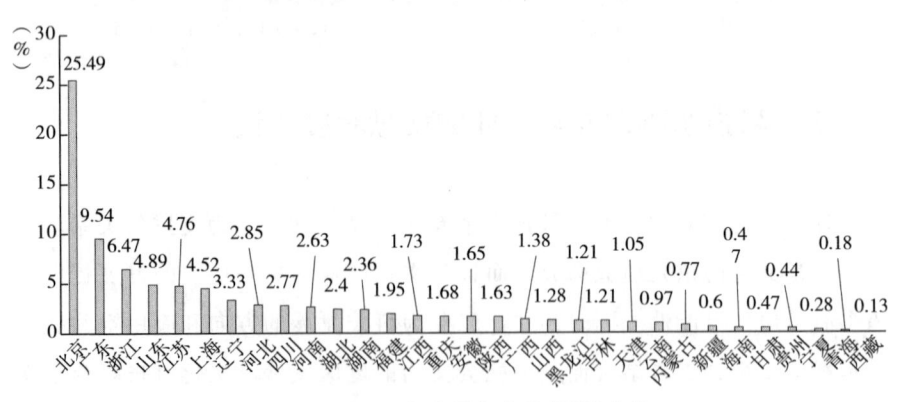

图 3-2 2022 年全国各省份 IPV4 占比

注 1：以上统计的是 IP 地址持有者所在省份；
2：以上数据统计截至日为 2022 年 6 月 30 日。
资料来源：APNIC、CNNIC。

---

① 资料来源：CNNIC。

2. 文化制造业企业的科技活动情况

文化制造业指的是生产制造与文化有关的产品的行业，是文化产业的一个细分行业，具体包括文化专用设备的生产及文化用品的生产等。企业持有的有效发明专利数量可以用来反映其在一定时间内利用科技进行文化产品生产的能力。本研究采用新产品开发经费支出、新产品销售收入、专利申请数、有效发明专利数来反映某一地区的文化制造企业的科技活动情况（见图3-3、图3-4）。

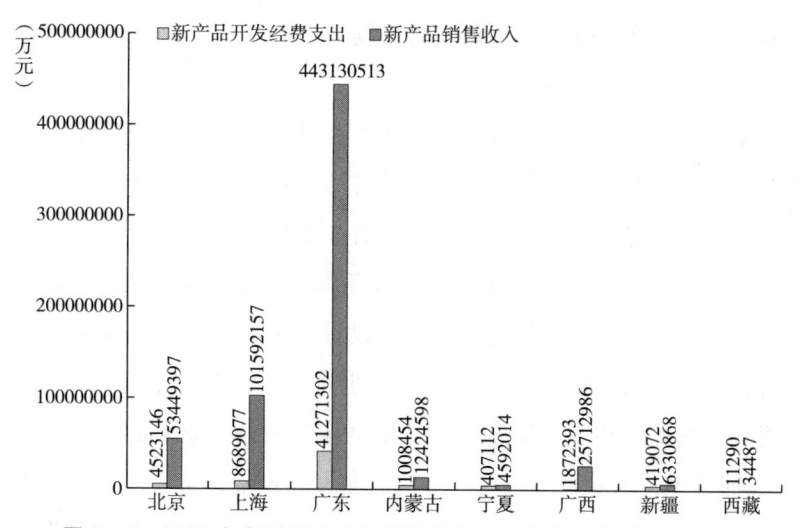

图3-3 2020年各地新产品开发经费支出与新产品销售收入情况

	北京	上海	广东	内蒙古	宁夏	广西	新疆	西藏
新产品开发经费支出	4523146	8689077	41271302	1008454	407112	1872393	419072	11290
新产品销售收入	53449397	101592157	443130513	12424598	4592014	25712986	6330868	34487

资料来源：《2021年中国统计年鉴》。

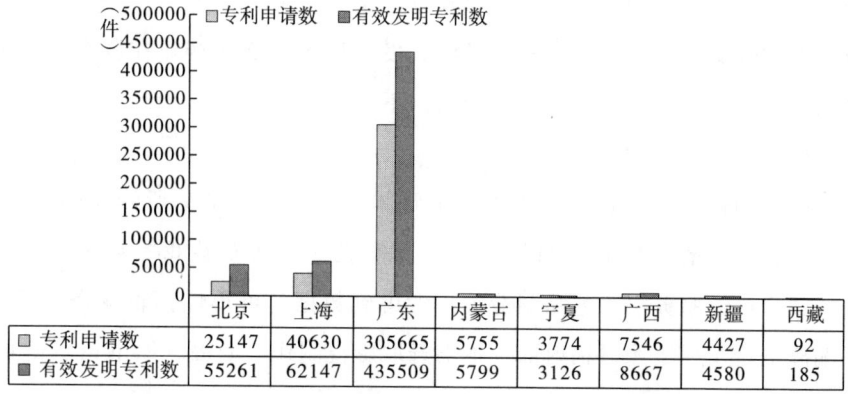

图3-4 2020年各地专利申请数与有效发明专利数情况

	北京	上海	广东	内蒙古	宁夏	广西	新疆	西藏
专利申请数	25147	40630	305665	5755	3774	7546	4427	92
有效发明专利	55261	62147	435509	5799	3126	8667	4580	185

资料来源：《2021年中国统计年鉴》。

由图3-3和图3-4可知，经济欠发达地区文化制造业企业的科技活动情况远远弱于发达地区，各个经济欠发达地区基本没有专利申请和有效发明专利，广东地区的新产品开发经费支出、新产品销售收入、专利申请数、有效发明专利数在本书研究地区中均居首位，是科技水平对文化产业贡献最高的地区。因此，在经济欠发达地区，文化产业的科学技术还基本处于尚未开发的阶段，其水平远远低于发达地区。

四 文化产业的生产能力比较

文化产业的生产能力一般指某地区所有从事文化产业的企业参与生产的全部生产资料在特定的技术与人力条件下所能生产的文化产品数量。在任何行业中，要想满足市场需求，就要有充足的生产力，文化产业也不例外。根据国家统计局2018年对文化产业重新调整的分类，文化产业主要包括新闻信息服务、内容创作生产、创意设计服务、文化传播渠道、文化投资运营、文化娱乐休闲服务、文化辅助生产和中介服务、文化装备生产、文化消费终端生产共九大细分行业，其中每个细分行业下面又分为多个小类。[①]显而易见，文化产业的生产能力就是文化产业细分行业的生产能力的加总，文化产业的生产能力与这几个细分行业的生产能力息息相关。受经济欠发达地区数据可得性的局限，本书选取内容创作生产、创意设计服务、文化辅助生产和中介服务、规模以上文化企业生产能力4个领域中行业小类的数据来进行分析，发现经济欠发达地区的文化产业在各个小类上难以与发达地区匹敌，发展差距较大，不可同日而语。

1. 内容创作生产

内容创作生产领域的生产能力主要体现为以下几部分所涵盖的产出：出版服务、广播影视节目制作、文艺创作表演、动漫游戏等数字内容服务、文化场馆服务、工艺品制造等。考虑到数据的可得性，兼顾分析对象不偏离主流及尽量照顾辐射面，本书选取影视制作、动漫、图书馆、博物

---

① 《文化及相关产业分类（2018）》，中华人民共和国中央人民政府网站，www.gov.cn。

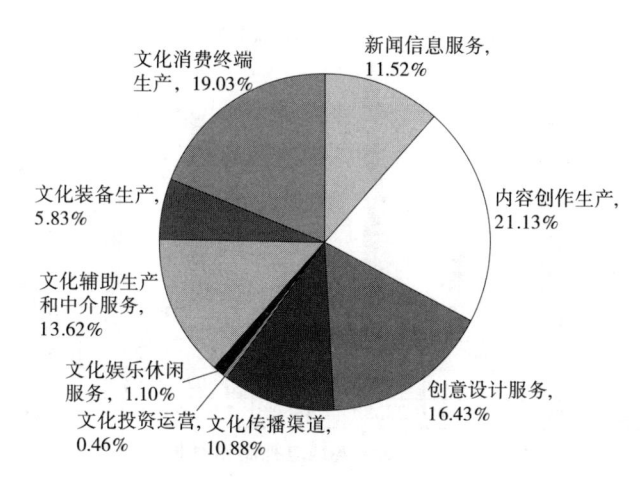

图中饼图数据：
- 新闻信息服务，11.52%
- 内容创作生产，21.13%
- 创意设计服务，16.43%
- 文化传播渠道，10.88%
- 文化投资运营，0.46%
- 文化娱乐休闲服务，1.10%
- 文化辅助生产和中介服务，13.62%
- 文化装备生产，5.83%
- 文化消费终端生产，19.03%

分类名称	文化核心领域（73258）（占比61.53%）						文化相关领域（45806）（占比38.47%）		
	新闻信息服务	内容创作生产	创意设计服务	文化传播渠道	文化投资运营	文化娱乐休闲服务	文化辅助生产和中介服务	文化装备生产	文化消费终端生产
营收（亿元）	13715	25163	19565	12962	547	1306	16212	6940	22654

图 3-5　2021 年中国文化产业营收结构

资料来源：国家统计局，智研咨询整理 https：//www.chyxx.com/industry/202202/995880.html。

馆四个方面的相关产出数据进行经济欠发达地区与经济发达地区进行比较研究。

（1）广播影视节目制作

广播影视制作一般指与广播、电视、电影相关的编剧、策划、摄像、录音等一系列工作。该部分的制作能力是衡量内容创作领域生产能力的重要部分。此处重点以与大众联系最广泛的电视节目制作时间分析各地区影视节目产出能力的差异。

图 3-6 反映了 2020 年经济欠发达地区与发达地区的电视制作能力和产出情况。由该图可知，除新疆外，发达地区的影视剧和综艺益智类节目的制作能力明显超过经济欠发达地区，这体现了经济欠发达地区与发达地区在内容创作生产能力上的差异，广东的电视制作产出水平在本文研究地

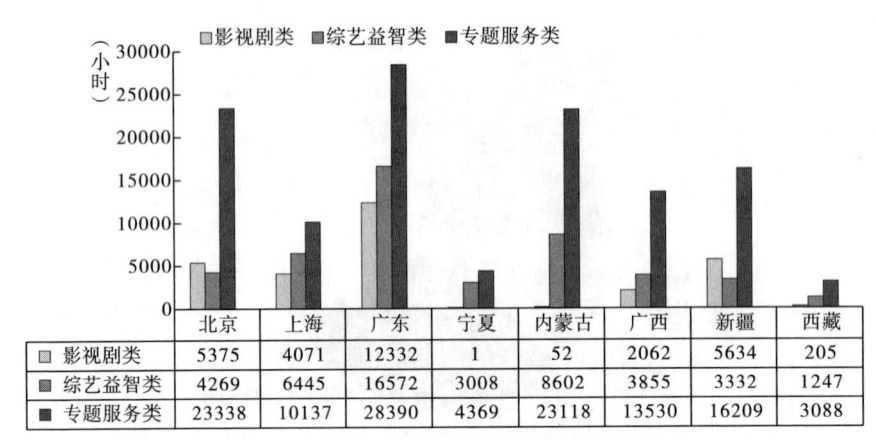

图 3-6 2020年各地电视制作时长情况

	北京	上海	广东	宁夏	内蒙古	广西	新疆	西藏
影视剧类	5375	4071	12332	1	52	2062	5634	205
综艺益智类	4269	6445	16572	3008	8602	3855	3332	1247
专题服务类	23338	10137	28390	4369	23118	13530	16209	3088

资料来源：《2021中国文化及相关产业统计年鉴》。

区中处于领先地位。

（2）动漫生产能力

依据2018版文化及相关产业的分类，动漫服务属于"内容创作生产"细分产业下"数字内容服务"的子类。在移动互联网时代，动漫内容制作是内容创作生产的重要构成部分。图3-7反映了2020年经济欠发达地区与发达地区的动漫企业收入与资产情况。由该图可知，发达地区的动漫企业营业收入与资产远远超过经济欠发达地区，广东的动漫制作业发展水平

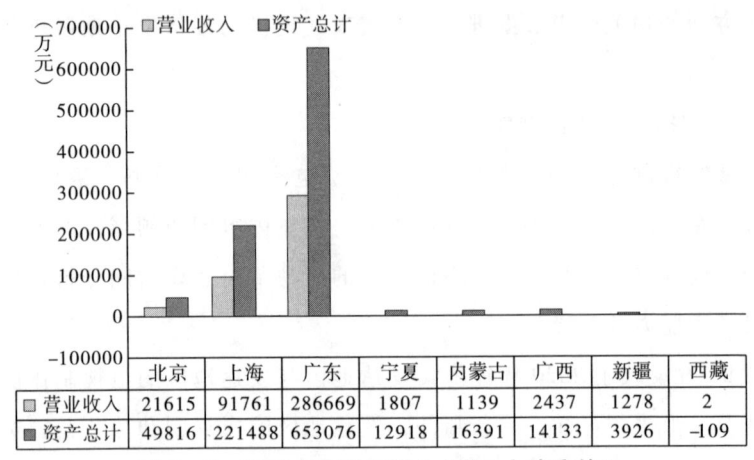

	北京	上海	广东	宁夏	内蒙古	广西	新疆	西藏
营业收入	21615	91761	286669	1807	1139	2437	1278	2
资产总计	49816	221488	653076	12918	16391	14133	3926	−109

图 3-7 2020年各地动漫企业收入与资产情况

资料来源：《2021中国文化及相关产业统计年鉴》。

在本文研究地区中处于领先地位。其实这个情况背后主要是人才的悬殊，北京、上海、广东的动漫企业数量分别为 65 个、35 个、60 个，从业人员数分别为 687 人、1369 人、6087 人；而五个经济欠发达地区分别为宁夏 5 个/80 人、内蒙古 5 个/44 人、广西 9 个/181 人、新疆 5 个/64 人、西藏 2 个/7 人。[①]

（3）图书馆服务

各类图书馆的管理服务是衡量各地文化产业基础设施建设情况的重要指标。内容创作的强大产出能力离不开公共文化基础设施的支撑。图书馆的内容制作水平主要体现在其规模和藏书量上。从图 3-8 中看出经济欠发达地区公共图书馆的规模和藏书量与发达地区存在较大差距。

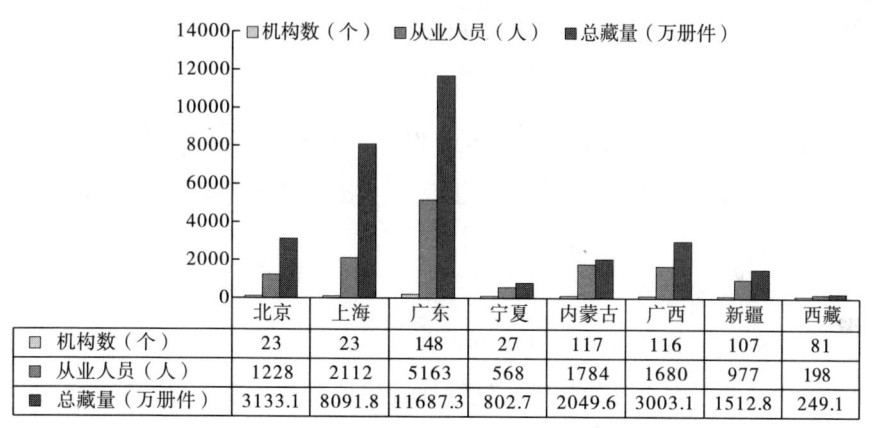

	北京	上海	广东	宁夏	内蒙古	广西	新疆	西藏
机构数（个）	23	23	148	27	117	116	107	81
从业人员（人）	1228	2112	5163	568	1784	1680	977	198
总藏量（万册件）	3133.1	8091.8	11687.3	802.7	2049.6	3003.1	1512.8	249.1

图 3-8 2020 年各地公共图书馆的规模和藏书量

资料来源：《2021 中国文化及相关产业统计年鉴》。

（4）博物馆服务

博物馆服务包括各类展示、收藏人类各种文化、艺术、科技、文明的美术馆、艺术馆、展览馆、科技馆、天文馆等文化场馆服务。博物馆服务的产出能力主要来自其机构及藏品规模、参观人次、门票收入等。从图 3-9 中可见，经济欠发达地区博物馆的产出能力与发达地区存在较大差距。

---

① 资料来源：《2021 中国文化及相关产业统计年鉴》。

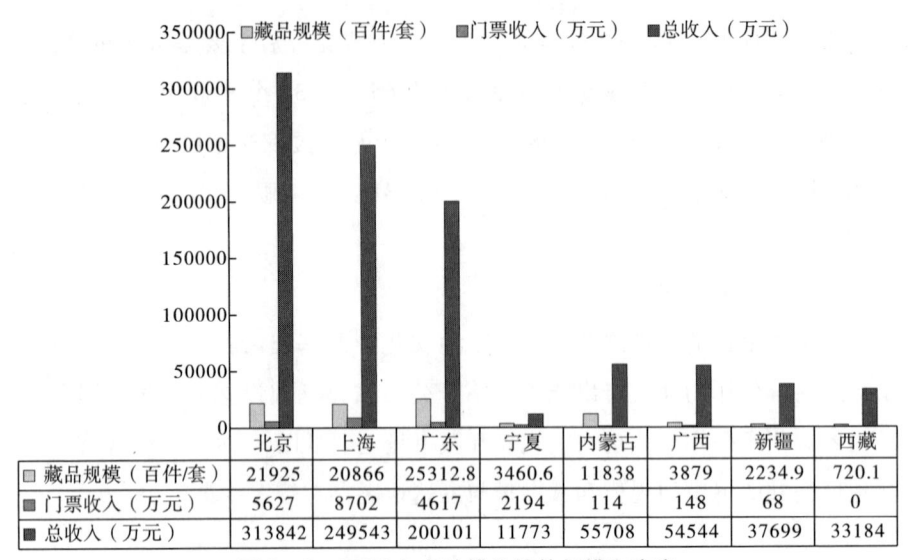

	北京	上海	广东	宁夏	内蒙古	广西	新疆	西藏
藏品规模（百件/套）	21925	20866	25312.8	3460.6	11838	3879	2234.9	720.1
门票收入（万元）	5627	8702	4617	2194	114	148	68	0
总收入（万元）	313842	249543	200101	11773	55708	54544	37699	33184

图 3-9　2020 年各地博物馆的规模和产出

资料来源：《2021 中国文化及相关产业统计年鉴》。

图书馆和博物馆都属于"内容创作生产"细分产业下"内容保存服务"子类的核心构成，在一定程度上反映了各地"内容保存服务"的提供能力。

2. 创意设计服务

文化创意和设计服务一般指服务者以文化为元素、融合多元文化、整理相关学科并根据自己的思维提供设计方案的服务，主要包括广告行业及围绕建筑设计、工业设计、专业设计的设计行业。图 3-10 反映了各地 2020 年广告行业的经营额。可以看出，北京的广告业发展水平在本文研究地区中处于领先地位。与发达地区相比，五个经济欠发达地区的产出几乎微不足道。

3. 文化辅助和中介服务

文化辅助和中介服务也是文化产业细分行业里营收排名比较靠前的领域，该领域的生产能力在各地文化产业的发展中不容小觑，其中"印刷复制服务"就是该文化细分产业下的小类，"印刷产量""用纸量"等是衡量印刷复制服务生产能力的重要指标。如图 3-11 所示，显然 5 个经济欠发达地区在出版印刷领域的产出能力远远低于 3 个发达地区。其中广东的

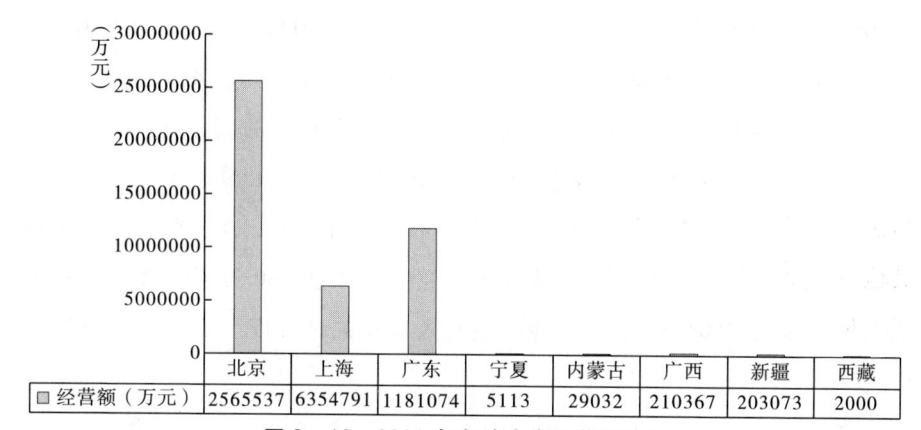

图 3-10 2020 年各地广告经营情况

	北京	上海	广东	宁夏	内蒙古	广西	新疆	西藏
经营额（万元）	2565537	6354791	1181074	5113	29032	210367	203073	2000

资料来源：《2021 中国文化及相关产业统计年鉴》。

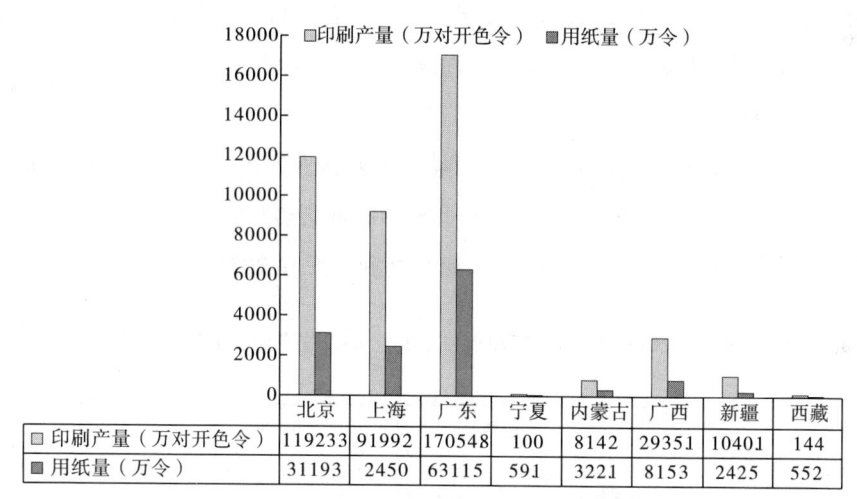

图 3-11 2020 年各地出版印刷市场情况

	北京	上海	广东	宁夏	内蒙古	广西	新疆	西藏
印刷产量（万对开色令）	119233	91992	170548	100	8142	29351	10401	144
用纸量（万令）	31193	2450	63115	591	3221	8153	2425	552

资料来源：《2021 中国统计年鉴》。

出版印刷产出水平在本文研究地区中处于领先地位。

4. 规模以上文化企业生产能力

企业生产能力一般指企业在一定时期用其自身拥有的资源为社会提供某种产品或劳务的能力。一般来讲，规模较大的企业都是具有竞争优势、能够持续生产出优质产品的企业，因此，本书采用规模以上文化及相关产业营业收入来反映文化产业的生产能力。

规模以上文化及相关产业的统计范围为《文化及相关产业分类

(2018)》所规定行业范围内，年主营业务收入在 2000 万元及以上的企业；年主营业务收入在 2000 万元及以上的批发企业或年主营业务收入在 500 万元及以上的零售企业；年营业收入在 1000 万元及以上的服务业企业，其中交通运输、仓储和邮政业，信息传输、软件和信息技术服务业，水利、环境和公共设施管理业的年营业收入在 2000 万元及以上，居民服务、修理和其他服务业，文化、体育和娱乐业的年营业收入在 500 万元及以上。某区域的规模以上文化产业相关行业营业收入能从某种程度上反映该行业的发展状况。

东部地区包括北京、天津、河北、上海、江苏、浙江、福建、山东、广东、海南 10 个省（市）；中部地区包括山西、安徽、江西、河南、湖北、湖南 6 个省；西部地区包括内蒙古、广西、重庆、四川、贵州、云南、西藏、陕西、甘肃、青海、宁夏、新疆 12 个省（区、市）；东北地区包括辽宁、吉林、黑龙江 3 个省。

表 3-4 表明，以中西部为主的经济欠发达地区规模以上文化及相关产业企业营业收入远远低于东部发达地区，这意味着经济欠发达地区文化产业的生产能力远远低于发达地区。而且这种情况在 2021 年继续加剧。

表 3-4 2020/2021 年全国规模以上文化及相关产业企业营业收入情况

单位：亿元，%

项目	绝对额		比上年增长		所占比重	
	2020	2021	2020	2021	2020	2021
总计	98514	119064	13.73	20.86	100	100
按行业类别分						
新闻信息服务	9382	13715	18	46.18	9.5	11.52
内容创作生产	23275	25163	4.7	8.11	23.6	21.13
创意设计服务	15645	19565	11.1	25.06	15.9	16.43
文化传播渠道	10428	12962	-11.8	24.3	10.6	10.89
文化投资运营	451	547	2.8	21.29	0.5	0.46
文化娱乐休闲服务	1115	1306	-30.2	17.13	1.1	1.1
文化辅助生产和中介服务	13519	16212	-6.9	19.92	13.7	13.62

续表

项目	绝对额 2020	绝对额 2021	比上年增长 2020	比上年增长 2021	所占比重 2020	所占比重 2021
文化装备生产	5893	6940	1.1	17.77	6	5.83
文化消费终端生产	18808	22654	5.1	20.45	19.1	19.03
按产业类型分						
文化制造业	37378	44030	-0.9	17.8	37.9	36.98
文化批发和零售业	15173	18779	-4.5	23.77	15.4	15.77
文化服务业	45964	56255	7.5	22.32	46.7	47.25
按领域分						
文化核心领域	60295	73258	3.8	21.5	61.2	61.53
文化相关领域	38220	45806	-0.1	19.85	38.8	38.47
按区域分						
东部地区	73943	90429	2.3	22.3	75.1	75.95
中部地区	14656	17036	1.4	16.24	14.9	14.31
西部地区	9044	10557	4.1	16.73	9.2	8.87
东北地区	872	1042	-8.6	19.5	0.9	0.88

注：1. 表中增幅均为未扣除价格因素的名义增幅。
2. 表中部分数据因四舍五入，存在总计与分项合计不等的情况。
资料来源：国家统计局。

五 文化产业的需求水平比较

文化产业的需求水平一般指人们出于自身或外界等因素对文化产品或服务的需求水平，主要从消费能力和消费意愿反映出来。消费能力强的地区会有更高的消费水平来进行文娱活动，在经济水平较高的发达地区，人们生活水平相对较高，人均消费水平较高，拥有更多的空闲时间，对文化产品的需求比较大，其支出中用于文化产品消费的比重较大，文化产品消费意愿更强，更能带动文化产业发展；在具有更完备的文化设施、经济水平较高的地区，文化企业发展更便利，政府更容易出台促进文化行业发展的政府基金补贴或融资支持政策，更能促使潜在消费者和边缘消费者消费文化产品，也能进一步提升该地区文化产业的需求水平。本书采用居民消费水平来反映文化产业的消费能力，采用文化娱乐支出占人均消费支出的比重来反映文化产业的需求水平和消费意愿。

1. 消费能力

居民消费水平是指某地区的居民基于对衣、食、住、行、医等基本的生活需求、自我实现及自身发展消费需求以及对精神生活和物质生活的享受需求所产生的对各类产品和服务的消费。居民消费水平可以在某种程度上反映某地区居民的需求水平，居民消费能力越强，购买文化产品的需求水平就越高。

表 3-5　近年来全国各地居民人均消费支出排行

单位：元/人

地区	2020年	2019年	2018年	2017年	2016年	2015年	2014年	2013年	2012年	2011年	2010年
北京	38903	43038	39843	37425	35416	33803	31103	29176	26562	24298	21834
天津	28461	31854	29903	27841	26129	24162	22343	20419	18542	16796	14711
河北	18037	17987	16722	15437	14247	13031	11932	10872	9773	8852	7583
山西	15733	15863	14810	13664	12683	11729	10864	10118	9446	8404	7011
内蒙古	19794	20743	19665	18946	18072	17179	16258	14878	13475	11920	10209
辽宁	20672	22203	21398	20463	19853	17200	16068	14950	13489	11954	10462
吉林	17318	18075	17200	15632	14773	13764	13026	12054	10737	9442	8176
黑龙江	17056	18111	16994	15577	14446	13403	12769	12037	10750	9967	8619
上海	42536	45605	43351	39792	37458	34784	33065	30400	28152	26858	24758
江苏	26225	26697	25007	23469	22130	20556	19164	17926	16500	14635	12266
浙江	31295	32026	29471	27079	25527	24117	22552	20610	18931	17874	15634
安徽	18877	19137	17045	15752	14712	12840	11727	10544	9878	8683	7297
福建	25126	25314	22996	21249	20167	18850	17644	16177	14843	13218	11474
江西	17955	17650	15792	14459	13259	12403	11089	10053	9182	8361	7291
山东	20940	20427	18780	17281	15926	14578	13329	11897	10902	9853	8560
河南	16143	16332	15169	13730	12712	11835	11000	10002	9103	7968	6831
湖北	19246	21567	19538	16938	15889	14316	12928	11761	10756	9589	8090
湖南	20998	20479	18808	17160	15750	14267	13289	11946	10806	9713	8308
广东	28492	28995	26054	24820	23448	20976	19205	17421	16002	14459	12907
广西	16357	16418	14935	13424	12295	11401	10274	9596	8910	7816	6697

续表

地区	2020年	2019年	2018年	2017年	2016年	2015年	2014年	2013年	2012年	2011年	2010年
海南	18972	19555	17528	15403	14275	13575	12471	11193	10161	8859	7517
重庆	21678	20774	19248	17898	16385	15140	13811	12600	11468	10263	8810
四川	19783	19338	17664	16180	14839	13632	12368	11055	9837	8751	7490
贵州	14874	14780	13798	12970	11932	10414	9303	8288	7247	6452	5507
云南	16792	15780	14250	12658	11769	11005	9870	8824	8192	7135	6204
西藏	13225	13029	11520	10320	9319	8246	7317	6307	5468	5063	4809
陕西	17418	17465	16160	14900	13943	13087	12204	11217	10175	9026	7625
甘肃	16175	15879	14624	13120	12254	10951	9875	8943	7937	6920	5846
青海	18284	17545	16557	15503	14775	13611	12605	11576	10386	9032	7713
宁夏	17506	18297	16715	15350	14965	13816	12485	11292	10009	9010	7745
新疆	16512	17397	16189	15087	14066	12867	11904	11392	10171	8575	7126

资料来源：国家统计局、《中国统计年鉴》（2009~2021年）。

由表3-5可知，2010~2020年，经济欠发达地区和发达地区的居民消费水平大体上呈上升趋势，经济欠发达地区居民消费水平远低于发达地区，从近5年（2015~2020年）的情况看，经济欠发达地区最高水平为20743元/人（2019年内蒙古）仍低于发达地区最低水平20940元/人（2020年山东），上海的居民消费水平还曾在2020年超过40000元/人，是内蒙古2020年居民消费水平的2倍多。因此在经济欠发达地区，文化产业的需求水平远远低于发达地区。

2. 消费意愿

图3-12表明发达地区的比重数值均高于经济欠发达地区，但总体上两者相差不大。从文化娱乐支出的绝对值上来看，发达地区远高于经济欠发达地区。我们可以得出发达地区人民对文化产品与服务的消费意愿高于经济欠发达地区。

通过简单的政策分析和居民消费水平的数据分析，在增加和扩大消费者需求的政策方面，是经济欠发达地区文化产业发展的薄弱环节，并且经济欠发达地区消费者的消费能力没有发达地区高，这两种因素共同促使经济欠发达地区文化产业的需求水平不如发达地区高。

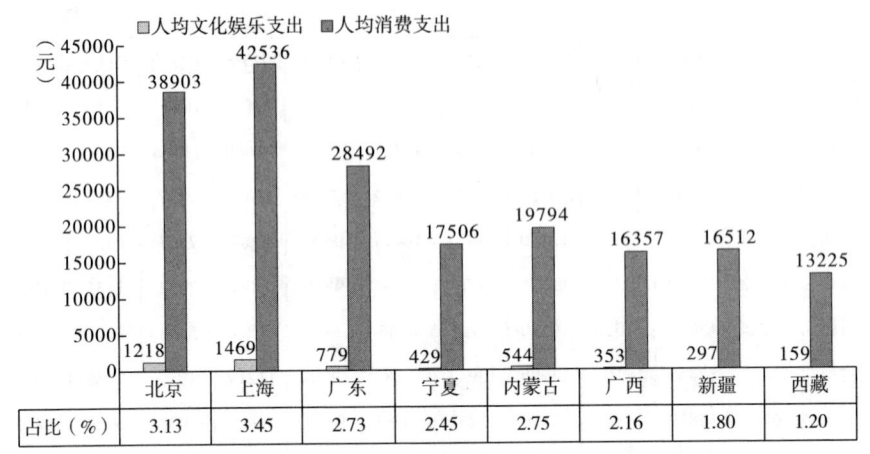

	北京	上海	广东	宁夏	内蒙古	广西	新疆	西藏
人均消费支出	38903	42536	28492	17506	19794	16357	16512	13225
人均文化娱乐支出	1218	1469	779	429	544	353	297	159
占比（%）	3.13	3.45	2.73	2.45	2.75	2.16	1.80	1.20

图 3-12　2019 年文化娱乐支出占人均消费支出情况

资料来源：《2020 中国文化及相关产业统计年鉴》。

六　气候环境对文化产业的影响比较

气候环境从多个角度对文化产业的发展有着深远的影响。一方面，气候环境条件是造就不同地区的文化资源、衣食住行条件和生活、娱乐方式不同的重要原因。比如宁夏有回回帽、臊子面、清真寺、骆驼、萧萧子；内蒙古有哈达、手扒肉、蒙古包、骏马、马头琴；新疆有花帽、大盘鸡、大巴扎、马车、艾捷克；西藏有藏袍、炒青稞、帐篷、牦牛、铁琴；广西有壮布壮锦、糍粑、干栏、马骨胡；北京有老北京布鞋、豆汁、四合院胡同、祥子车、京剧；上海有旗袍、生煎、外滩、老爷车、沪剧；广东有粤绣、粤菜、客家围屋、粤剧。另一方面，优秀的自然文化资源也是文化产业竞争力的核心要素。

1. 气候与地形

大部分经济欠发达地区的气候寒冷或气温多变，地形复杂多变，以高原和沙漠为主，较不适宜人类居住。内蒙古和宁夏的气候以温带大陆性气候为主，全年干燥少雨、气温年差较大、春季多大风天气、霜冻来得较早、冬季漫长寒冷。新疆和西藏的气候以高原山地气候为主，该地区海拔高气温低、气温日差较大而年差较小。只有广西的气候以亚热带季风气候为主，夏季高温多雨、冬季温和少雨，较适宜人类居住。内蒙古地势较高，平均海拔高度1000米左右，地貌以蒙古高原为主体，四周分布着大兴安岭、贺兰山等山脉，西部有约总面积15万平方公里的沙漠。宁夏地势南高北低，平均海拔1000米以上，在西面、北面至东面被沙漠和沙地包围着，南面与黄土高原接壤。新疆海拔差异较大，最高点与最低点差异超过8700米，山脉与盆地相间排列，中部有沙漠。西藏地貌多样，大致可分为喜马拉雅山区、藏南谷地、藏北高原和藏东高山峡谷区，其中位于中尼边境、地处西藏定日县境内的珠穆朗玛峰是世界最高峰。广西整个地势为四周多山地与高原，而中部与南部多为平地，有诸多盆地。

发达地区的气候温和，地形平坦，多以平原为主，较适宜人类生存。北京的气候以温带季风气候为主，夏季高温多雨、冬季寒冷干燥，春秋短促。上海和广东的气候以亚热带季风气候为主。北京平均海拔43.5米，地形西北高、东南低，以山区和平原为主。上海平均海拔2.19米左右，在北面有崇明岛、长兴岛、横沙岛3个岛屿。广东省平均海拔高度为38米，东部和西部有少量山脉，山脉之间有许多谷地和盆地。

很显然，每个地区的气候与地形对人们的生活方式具有深远的影响，人们更适宜在温暖舒适的环境中生存。发达地区的气候温和、环境宜人，更适宜人类活动，而人类活动的数量和质量决定了文化产业的发展水平，这也可能是经济欠发达地区文化产业发展的局限之一。而大部分经济欠发达地区的气候寒冷或气温多变，地形复杂多变，以高原和沙漠为主，较不适宜人类居住。

2.5A级景区数量

某地区的国家5A级旅游景区数量能在一定程度上反映某个区域的文化品牌建设能力。国家5A级旅游景区指的是依据中华人民共和国旅游景区质量等级划分的景区级别中的最高级别，标志着中国世界级精品的旅游风景区。5A级景区的标准中包含对景区标识牌、休息设施、景区垃圾箱等公共设施的规定，并要求"以人为本"的服务宗旨。而且，5A级景区的建设需要优秀的自然文化资源。

由图3-13可见，经济欠发达地区和发达地区的5A级景区数量分布没有呈现明显规律。截至2020年底统计，新疆最多（17个），广东次之（15个），上海和宁夏最少（4个），剩下的4个地区的5A景区数量从5个到9个不等。沈体雁等在中国景区网络形象指数研究中提出中东部地区5A级景区网络形象分值普遍高于东北、西北及西南，长三角、云贵川地区5A级景区网络形象比南北两端的京津冀、珠三角地区要好。这种现象的背后是：中东部地区交通、通信、住宿等基础设施完善，经济发展水平高，景区服务意识强、规章制度完备。① 这也从一个侧面表明发达地区的文化品牌建设能力强于经济欠发达地区。

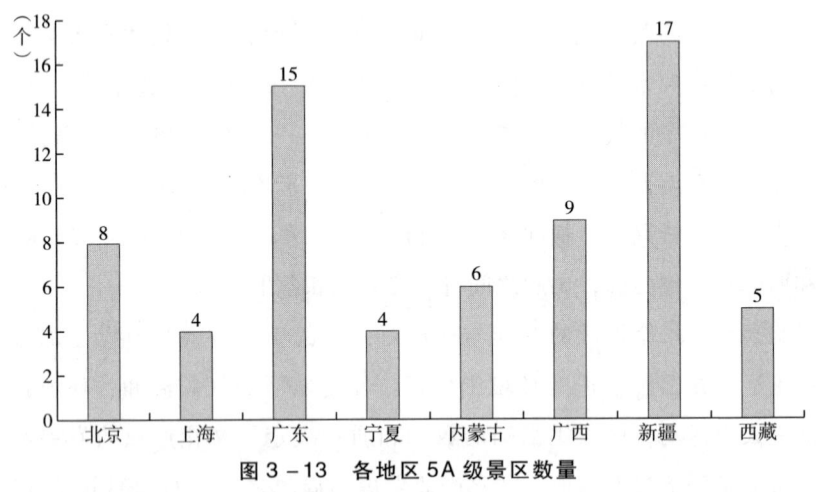

图3-13 各地区5A级景区数量

资料来源：中华人民共和国文化和旅游部网站，http://www.cnta.gov.cn/bsdt/jggs/，2020年3月26日访问。

第二节 经济欠发达地区与中东部地区文化产业发展的差异分析

通过以上对经济欠发达地区与发达地区文化产业发展的6个方面的比较可以看出，二者在资源禀赋与自然地理环境方面存在较大差异，经济欠

---

① 沈体雁、黄宁、彭长江、徐海涛：《中国景区网络形象指数研究——基于互联网内容分析方法》，《旅游学刊》2015年第6期，第80~90页。

发达地区具有水系源头区、资源富集区、边疆地区、生态屏障区、文化特色区、贫困地区等特点。经济欠发达地区文化产业的政策结构单一、文化制造业的科技含量低、科技水平对文化产业的贡献程度比较低进而造成文化传播能力落后；另外，在以文化创意和设计能力、文化休闲娱乐产业的产出为主的文化产业生产能力、公共文化服务的投入和发展水平方面，经济欠发达地区也远远落后于发达地区；当然，经济欠发达地区在消费能力和消费需求方面与发达地区的差距也很明显；尽管两类地区5A级景区的数量差异不大，但旅游文化品牌建设能力的明显差异带来了旅游文化产业质量的较大差异。

一　经济欠发达地区与发达地区存在资源禀赋的明显差异

一是经济欠发达地区人文自然旅游资源丰富，宗教、民间艺术、歌舞、医药等资源有待开发，发展潜力巨大；二是经济欠发达地区的文化资源区域与民族文化特色鲜明。经济欠发达地区文化资源在思想传承类、经验传播类和自然垄断类文化资源方面先天禀赋突出，而发达地区文化产业的开发多是针对自然与历史文化遗产、传媒文化、时尚文化等，在创新智能类文化资源方面存在优势（见表3-6），而经济欠发达地区以乡土社会为主要阵地的民族文化早已超出传统意义上的展演制销模式以及"文艺搭台，经贸唱戏"的简单框架。所以，经济欠发达地区文化产业对传统资源

表3-6　经济欠发达地区与发达地区的文化资源差异

区域	类别	重点产业资源
经济欠发达地区	思想传承类文化资源	前人创造的图腾图案、语言、文字、绘画、音乐、宗教礼仪、民俗节日等，如各地的民间传说、民间故事、民族节日、宗教习俗等
	经验传播类文化资源	民族歌舞、演奏、民族音乐、传统食品、传统医药、民间手工技艺、特色产业等，如藏医藏药、回族口弦制作技艺、羊羔酒制作技艺、民族刺绣、蒙古族的安代舞、土家族的八宝铜铃舞、朝鲜族的长鼓舞等
	自然垄断类文化资源	各类历史文化遗址、独特的自然景观和主题景点等，如新疆的吐鲁番、喀纳斯湖、天池，宁夏的西夏王陵、黄河景观，拉萨的布达拉宫、大昭寺和罗布林卡等
发达地区	创新智能类文化资源	软件、游戏、动漫、会展、影视、出版等依托IT技术、互联网载体等创新元素，突出娱乐保健文化等内容设计的智能型资源

的依赖性更强。发达地区得益于较高的科技创新能力，文化产业发展在一定程度上源于对某一创意概念的开发利用，重在整合、加工、再造等过程，为消费者带来感知上的趣味性和新鲜感，其文化价值更多源于科技创新力量；而经济欠发达地区文化资源多源于天然始成的原生态呈现，其文化价值则更多源于自然造化的鬼斧神工景观、历史沉淀的遗迹古物和稀有的人文古风等，文化产业开发重在挖掘资源本身的价值意义，对传统资源的依赖性较强。

综上所述，这必然导致经济欠发达地区文化产业发展的商业模式与发达地区遵循不同的路径。如何结合经济欠发达地区自身的特点、得天独厚的资源禀赋条件与文化产业发展的现实情况？这需要针对不同类型的文化资源探讨适合各经济欠发达地区文化产业发展的个性化切入点和推进模式，对促进经济欠发达地区形成自我发展能力的长效机制具有重要的理论价值和现实意义。

二 经济发展水平的差异造成经济欠发达地区与发达地区文化产业发展路径的差异

根据以上经济欠发达地区与发达地区文化资源的差异，文化产业的发展方式也由此而不同，表现在不同文化资源的价值实现方式与产业发展路径也会不同（见表3-7）。

表3-7 经济欠发达地区与发达地区的文化资源分类

类别	思想传承类文化资源	经验传播类文化资源	自然垄断类文化资源	创新智能类文化资源
资源表现形式	民族图腾、民族传说、民间文学、民俗节日等，是经过时间洗涤之后沉淀下来的精华，以某些特定的色彩、图案、造型等呈现，是某种意义和理念的载体	人掌握的一种传统技能，包括民族歌舞、演奏、写作、传统医药、传统食品等	各类历史文化遗址、独特的自然景观和主题景点等	通过创新形式和手段整合、提升已有的各类文化资源，植入新技术手段或以渠道、内容、形式等多元化方式嫁接而形成的新的文化资源表现形式

续表

类别	思想传承类文化资源	经验传播类文化资源	自然垄断类文化资源	创新智能类文化资源
举例	如泾源回族民间故事、西吉社火春官词等	如花儿、口弦制作技艺、羊羔酒制作技艺、民族刺绣等	如新疆天池、云南傣族村寨等	如软件、动漫、游戏，整合沙漠与户外运动的沙漠挑战赛以及信息技术植入传统技艺的创新传播
特点	具有内容性、符号化、知识性、思想性，以符号记录在一定的物质载体上，可以直接被电脑转码、复制	产品化、市场化、技能性、专业/专长性	服务化、垄断性、体验性、综合性	强调脑力创意、嫁接性、整合性、跨界性、商业开发性
价值实现方式	表现为特定文化思想与价值观的传播与传承	通过师傅带徒弟的方式，借助有经验的人的传授进行经验学习，传播和传承其价值	通过身临其境的体验和感受传播精神价值和创造物质价值	通过对原有资源的整合、加工、再造，提升全新生活方式的感知和体验而带来的全新价值
发展领域定位	以文化传承为主、商业价值为辅的机构研究、符号品牌传播、文化传承、社会治理	特色文化产品的生产、传播与销售，民俗文化体验	特别文化服务的体验与消费，既包括一定程度的特定思想与价值观的传播与体验，也包括一些特色文化产品的消费，如自然生态游、红色纪念游、历史文化游	以上皆有可能

经济发展程度不同导致发展路径差异。文化消费高于物质消费而存在，是经济高度发达之后的产物，发达地区在过去几十年的积累中，经济基础成为推动文化产业发展的重要力量；而经济欠发达地区文化产业的发展路径则恰恰相反，由于经济的积贫积弱，工业化"后遗症"作为发达地区经济发展的惨痛教训使得经济欠发达地区不能重复发达地区的发展路径，恰恰相反，要以文化产业发展带动经济建设。

三 发展环境和条件的差异带来经济欠发达地区与发达地区文化产业发展基础的差异

经济欠发达地区森林资源富集量占全国的47%,草原面积占全国的75%,水利资源蕴藏量占全国的66%。经济欠发达地区地处边疆、位置重要,整体上呈现大散居、小聚居、交错杂居的状况。总体在社会环境、地理环境及人文环境方面存在显著差异（见表3-8）。

表3-8 经济欠发达地区与发达地区文化产业发展基础的差异

发展环境差异	经济欠发达地区	发达地区
社会环境	人才、教育、智能化资源匮乏,传播能力等方面相对落后	人才、教育、传播平台、技术和互联网资源发达
地理环境	多地处偏远、边疆地区,许多与周边国家接壤,具有对外开放的条件	交通发达,物流便捷
人文环境	地域文化鲜明、突出,多种文化交汇丰富	民族融合趋势明显

经济欠发达地区文化产业发展的起点低（人均收入、文化产品消费能力弱）,其文化产业的发展停留在粗放型、以原生态为主的农业经济和工业经济状态。经济欠发达地区文化产业化发展与可持续发展已遭遇瓶颈,表现为战略不够清晰、产业布局混乱、产业结构单一薄弱、市场低端雷同、产业创意力量薄弱分散、产业链不完整、融资渠道少、抗风险能力差。而发达地区具备文化产业发展的技术和经济基础,已进入集约式、技术和网络发达的服务经济和知识经济状态。

随着不同时代生产生活方式的变化,经济欠发达地区的原生态文化也会不断演化和发展而打上不同的时代烙印。为此,发展经济欠发达地区的文化产业也要因势利导,在适当保留形式上的原汁原味的基础上,还要融入提升其价值的、富有生命力的新元素。经济欠发达地区要把握文化产业发展的历史机遇,正视人才培养储备、特色文化品牌建设等发展基础方面与发达地区的差距。围绕最终实现文化产业健康、可持续发展的目标强化各自独有的差异化资源,进一步拓展经济欠发达地区文化产业的发展空间，实现文化产业和传统经济的优势互补。

四 经济发展水平的差异带来经济欠发达地区与发达地区文化产业商业模式的差异

经济欠发达地区受自然地理条件及经济社会发展水平的制约，文化产业开发集中在以个体或家庭为单位的工作室或私人企业的运营模式上，中东部地区文化产业借助较高的经济、科技水平，文化产业运营模式形式多样、规模较大。就商业模式而言，主要区别如下。

1. 投资主体多元化

中东部地区文化产业投资主体有政府、个人，也有借助众筹、金融担保等形成的民间资本主体。例如，文化产业投资基金的成立、文化产业众筹网的运行等，近几年流行的"基金"，利用资金优势对大型文化项目投资，并借助"基金"品牌开展理财、银行融资、债券融资等。中东部地区借力互联网金融业，拓宽了文化产业的投资渠道，使投资主体趋向多元化。然而，经济欠发达地区文化产业目前停留在个人和政府投资为主的阶段，文化产业投融资能力有待提高。

2. 科技化水平较高

中东部地区不论是主导产业、支撑产业，还是配套产业、衍生产业，文化类企业的科技成果转化能力显著高于经济欠发达地区。中东部地区利用现代化的科技成果，打造新型动漫园区、影视园区、时尚街区等，同时加深主导产业产品的创意设计，利用现代传媒视听设备开发更具顾客体验的新型文化类产品。少数经济欠发达地区文化产业虽然保持着原汁原味的地方传统特色，但并没有充分利用科技成果，将科技成果与地方传统特色结合是经济欠发达地区文化产业发展的必由之路。

3. 文化园区遍地开花

中东部地区文化产业园区如雨后春笋般成立起来，其中既有综合型的文化园区，也有主题类园区。这些园区一般由地方政府主导投资成立，为创意人才提供了人才聚居场所，为文化类企业提供了集创意设计、营销、综合服务于一体的固定空间，以咨询策划业和文化传媒业两类服务业为龙头，以研发和设计发展为支撑，带动不同形式的创意产品或服务的消费，从而提高了地方知名度，推动了文化产业发展。各地文化产业园区无论是由政府主导，还是企业主导和市场主导，都试图通过提供便利的生产生活服务设施，带动产业集聚和人才集聚。

经济欠发达地区文化园区建设在数量和水平上都逊色于中东部地区，各地文化园区的建设情况如表3-9所示。

表3-9 各大城市文化园区建设概况

序号	各大城市文化园区	建设载体	发展特色
1	"杭州丝联166"创意产业园区	依托运河历史文化和铁路遗址公园等现有资源	是集休闲观光、收藏出售于一体的创意基地
2	宁夏中华回乡文化园	回族清真文化	以清真文化为主题，展示别具风情的回乡文化
3	山西广誉远中医药文化产业园	中医药文化	集中药生产、中药科普、中医养生、田园休闲等多个功能于一体
4	上海张江文化创意产业园	数字技术	重点引进网游、动漫、影视后期制作和创意设计四大主导产业，打造产业集聚基地
5	成都画意村	利用流转土地和闲置荒坡，由政府出资修建的24幢具有欧式建筑风格的乡村别墅	绘画创作与培训基地
6	创意G20·青岛国家广告产业园区	广告业	专业性的广告产业园区
7	南京紫东国际创意园	总部基地	创意总部型园区

续表

序号	各大城市文化园区	建设载体	发展特色
8	武汉"江城一号"文化创意园	花园式时尚文化	通过艺术文化创意直播间、嘉年华倒计时、群众性艺术展演、时尚选秀等,联动商家和社会品牌企业,打造园区主体品牌活动。设有3D影院、书城、时尚餐饮、休闲轻食、酒吧茶室、精品零售和时尚展示等丰富业态,使园区成为流动的时尚舞台,与时尚杂志、网络、现场展示等多元的传播渠道和手段一起,向社会传递文化创意的信息。是武汉休闲娱乐体验消费的新地标、时尚文化的体验式品牌乐园
9	北京宋庄原创艺术集聚区	动漫游戏产业	形成"核心—周边—相关"的动漫游戏产业布局
10	深圳OCT-LOFT华侨城创意文化园	工业区旧厂房	融"创意、设计、艺术"于一身的创意产业基地
11	乌鲁木齐文化产业园	综合性园区	以展示丝路文化为先导,形成门类齐全的综合性产业园区
12	甘肃灵台皇甫谧文化园	针灸文化	传承和展示皇甫谧中医文化
13	福建中华武夷茶博园	茶文化	以茶为主线,设计多种与茶相关的文化项目
14	天津意库创意产业园	文化科技结合	集中发展化工设计、工业设计、建筑设计、工艺美术设计、园林园艺设计、咨询策划、文化传媒、时尚消费产业

由表3-9可以看出,目前我国文化产业园区的发展模式可按照不同角度进行分类辨别。

按照运营主体的不同可将其分为三类:一是政府主导型:如"杭州丝联166"创意产业园区、宁夏中华回乡文化园、上海张江文化创意产业园、成都画意村、创意G20·青岛国家广告产业园区、南京紫东国际创意园、武汉"江城一号"文化创意园、乌鲁木齐文化产业园、天津意库创意产业园;二是市场主导型:如北京宋庄原创艺术集聚区、甘肃灵台皇甫谧文化园、福建中华武夷茶博园;三是企业主导型:如山西广誉远中医药文化产业园、深圳 OCT-LOFT 华侨城创意文化园。

按照功能定位的不同，可将文化产业园区分为两类：一是综合性文化园区：如上海张江文化创意产业园、南京紫东国际创意园、乌鲁木齐文化产业园、天津意库创意产业园；二是主题性文化园区：如"杭州丝联166"创意产业园区、宁夏中华回乡文化园、山西广誉远中医药文化产业园、成都画意村、创意G20·青岛国家广告产业园区、武汉"江城一号"文化创意园、北京宋庄原创艺术集聚区、深圳 OCT-LOFT 华侨城创意文化园、甘肃灵台皇甫谧文化园、福建中华武夷茶博园。

按形成的原动力不同可将文化产业园区分为三类：一是资源主导型：如"杭州丝联166"创意产业园区、山西广誉远中医药文化产业园、北京宋庄原创艺术集聚区、福建中华武夷茶博园；二是机构主导型：如上海张江文化创意产业园、南京紫东国际创意园、乌鲁木齐文化产业园、天津意库创意产业园、创意G20·青岛国家广告产业园区、武汉"江城一号"文化创意园；三是环境主导型：如宁夏中华回乡文化园、成都画意村、深圳 OCT-LOFT 华侨城创意文化园、甘肃灵台皇甫谧文化园。

五　经济欠发达地区文化产业的战略选择

综上，经济欠发达地区与发达地区在文化资源的先天资源禀赋条件、文化产业的发展能力与发展基础方面存在诸多差异，两类地区在发展路径探索上需要因地制宜、取长补短，既要探索其共性规律，又要挖掘其个性模式，在共生共赢中实现协同发展。

1. 做好文化产业发展定位的顶层设计：自身造血的产业转型

对经济欠发达地区而言，要依托原生态资源，立足于农业经济和工业经济，走一条由产业发展滞后向自身造血机能形成的产业转型之路；对发达地区而言，可依托智能化资源，立足于知识经济，走一条由低端制造业向高端服务业迈进的产业升级之路。经济欠发达地区文化产业发展没有雄厚的经济力量做支撑，更需要以战略视角，在产业平台中整合资源、节约成本，集中力量打造优势产业。

2. 完善符合区域文化产业发展的政策设计：战略层面 + 战术层面 + 操作层面

两类地区政府逐渐形成符合当地文化产业发展的完善的政策法规，营造有利于创新的社会环境。对文化产业加大扶持力度，开放市场，不断鼓励各种资本进入文化产业，增强文化企业的文化创造力。有条件的地区政府应大力培植文化消费市场，培养文化消费习惯，激发消费者文化消费潜力。

（1）战略层面：建立大文化、大旅游发展格局，制定大文化引领、大旅游布局、大区域合作、大平台支撑、大力度创新、大投入推进，大融合发展的配套政策。

（2）战术层面：经济欠发达地区应同时完善宏观层面和微观层面的文化产业政策，在不破坏其资源的前提下发展文化产业，制定能够具体落实的规章和条例；发达地区在发展好自身电影、电视剧、文化创意等文化细分产业的基础上应与经济欠发达地区合作，充分结合发达地区的较高消费能力与经济欠发达地区独特的文化资源，制定双赢政策。

（3）操作层面：拥有丰富、独特文化资源的经济欠发达地区宜打造以旅游业、艺术品特色产品制造为主的特色文化产业，而发达地区则宜发展以广电、会展、娱乐等大众消费为主的文化产业。

3. 加强文化产业各领域合作融合：文化科技融合与区域融合

一方面，加大文化科技融合的范围，加快数字化发展的步伐。鼓励高等院校同文化企业在文化产业方面进行课题合作与研究。各省区市应积极构建国家文化科技创新体系，逐步建立可持续发展的文化产业动力机制。先进地区和经济欠发达地区应在保护文化资源不受破坏的前提下，创新文化资源开发模式，进行深度合作开发，协同发展，建立与"发达地区向经济欠发达地区投资，经济欠发达地区给予发达地区消费文化产品的优惠政策"类似的互惠互利的发展政策。

另一方面，推动经济欠发达地区与发达地区合作，发达地区经济水平高，市场机制相对完善，文化产业政策改革力度一直优于经济欠发达地区，筹资融资方式和渠道也更加便利快捷。发达地区在发展文化产业中不但应引进经济欠发达地区的文化产品来丰富发达地区的内容产业，传播民族文化，满足发达地区日益增长的文化消费需求，而且在有力推进经济欠发达地区的扶贫，缩小地区差异方面也应发挥龙头牵引作用。发达地区的经济高度发展将进一步刺激人们的文化需求，尤其是产生对异质文化的猎奇心理；而经济欠发达地区由于经济落后，精神文化消费需求、消费能力明显不足，其文化产业发展无疑需要大量引入外地消费。因此，构建文化产业平台将有助于将发达地区过剩的消费需求和消费能力转移到经济欠发达地区，将文化消费的差异有效转化为经济欠发达地区文化产业的发展机遇。

第三节　经济欠发达地区文化资源的分类

经济欠发达地区的文化资源禀赋与特色更突出自然、艺术、人文、民俗与民间文化，这与发达地区以软件、动漫、游戏、影视为主有着明显的不同，为了进一步深入探讨经济欠发达地区文化产业的商业模式，寻求经济欠发达地区文化资源产业化的有效路径，本书将经济欠发达地区的文化资源根据其特点、性质及产业化路径的不同按照以下三类展开：思想传承类文化资源、经验传播类文化资源、自然垄断（旅游体验）类文化资源（见表3-10）。

表3-10　经济欠发达地区文化资源分类汇总

省区	思想传承类	经验传播类	自然垄断类
新疆	维吾尔语言、文字、伊斯兰教、格萨（斯）尔等，诺鲁孜节等	维吾尔族达斯坦、哈萨克族冬不拉艺术、维吾尔族赛乃姆、俄罗斯族民居营造技艺、哈萨克族毡房营造技艺、维吾尔族卡拉库尔胎羔皮帽制作技艺等	天山、吐鲁番、喀纳斯、五彩滩、赛里木湖、金胡杨、天山大峡谷、魔鬼城、楼兰古城、库拉提草原、库木塔格沙漠等
宁夏	回文、开斋节、古尔邦节，平罗县的民间文学、民间故事等	贺兰山岩画、花儿、六盘山木板年画、张氏回医正骨疗法、辛家高跷传统戏剧、口弦制作技艺等	沙湖、腾格里沙漠、沙坡头、同心清真大寺、一百零八塔、西夏王陵、六盘山、水洞沟遗址等

续表

省区	思想传承类	经验传播类	自然垄断类
内蒙古	蒙古族语言与文字、察哈尔民间故事、史诗《江格尔》、那达慕大会、玛尼颂诗等	马头琴音乐、蒙绣、民间皮画、蒙古族歌舞（长调、呼麦、安代舞、盅碗舞）、十三太保武术内养功、蒙古族医药等	希拉穆仁草原、成吉思汗陵、元上都遗址、昭君墓、五当召、响沙湾等
广西	那坡彝族跳弓节、瑶族达努节、德峨苗族跳坡节、瑶族祝著节、"合浦珠还"民间传说、壮族民间故事"百衣鸟"、牛头图腾等	钦州坭兴陶艺、毛南族花竹帽编织工艺、京族独弦琴艺术、壮族天琴艺术、壮族民间医药、桂剧、壮剧、百衣鸟等	漓江、阳朔、德天瀑布、独秀峰、龙脊梯田、巴马、涠洲岛等
云南	贝叶经、东巴文、摩梭走婚、苗族叙事长诗《红昭和饶觉席那》、纳西族祭天习俗、瑶族盘王节等	傣族木雕、佤族织锦技艺、桑蚕丝织造技艺、安宁小调、彝族"喀红呗"、香童戏、兴隆高杆舞狮、昆明微雕、猫耳斗（铜烟锅）制作技艺等	丽江古城、西双版纳、苍山洱海、哈尼梯田、大理崇圣寺三塔、香格里拉、石林、泸沽湖、玉龙雪山、三江并流等
西藏	藏文书法、唐卡、珞巴族始祖传说、格萨（斯）尔史诗、煨桑祭天仪式、雪顿节、藏历年、望果节、藏族天文历算等	古荣糌粑和石锅鸡等藏餐、神舞"羌姆"、藏毯藏香制作技艺、藏医药浴法、珞巴族服饰制作技艺、邦典编织技艺、彩砂坛城绘制技艺等	布达拉宫、纳木错、雅鲁藏布大峡谷、珠穆朗玛峰、羊卓雍错、卡定沟瀑布，林芝、鲁朗林海，南迦巴瓦峰尼洋河等
青海	土族纳顿节、海西蒙古族剪发礼、阿尼玛卿雪山神话传说、撒拉族谚语、歇后语、海西蒙古族英雄史诗《汗青格勒》、河湟民族民间故事、海晏蒙古族民间颂词、玉树天葬、乐都高庙社火、大通蛙图腾祭祀舞"四片瓦"等	大通傩舞老秧歌、河湟皮影戏、土族盘绣、塔尔寺酥油花、热贡艺术、加牙藏族织毯技艺、青海藏族唱经调、青海民间弦索音乐、称多白龙卓舞、青海青稞酒传统酿造技艺、青海马背藏戏、湟中堆绣、玉树安冲藏腰刀制作技艺、撒拉族寺院古建筑技艺、藏药材"阿如拉"炮制技艺、班玛藏家碉楼营造技艺等	白水河遗址、塔温塔里哈遗址、下塘台遗址、穆格滩遗址、龙哇切吉滩遗址、青海湖、朱乃亥遗址、群科加拉遗址、月落石崖遗址、下石城遗址、三江源、玉树结古寺、土族故土园、东关清真大寺、日月山、丹葛尔古城等

一　思想传承类文化资源

1. 思想传承类文化资源的内涵与特征

思想传承类文化资源是指那些可以被记录在物质载体上，具有较为深厚的符号意义，能被复制、转换，主要表现为语言、宗教传说、音乐、绘画、民族图腾、民俗、文字等的文化资源。这类具有符号化意义的文化资源注重内容性、知识性；是特定文化思想与价值观的传播与传承，既是区域文化的 DNA，又是区域文化"软实力"的核心。这种文化资源承载着族群精神，是该地区其他文化资源得以产生、发展的土壤，是对区域族群文化中的意识形态、价值观、思维方式与审美情趣等精神文化的展现，它在精神层面化育着一方水土的价值理念、规范着他们的社会生活，消费者更多关注产品的符号价值，此类资源的符号化意义带来的消费者的文化认同及情感联系体现了一种文化归属感。产品价值的体现程度有赖于消费者认同感的实现程度。

2. 思想传承类文化资源的表现形式

经济欠发达地区的思想传承类文化资源不仅形式多样，且涉及内容较广，在拥有一亿多人口的我国 55 个少数民族中，有近 60% 的人口使用本民族语言和文字，其中 53 个民族有自己的语言，29 个民族有与自己的语言相一致的文字。有的少数民族文字如藏文、彝文已经有超过 1000 年的历史，其他语言多数也已有几百年的历史，这其中蕴藏着各民族丰富的文化遗产。不仅包括内容丰富的历史典籍，还有思想浓厚的诗歌等文学著作，也不乏经久传唱的艺术作品，这些思想传承类文化资源是在各民族古代神话、传说、诗歌和谚语等民间文学的丰厚基础上产生的，如藏族的《格萨尔王传》、蒙古族的《江格尔》和柯尔克孜族的《玛纳斯》等，在边远经济欠发达地区，通过少数民族语言文字类报刊、广播影视节目、图书等传播交流的人口比例更高。

经济欠发达地区所具有的各种思想传承类文化资源，伴随着各地区发展的历史进程，逐步在其生产生活实践中形成各具特色的风俗习惯，当然不乏带有宗教信仰、居住环境等因素的烙印。这些风俗习惯进而借助民间传说、民族图腾、民间故事以及民间方言、民俗节日等渠道和载体被传播；民族传统节日丰富多彩，有宗教性节日（伊斯兰民族的开斋节、古尔邦节；藏族的传大召、传小召、瞻佛节）；农事节日（如彝族的火把节、壮族的三月三、藏族的望果节）；纪念性节日（如满族的颁金节、苗族的四月八）；商贸性节日（如白族的三月街）；文体娱乐节日（如苗族的跳花节、布依族的歌节、蒙古族的那达慕大会），都是展示和传承民族文化的盛会。这类带有符号化意义的文化资源不仅仅追求商业价值和市场效益，更多的有着文化传承的意义。

3. 思想传承类文化资源的典型案例

（1）《江格尔》是歌颂蒙古族英雄的豪迈历史，主要流传于新疆阿尔泰山一带。在多数学者看来，中国卫拉特蒙古部产生于17世纪，随着卫拉特蒙古各部迁徙到俄国、蒙古国，《江格尔》成为跨国界的大史诗。《江格尔》在产生和发展的漫长过程中，主要以口传方式流传，也有抄本和刻印本。以江格尔为首的蒙古族勇士同外来邪恶势力展开艰苦卓绝的斗争，最终取得胜利保护了部落。这部史诗有很高的艺术价值，体现了蒙古族勇士们对于生命生活的态度、对于美好的追求，至今仍旧传唱于蒙古族人民之中。

（2）科尔沁潮尔史诗，讲述英雄在天神帮助下消除恶魔保卫家园的故事。它是蒙古族古老英雄史诗的地方变体，有上千年历史，流传于今通辽市、兴安盟等地。内蒙古东部地区产生了数十部具有独特时代风格和地方特色的中长篇史诗，这些相互连接又相对独立的史诗组成科尔沁潮尔史诗。作为内蒙古唯一一种活态史诗，科尔沁潮尔史诗的人文及艺术价值不可估量。对科尔沁潮尔史诗的抢救和保护，是当代内蒙古乃至国家级非物质文化遗产的重要工作。

（3）唐卡是藏语音译，指的是一种西藏特有的卷轴画，内容不仅与佛教相关，也涉及西藏人民的民俗、医药、生活，可以用来反映西藏人民的面貌，具有很高的价值。

自吐蕃时期开始唐卡就已经出现，最初用来传播佛教，佛教信徒们邀请画师绘制精美卷轴画，用来供奉，寺院也用唐卡来装饰，每逢节日更是一片载歌载舞、隆重盛大的景象，后来其题材逐渐由宗教内容扩展到藏族世俗生活、自然、人物等。唐卡的制作非常繁杂，从画布准备、定稿、打底稿着色到添加材料加工，因复杂程度不同制作周期可从几日到最长几年。用料十分讲究，金、银、孔雀石、珍珠等天然精美材料都可被用来添加到唐卡上，制作完成后的唐卡精美生动、风格独特。

二　经验传播类文化资源

1. 经验传播类文化资源的内涵与特征

经验传播类文化资源主要是各类传承人所拥有的传统技能，此类文化资源最典型的表现形式就是各级非遗传承人的各类传统民间技能。它与思想传承类文化资源的区别在于此类文化资源大部分无法直接被电脑转码、复制，只能通过师傅带徒弟的方式，借助专门的人的传授进行经验学习、传播和传承其价值。

经验传播类文化资源往往与各经济欠发达地区人们的生产、生活的需求紧密相关，伴随着各区域、各民族的生产、生活方式而存在并延续，是各经济欠发达地区生产生活方式的一种有形的体现，例如新疆的维吾尔族歌舞就是维吾尔族居民在劳作间隙、人际交往、节日聚会中自发创造的一种娱乐形式。如西藏江孜的地毯、拉孜的藏刀、林芝的藏香等民族手工业产品无不是在藏族生产、生活和宗教生活中产生、传承下来并日益形成独特的卡垫织造技艺、藏族金属锻造技艺、藏香制作技艺。这些经验传播类文化资源往往体现为满足当地生活所需的有形的产品或服务，在自给自足的同时，也具有商品交换价值，大多以家庭作坊的形式通过家族进行传承，主要用师傅带徒弟的方式将这些传统工艺原汁原味地保留下来。尽管它们是承载当地民族文化的载体，但可以通过各种有形的产品或服务产生商业价值，这对推动当地发展特色产业及打造民族品牌影响力等方面具有重要意义。

2. 经验传播类文化资源的表现形式

经验传播类文化资源包括民族歌舞、演奏、写作、传统饮食文化、传统医药、民族传统手工技艺等，常常用于文化生产过程。源于民众生产生活的经验传播型文化资源涉及面广、内容丰富。

民族传统食品：青海、西藏的酥油茶、青稞酒，新疆的手抓饭，回族的羊肉泡馍，傣族的香竹饭，维吾尔族的烤馕，壮族的三色饭，蒙古族的马奶酒等民族传统特色食品。

民族传统医药：已形成医药理论体系的有藏医藏药、蒙医药学、傣医药学、维吾尔医药学及壮、苗、彝、侗、土家等十几种流传于民间、言传口授的民族传统医药。

民族传统手工艺：云南苗族服饰、宁夏的岩画、傣族慢轮制陶技艺、广西的绣球、苗族的蜡染、内蒙古的皮画、凉山彝族的漆器、白族的手工银器、苗族的刺绣、新疆的地毯、土家族西兰卡普手工织锦等民族传统手工艺品。

民族歌舞、戏剧：广西桂剧、苗族芦笙舞、彝族阿细跳月、瑶族长鼓舞、傣族孔雀舞、蒙古族筷子舞、维吾尔族赛乃姆、藏族锅庄舞等民族歌舞都属于此类文化资源。

经验传播类文化资源往往以各类特色文化产品的生产、传播与销售为价值生成与表现形式。在联合国世界非物质文化遗产名录中，有藏戏、侗族的大歌、朝鲜族农乐舞、蒙古族呼麦、回族等民族的花儿、羌族和黎族传统纺染织绣技艺等。

3. 经验传播类文化资源的典型案例

（1）内蒙古呼麦

呼麦是一个歌手纯粹用自己的发声器官，在同一时间里唱出两个声部，是蒙古族人民特有的一种音乐艺术。一个持续低音和它上面流动的旋律相结合组成呼麦声部关系的基本结构，有"泛音呼麦""震音呼麦""复合呼麦"等。

呼麦主要流行于内蒙古、新疆阿勒泰等地区。有证据显示最早在匈奴时期，最晚也是在蒙古族形成时呼麦就开始存在。蒙古人古代时期狩猎完毕、战斗完毕后会高声歌唱、尽情热舞以宣泄情绪，逐渐产生出缥缈的声音效果。经过一段时期的探索发展，形成了呼麦。

呼麦更多地保留了原始的民族记忆，是一种面对一望无际的草原和大自然的原生态歌唱艺术，是游牧民族面对大自然酣畅淋漓地抒发情感的独特方式，反映了蒙古族人民放马追逐梦想、期盼生命和谐美好的民族生活态度。呼麦的作用不只是在音乐上，在民俗学、社会学等方面也有极高的学术价值，是蒙古民族历史和文化的体现。

（2）羊皮筏子

顾名思义用羊皮做成，一般为十几个鼓鼓的羊皮连接组成，是一种古老的水运工具。羊皮筏子可用于短途运输如渡送两岸行人等，主要在黄河运输，在宁夏、甘肃等地区盛行。

羊皮筏子见证了几十代人辛勤的劳动生活，作为黄河文化的重要组成部分，羊皮筏子至今已有1500多年历史，其独特的造型和就地取材的独特功用不仅成为当地赏心悦目的景观文化，也是当地生活中不可替代的运输工具，具有很强的文化价值，同时它本身不消耗材料能源，取材自食材所剩，制作步骤相对容易，操作起来简单，使用起来非常方便。

由于更加便捷的现代水上交通工具的出现和道路桥梁的建设，羊皮筏子已经丧失了传统解决当地人基本生产、生活运输的功能，而成为当地特色旅游项目中的一种独特的文化展示出现在人们的视野里。

（3）彭阳木雕根艺

彭阳木雕根艺有着悠久的历史，利用泥土里挖出来的树根、滕根等加以工艺处理，加上艺术发挥，最终形成一件完整作品。这项手工艺品已在民间存在几百年，由于明清兴盛木雕家具和建筑风格奢侈，更演变成一种高大上的工艺品，成为广泛用于庭院装饰的根雕艺术品和将花鸟造型精致雕刻其中的各类木制家具，呈现生活方式的艺术美。化腐朽为神奇、变废为宝是根雕艺术的魅力所在。寻找树根，运用自己的想象力加工木雕，整个过程对于手艺人来说是一种创造，产生出来的作品令人惊奇。人们根据需要和爱好在木头、树根上雕刻出多种人物，各种花鸟鱼虫、神话故事等。彭阳木雕根艺目前主要分布于红河、茹河流域，这里有许多能工巧匠掌握木雕、根雕技艺，传承至今。

(4) 蒙医药学

蒙医药学吸取各家所长，集民族医药之精华，具有完整的理论体系，临床效果显著，是我国传统医学的重要组成部分。现广泛分布于内蒙古、北京、东北等地区，国外也有一些地区有人采用蒙医蒙药。蒙医蒙药源远流长，民族地域特色鲜明，医学价值别具一格。17世纪初藏医随喇嘛教传入，经几百年喇嘛医生不断发挥和临床研究，蒙医药逐渐脱离藏医自成体系。早期蒙医药仅限于寺庙喇嘛以及民间，私人收徒，自制药剂，走村串户治病救人。

蒙医药理论主要内容包括：药力、药性、五元、六味等。根据药物的寒热两性，派生出8种药物性能，又发展成为药物的17种功能，运用在临床实践中去克制疾病的20种基本性质。其中阴阳五元学说、人体三素学说、七元三秽学说等构成了蒙医药学的理论体系。

蒙医主要的疗法有：放血疗法、药浴、热水浴、擦除推拿法、针刺方法、炮制野猪粪便锅、药碾子、蒙药袋、五疗银针等，其传承离不开人的经验。

(5) 鄂尔多斯"筷子舞"

筷子舞最初是游牧民族放牧之余吆喝着欢聚在一起的一种自娱自乐的方式，它是以筷子为道具的舞蹈形式，一直以来是蒙古族婚礼及喜庆节日时欢宴场景必不可少的部分。筷子舞最初主要由男子单人表演，后来发展成男女齐舞、广场性集体舞多种形式。开始是席地而坐，随着民歌的旋律即兴敲击手、臂、肩等部位，而后逐步发展成为边蹲、边站、边走、边灵巧自如地击打身体不同部位的舞蹈形式。筷子舞以鲜明欢快的节奏，伴随着悦耳的歌声和敲击声，以各种韵律的对比起伏歌颂大自然，表达草原人民的豪放情怀，体现了蒙古民族的精神气质。

那种来源于马背生活的欲左先右、欲放先收、呼吸贯穿始终的动作之美，及由此而产生的筷子舞的统一、协调、连贯的独特韵味的传承，离不开真正体会马背民族生活方式的舞者。

(6) 哈尼卡

哈尼卡是达斡尔族的一种纸偶玩具,是与萨满教文化紧密相关的民间艺术。在纸张传入之前,已有剪桦树皮、剪皮花及皮偶艺术形式。制作皮偶神的工艺为后来形成纸偶艺术打下了基础。

制作哈尼卡时,用较厚的纸张叠成圆锥体形,上面留有一小孔,对折彩纸或白纸,剪出头形及颈部,在圆锥体的顶端插入,将用彩纸剪成的图案粘贴在纸偶的身上,并精心绘制五官。制作者在剪脸形和发式佩饰时非常用功夫,哈尼卡制作技艺是否高超也由此来体现。哈尼卡通常高 10~15 厘米,收藏起来很方便。哈尼卡的玩法简单说就是过家家,少女们通过大人的引导,依据对日常生活的感受,复演生活中的各种美好事物。她们用哈尼卡演绎婚宴、过年、赶集、打鱼、狩猎、订亲、舞蹈、购物等各种场面,极具生活趣味。少女们用哈尼卡纸偶丰富了童年生活,提高了她们动手动脑的能力,是达斡尔族人民在生产生活中勤劳智慧的体现。

三 自然垄断类文化资源

1. 自然垄断类文化资源的内涵与特征

自然垄断类文化资源又称为旅游体验类文化资源,表现为各地得天独厚、独一无二的自然景观。此类文化资源将旅游产业与文化产业相互结合,让游客在吃、住、行、游、购、娱的全产业链经历中,身临其境地充分体验当地自然、气候、地理、人文、民俗、民风,这种独特的文化体验带有地域的垄断性和不可复制性;游客身临其中产生的愉悦因体验者的感受不同而异使得此类文化资源能创造丰富的精神价值;另外,伴随旅游过程的各种产品和服务的消费又不可避免地带来极大的物质价值。由于旅游产业中的很大一部分是文化产业,在未来的发展趋势中,文化将是旅游产业的有力支撑,文化将装点旅游景点、旅游设施、旅游产品;包括各类历史文化遗址、独特的自然景观和主题景点等,如新疆的吐鲁番、喀纳斯湖、天池,宁夏的西夏王陵、黄河景观,西藏拉萨的布达拉宫等。在我国入选的《世界遗产名录》中,经济欠发达地区非遗项目有 515 项,约占第三批国家级非物质文化遗产目录项目总数的42%。

2. 自然垄断类文化资源的表现形式

我国各经济欠发达地区的各类旅游资源是在不同的地质、气候条件下，在大自然的鬼斧神工下的风格各异的产物。从南到北、自西向东的自然地理环境地域差异明显，自然地理景观千差万别、异彩纷呈。东有植被茂密、秀丽奇绝的山岳风光和丛林奇峰；西有高寒雄伟、冰川广布的雪域高原和古堡城垣；北有浩瀚婀娜、开阔平坦的沙漠戈壁和茫茫草原；南有别具风格、星罗棋布的峰林溶洞与河湖泉瀑。

各地争奇斗艳的自然景观是自然垄断类文化资源的外表显现，其背后蕴含的是各地独特的生存空间带来的文化差异。正如一方水土养一方人，千百年来各地独特的地质地貌、气象气候、水文地理等自然环境的差异形成了各具特色的生产生活方式。在西北部一望无际、一览无余的广阔天地里，孕育了粗犷豪放、耿直豁达的游牧文化，而东部地形崎岖、丛林密布的复杂多变环境养成了细腻多思、含蓄内敛的农耕文化。这也使得旅游资源的开发由一个单纯的观赏体验提升到围绕吃、住、行、游、购、娱展开的一系列旅游文化产业全产业链开发的文化体验。

3. 自然垄断类文化资源的典型案例

（1）新疆昭苏天马文化旅游

伊犁河谷作为最新旅游地，发展迅速，但发展模式局限于传统方式，必须吸取前期经验教训，利用自身独特自然历史优势，走出一条适合自己的特色发展之路。

昭苏县自古就盛产良马，汉武帝更因为伊犁马矫健的身姿赐名天马。天马是伊犁最独特、有吸引力的资源，天马也象征着伊犁勇猛奋进、展翅腾飞的精神。自2009年起每年暑期在昭苏举办的"天马节"也成为一项重要的节日项目。包括精彩的舞蹈演出、叼羊邀请赛、马术耐力冠军赛等各种特色活动。此外，同天马节一起，昭苏县还开展旅游商品展、奇石展、美食节、"牧歌昭苏，天马故乡"全国摄影大赛等各类活动。游客在欣赏昭苏美丽草原风光的同时，可以通过"天马之乡"平台深度体验新疆风情。

(2) 伊犁将军府

清朝乾隆中叶，清政府为加强对新疆的管治，采取"军政合一"的管理制度，1762年，清政府设立将军府，统管新疆军政。此后，由于清朝与沙俄的战争，惠远城历经被毁、重建、失去中心位置等历史。后因战略位置不宜再成为战略重心，新疆首府也变为乌鲁木齐。

清代的"伊犁将军府"，在今霍城县惠远古城内东大街，坐北朝南，是一座园林式的古建筑群，四周是高大的围墙，当跨入威严的黑漆大门后，便见宽敞的庭院内，古榆参天，左右营房、东西厢房、正堂、四合院等建筑，黑柱飞檐，曲径回廊，古朴幽深，花园内树木葱茏，似江南名园，景致清幽。据记载：清代将军府内，驻将军一员，及其家眷、卫兵等，附设有营务、印房、粮饷、驼马、功过等处，专理各项事宜。后花园的六角凉亭，被称为"将军亭"，红柱绿瓦，古色古香，遥想当年，似乎看到官员们议事、休闲的场景来。

将军府的主要建筑为四合院，土木结构的飞檐式"人"字梁平房，院内古树参天，似乎看到当年威严的模样，卫兵把守，官员议事，差使策马驰来、飞报战讯的景象。将军府的大门，威严、庄重，承载了太多的历史记忆。

(3) 西藏布达拉宫、大昭寺、罗布林卡

布达拉宫位于拉萨市玛布日山上，是世界上海拔最高的包含宫殿、寺院等在内的建筑群，是藏传佛教的圣地，藏式古建筑的代表，雄伟震撼，位于前面的布达拉宫广场每年都会聚集大批信徒、游客慕名前来。

布达拉宫最初是为迎娶文成公主而建，后经过重建成为宗教、政治仪式圣地，供奉神灵。布达拉宫内收藏着各类极具价值的艺术珍宝，包含近万种唐卡，用金、银、各种天然材料制作成的佛像，明朝皇帝赠送的卷轴、礼品、历史文学典籍等。

大昭寺于松赞干布时期修建，建成距今1000多年，在藏传佛教中地位无可替代，采用土木结构建筑，寺内典藏有各式佛像、雕刻。

罗布林卡是一座藏式园林，位于西藏拉萨市区西郊，园内不仅包含高山奇树异草，也有从邻国引进的优良植被，园内也存有唐卡、雕像等文物。

（4）宁夏清真寺

中国的清真寺有其独特的宗教性与艺术性，也是回族发展过程的历史见证和回族文化的载体与象征，清真寺为中国信奉伊斯兰教的各民族所特有，故而其分布也与该民族的分布相一致，全国现有3万余座清真寺，其中回族清真寺有1.6万余座，宁夏清真寺全国数量最多，有3700座。自盛唐以来伊斯兰教和平传入中土，在番商胡贾与土生番客的集聚地和回回人聚集地，建造阿拉伯式礼拜寺；依照伊斯兰的理念和宗教要求，参考汉式建筑的工匠、材料等建造而成，经历了一个渐进的融合过程，表现了伊斯兰文化的实用性和华夏传统文化的包容性，遍布中华大地以各种形式建造的清真寺，是中国建筑文化的有机组成部分，也是世界伊斯兰文化、建筑文化和中国文化的融合与创新。近代以来，随着新思想的传播和文化潮流的涌动，中国各地新修、重建、新建了许多清真寺，这些新建的清真寺，在保护与造型设计诸方面，突破明清传统，不断创新，逐渐实现现代化转型。

四　创新智能类文化资源

创新智能类文化资源是在前人及现有的技术、经验、资源基础上，通过创新形式和手段获得的创新型的灵感、方案、构思、决策等创新型的文化资源形式，如软件、动漫、游戏。主要表现为对原有资源的整合、加工、再造、提升的全新生活方式的感知和体验。经济欠发达地区也可以产生此类文化资源，如围绕甘肃和新疆交界处的史称"八百里流沙"的莫贺延碛戈壁文化策划的戈壁挑战赛已成功举办10年，是立足大漠文化通过创新形式和手段设计的创新方案，10年来，日益扩大的规模不仅带动了当地的旅游文化产业，也拉动了诸多衍生产业。但此类文化资源是发达地区更擅长发展的领域。

第四章　文化产业商业模式的分类体系研究

随着近年来文化产业规模不断壮大，企业竞争也日益激烈，外部压力和内在驱动让文化企业不断将新的创意和独创技术运用于企业的生产经营当中，抖音、火山小视频、小红书等因为独特的商业应用模式，创建了品牌知名度，收获了经济效益。很多企业的迅速崛起主要得益于灵活多样的商业模式。商业模式已经成为文化企业普遍关心的问题。商业模式具有时效性，文化产业的商业模式更是如此。应迅速发现适合于企业的商业模式，并不断根据自身的条件以及市场需求的变化进行调整，让所选择的商业模式与时俱进。因此，企业能够恰当地选择到最佳商业模式成为企业成功的先决条件。

面对日益纷繁复杂的文化产业商业模式的多视角分类，企业应根据自身的资金和技术条件以及要从事的商业内容，通过对新兴市场和潜在的竞争对手进行分析，明确目标市场，确定企业的市场角色，由企业的经营战略导出主商业模式和备选商业模式，经过科学评选，筛选出最终的商业模式。这些工作为文化产业商业模式的分类与选择研究，建立并提供更科学、系统的理论支撑体系，毫无疑问具有十分重大的理论意义和实践价值。

第一节　文化产业商业模式的分类研究

本章通过定性分析与定量分析相结合的方式，借鉴了原磊《商业模式分类问题研究》中的研究体系，并结合文化产业的行业特征对他的研究做了进一步完善，在定性分析的基础上，对文化产业的商业模式进行分类，运用科学的定量分析法进行了综合性、系统性、学理性的研究，建立了五环体系论（基于内部关键影响因素）和其他干系项（基于外部关键影响因素）的文化产业商业模式的分类标准。

这种研究架构解决了以往分类方法覆盖面窄、针对互联网行业特征明显的弊端，从整体到局部层层推进，逐步细化，建立了分析模型，减少了定性分析在商业模式分类中的分量，更具有全面性和适用性。

在对文化产业领域各类案例的收集、分析与整理的基础上，先由整体到局部，再逆向追溯确定因素的合理性，删除不合理因素，如此反复，去伪存真，可以找出文化产业商业模式形成的关键因素，用二进制模型和多维空间体系为文化产业商业模式制定分类标准和三维空间坐标图。对文化创意产业案例进行逐一分析，写出每个案例的三维坐标，形成每类商业模式与坐标图上的投影一一对应，最后通过分类标准计算出坐标范围，得到各类商业模式的最终分类。

一 文化产业商业模式的内部关键影响因素分析框架

表4-1 内部关键因素层次分析

	整体性	关联性	局部性
市场方面	客户效力	效力主张	市场目标
			文化资产
		效力网格	项目确立
			网格状态
	伴随效力	创意指数	思维延展
			创新实力
	企业效力	效力维持	合作模式
			仿效控防
		效力体现	收支构造
			文化传送

如表4-1所示，从整体到局部进行分析，围绕影响文化产业商业模式的3个内部关键因素：客户效力、伴随效力、企业效力，建立起表征这3个关键因素的5个关键指标，即效力主张、效力网格、创意指数、效力维持、效力体现。进而为了更有效地体现这5个关键指标界定和阐释各类文化产业商业模式的针对性，这5个关键指标被进一步细化为10个关键特征要素，具体分析如下。

1. 整体性层面解析

整体性分析层面主要面向三个参与市场经营活动的主体：企业、竞争对手、顾客。文化产业商业模式的运作产生的宏观效应主要从这三大主体体现出来，企业是市场从事生产经营活动的核心，需要面对其他生产同类产品企业的竞争，需要面对顾客的不同需求，这就是它们在市场中的位置、角色以及功能，三者相互依存而又相互排斥，这种对立统一的关系形成了市场，构成了市场的价值体系。

（1）客户效力。客户是上帝，服务客户就是服务价值。客户是市场消费的末端，其直接决定企业的产品或服务成功与否，是市场价值链的关键环节。企业的商业模式就是围绕客户展开，客户最关心商业模式的输出价值，这也决定了商业模式的成败。对客户效力的分析在商业模式分类标准建立的过程中不可缺少。

（2）伴随效力。同行业相伴相随的是大小竞争企业，该群体的不同行为对企业经营有不同的影响。当该群体与企业完全竞争时，无论商业模式是否相同，都会展开全面地较量，展开数场营销大战，经常两败俱伤；当该群体与企业部分竞争时，各企业可能通过连锁、特许经营等成功的商业模式进行复制扩张，共同占领市场份额。该群体也有可能对企业的成功的商业模式进行模仿和复制，以求得一部分市场份额。该群体与企业旗鼓相当时，也会牵手合作，形成巨无霸的垄断型商业模式，文化市场复制这种商业模式很常见。因而，伴随效力的研究对建立商业模式的分类标准体系很重要。

（3）企业效力。这是对企业创造自身价值的研究。文化产业企业的自身效用与其他行业有所不同。文化产业企业不仅要获得生存与发展的利润，还要肩负文化传播的使命，使我国传统文化和现代文化得到传承与发展。当然传播效果好，也会推动文化产品的销售，带来一定的利润，但这是次要方面。在获取利润方面，与其他行业所有企业相同，开源节流、降本增效，提高企业的营利能力和水平。文化创意企业对传播效果的追求，是企业效力研究的特殊要求与内容，使文化得到最大范围的传承与最大限度的发展是企业决定采用何种商业模式的先决条件。

2. 关联性层面解析

整体性层面是针对整个市场关键主体，为便于分析商业模式给三大主体带来的价值而进行的划分。关联性层面则是起到对上表征、对下阐释的一个承上启下的环节，它的指标设置应当既能反映宏观层面运行状况，又能解读各类文化产业商业模式的特征要素。为此，我们按照"生命周期理论"的理论框架给出联系界面的5个指标，分别为：效力主张、效力网格、创意指数、效力维持、效力体现。

（1）效力主张。企业应该给市场生产什么产品提供什么服务，才是有效用的，这是在对市场主体竞争与消费、市场环境供给与支撑进行充分调研后，经过专家论证而得出的结论。效力主张一经决定，企业就确定了经营内容和发展方向，选择商业模式走出坚实的第一步，这对企业经营战略的制定起了至关重要的作用。

（2）效力网格。即企业在庞大的市场中，建立的有效营销渠道网络，这张网将企业上下游、竞争者、消费者有效联系起来。效力网格帮助企业确认自己的市场份额和影响力，了解文化产业的发展动态。

（3）创意指数。是某个地区创意经济总体排名的基本指标，反映了文化创意企业的创新能力与水平，集中体现了企业商业模式创意水平能够为消费者提供新颖独特的具有知识性、趣味性的产品与服务的能力大小。在保持商业模式先进时，应注意防范竞争者的模仿与创新。

（4）效力维持。即如何让成功企业的商业模式持续生效，使消费者一直情有独钟，让效果不断延续下去。

（5）效力体现。即实现两个目的，一个是企业在经济效益方面，以合理化的最低成本获得最大利润的目的。另一个是企业在社会效益方面，用创造出的产品与服务来满足消费者的精神需求，并提高消费者的思想境界，实现文化育人的目的。

3. 局部性层面解析

为了能更有效地体现关联性层面制定的这 5 个关键指标，接下来进一步分解出反映各类文化产业商业模式特征的 10 个关键特征要素，即市场目标、文化资产、项目确立、网格状态、思维延展、创新实力、合作模式、仿效控防、收支构造、文化传送，这是为了更有针对性地分析、界定和阐释各类文化产业商业模式。

（1）市场目标：在企业开始发展的阶段，需要进行市场动态调查，分析确定市场目标，制定企业发展战略。对企业战略进行分解，确定企业的具体经营目标与计划，围绕市场目标才能为企业找到成功的商业模式。

（2）文化资产：文化作为一种特殊的资源，是文化企业要重点考虑的。了解当地的传统文化，并和现代文化比较对接，有助于企业掌握市场文化资产的布局，从而找到切入的契机。

（3）项目确立：项目是商业模式的应用场景，选择好项目是前提。通过效用网格分析，去匹配市场项目的文化特征，可以找到目标项目，项目确立对商业模式制定至关重要。

（4）网格状态：文化市场比一般的商业市场多出文化的因素，从而具有了文化的属性，比如抽象性、多元性、继承性、民族性等，文化市场的网格分布更为复杂，因此有一副清晰的文化网格是决胜市场的关键。

（5）思维延展：一些文化互联网企业正在沦为传统企业，因为企业的发展理念缺少了网络的开放性思维。文化所具有的创意思维的特点，要求文化创意企业必须具备跃动、多元的创新思维，打破传统的企业思维模式，发现适合自身发展的商业模式。

（6）创新实力：文化资源的发展必须不断推陈出新，独具一格。文化企业需要结合各种高科技，打造新的商业模式，不断开辟新市场，创新实力是文化创意企业的核心竞争力。

（7）合作模式：从激烈的市场竞争中的对手关系转化为团结合作的伙伴关系是市场发展到一定程度后出现的商业模式，也是文化市场近年来迅速发展的结果。通过资金、技术、市场的引入或不同层面的组合，形成优势互补、资源共享、降本增效的多赢局面。

（8）仿效控防：一旦企业在市场获得成功，一定会有大批的追随者跟踪而来，争相挤入该市场力求分得一份市场份额。由于商业模式保护不力，很多成功的企业迅速衰败，很快消失。保证本企业商业模式不被抄袭复制、巩固已有的市场份额是商业模式可持续发展要考虑的问题之一。

（9）收支构造：企业商业模式有很多衡量指标，其中收益来源和成本结构是衡量成败的直接指标，应力求以最少的成本投入，获取最大的利润，最大限度地实现企业价值。

（10）文化传送：作为文化企业的社会责任，文化传送在文化市场具有特殊表现。文化营销也包括文化传播的范围、文化传承的效果。企业商业模式成败与给消费者精神层面提供的服务质量高低直接相关，文化传播的范围与效果是评价商业模式价值的主要因素。

二 基于"五联环系统"论的内部因素关系分析

通过对以上整体性界面、关联性界面、局部性界面三个层面具体解析，对各部分指标进行了定义，列出了局部性的 10 大关键特征因素。根据各层所处的位置，我们建立起文化产业商业模式的三五十分析框架。各层的因素不是孤立存在的，而是相互之间有着必然的逻辑关系，为此，建立如图 4-1 所示的"五联环系统"理论。

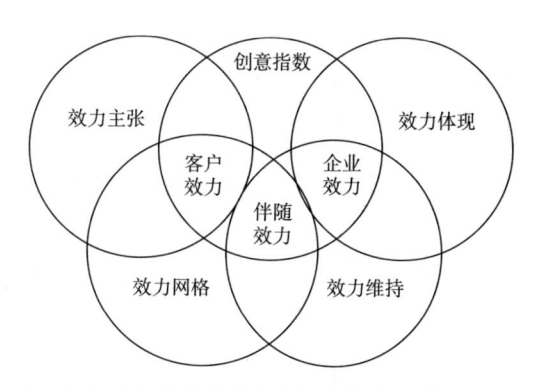

图 4-1 文化产业商业模式分类研究的"五联环系统"示意

图 4-1 中 5 个圆环分别代表关联性界面的 5 个要素，两两分别相交的五环，形成了整体性界面的三大市场效用指标。"五联环系统"中效力主张、创意指数、效力网格的交集空间代表着"客户效力"，这里强调客户价值的体现，与之相关的是商业模式的创意水平带来的客户市场需求满意度，还有文化资源配置情况。其中"效力主张"因素是实现"客户效力"的关键，对消费者消费特征和偏好倾向进行的研究是做好充分的市场调查和详细的行业市场分析的基础，对企业效力和伴随效力进行研究也必须做好市场调研，选择商业模式亦如此。

同理，效力网格、效力维持和创意指数的交集空间代表"伴随效力"。通过"效力网格"，很容易发现企业在市场的话语权，以及客户对企业的满意度。在深入挖掘文化资源的基础上，与"效力维持"相结合，保持现有成功商业模式的新意，为"伴随效力"打基础。再进行"伴随效力"分析，从而决定与竞争者建立什么样的关联体系，在扬长避短、优势互补实现合作共赢时，也要时刻谨防同行业伙伴的效仿抢占过多的市场份额，要最大限度地借助他们的发展优势，加快或拓宽本企业的发展。

由"创意指数""效力维持""效力体现"构成的交集空间代表"企业效力"，这样说的原因是：文化创意企业的"创意指数"，实质上就是该企业的创新实力，来自在生产、营销等各个环节的对创意能力的大量培植，具备这些基础条件后，通过"效力体现"，充分合理利用已有的文化资源，用恰当的营销手段将最佳的商业模式体现出来，即以最少的成本获取最大利润的营利模式。"效力维持"是在商业模式成功投入使用后，不断总结经验，不断在该商业模式原有基础上推陈出新，时刻保持创意的开展，同时提高技术水平或增加新技术，让竞争者无法模仿复制，最终全面实现"企业效力"，达到社会传播效益和经济获利效益的双重目标。"效力体现"明确界定了企业的营利方式，以及为实现营利而设计的成本结构。这些都属于企业内部的规定，不会影响消费者购买同行业伙伴商品或服务的商业行为。

"效力主张"和"效力体现"分别专属于"客户效力"和"企业效力"，而"效力网格"和"效力维持"却分别属于"客户效力""伴随效力""企业效力"。"效力网格"一头联系着客户，必须以消费者价值主张为指引；另一头联系着合作伙伴，通过竞合关系，一方面反映产业及企业资金链、供应链的状况，另一方面通过研究各自的市场份额，找到企业在产业市场中的位置。"效力维持"偏重于研究对竞争者的防护策略，保持企业商业模式的不被复制和替代，继续保持一定的营利能力，让产品的价值曲线减缓衰减。还需要对企业可能被替代的产品和服务，进行补救行动，或者独辟蹊径，推陈出新，让面临淘汰的产品重新焕发青春，再为企业营利。因此"效力维持"与"伴随效力"和"企业效力"两大市场主体密切相关。

"创意指数"是唯一与三大市场主体都紧密相连的构成要素，具有非常明显的与众不同的文化产业行业特征，在整个文化创意市场，创意能力和思维拓展无处不在，不可或缺。客户效力的实现离不开具有创意的商业模式，吸引更多消费者注目的只能是将文化、创意、科技三者完美结合、具有震撼力的商业模式，这种模式将极大满足客户的市场需求，让消费者价值得以完美实现；伴随效力的关键是通过创意能力来吸引竞争伙伴进行合作，由创意能力而产生的商业模式能够产生强大的聚合能量。在当前，由于文化产业具有轻资产、环保、整合传统行业的一些特殊能力，得到国家和地方政府的大力支持，文化产业项目在立项、审批等环节速度比一般传统产业项目要快得多，得到的优惠政策和资金支持也大得多。文化产业发展的春天已经到来。但是创意的商业模式成功的概率比较低，一旦成功后抄袭者太多，带来同质化竞争的现象严重。因此，面临的风险也比较大，往往合作失败，所有各方的投入几乎都将归零。企业效力与创意指数存在内在的联系，只有创意能力上去了，企业效力的社会效益和经济效益才会显现，才能创立并评估商业模式运行的效果，其影响作用十分巨大。

三 文化产业商业模式的外部关键影响因素分析框架

商业模式的实现很大程度上受控于复杂的外部环境。从宏观层面上分析，影响文化产业商业模式的外部环境主要为以下三大类：行业政策、企业规模、科技水平。

1. 行业政策

目前，文化产业风靡世界各国，各国由于社会经济发展状况不同和拥有的自然和文化资源不同，纷纷出台了具有本国特色的行业政策。

英国是曾经的世界强国，以工业革命而独领风骚，积蓄了丰厚的科技、人文历史，在以工业为主导的经济造成严重的环境污染，同时发展速度放缓之时，他们将发展视角转向文化领域，将历史文化注入产业集群，针对性地开发激活这些相关产业，成功打造以"博物馆文化"为主调的产业集团，带动英国创意产业迅速发展。现在的伦敦又展现"创意之都"的风采，英国的创意产业也成为国家第二大支柱产业。

目前，美国的文化创意产业发展日新月异。美国建国时间仅有200多年，历史文化资源相对缺少，但是美国二战后迅速崛起，科技实力一直世界领先，为保障领先的优势，他们另辟蹊径，把对知识产权的保护作为该产业发展过程中需要注重和强调的，因此《电子盗版禁止法》《版权法》《跨世纪数字版权法》《伪造访问设备和计算机欺骗滥用法》《半导体芯片保护法》等相继出台，不仅保护了已有的传统科学技术，也对应用于创意产业的科研技术进行了最大限度的保护。美国一直在积极开拓世界文化产业市场，通过独具特色的商业模式，让美国的图书出版、影视、游戏、动漫等行业的创意产品遍布世界。知识产权的保护为创新商业运营模式保驾护航，对二者的重视是美国文化创业创意在世界领先的关键所在。

政府在前、市场跟进，政府协调资源的配置，这种文化产业政府主导型模式是中、日、韩三国普遍采用的。政府负责产业发展规划和相关法律法规制定，市场资源调控投入，在需要扶持的时候再抛出税收优惠政策等。为了引导、扶持、规范、加速韩国文化产业的发展，韩国政府颁布了文化产业系列政策，比较典型的是：5年计划、促进法、促进计划、振兴基本法、著作权法等；在日本，为适应文化产业发展需要，2001年开始修改制定相关的文化艺术法律法规，比较著名的有：著作权法、振兴基本法、有关振兴的基本方针、文化产品创造、保护及活用促进基本法，对日本文化产业产生了深远影响。为了防止出现市场垄断局面，保持文化市场的竞争态势，保持文化产业的内在活力，都是基于整个产业的发展制定了这些法律法规和优惠政策，而不是特别针对某一个企业这样做、为某个企业服务，从而使整个产业健康发展。

中国政府对于文化产业的发展，一直采取软实力和硬实力两手抓的方式，为重点扶植我国大中小型文化产业企业出台了各类相关优惠政策。2005年国务院颁发了《关于深化文化体制改革的若干意见》。2009年开始实施《文化产业振兴规划》。2011年4月，从国家发展的战略层面，中央政治局决定：要深化文化体制改革、推动社会主义文化大发展大繁荣。2012年，党的十八大又进一步提出了，为全面建成小康社会，建设社会主义文化强国的主张，文化产业的投入从2012年开始大幅度增加，北京对文化产业的投资更是每年增加到了100亿元。党的十八大以来，我国高度重视文化产业发展。强调培育新型文化业态和文化消费模式，以高质量文化供给增强人们的文化获得感、幸福感。中央办公厅、国务院办公厅2022年5月印发了《关于推进实施国家文化数字化战略的意见》等文件，二十大进一步提出推动5G、大数据、人工智能、虚拟现实、增强现实、超高清等技术在文化创作、生产、传播、消费等各环节应用。改造提升演艺、娱乐、工艺美术等传统业态，培育线上演播、数字艺术、沉浸式体验等新业态新模式，健全现代文化产业体系和市场体系，这一系列举措将我国文化产业的发展定位推向新高。

总之，我国目前对于文化产业的关注程度持续在高水平，在财力物力方面的投入巨大，在培养创新人才方面不遗余力、在优惠政策方面也好戏连台，国家及地方出台的各种行业政策，覆盖面越来越大，据统计，从2002年到2020年，全国性和各省区市相关的文化产业综合政策、文化与相关产业融合发展政策、文化产业资金扶持政策、文化扶贫政策、文化产业税收惠改政策、文化产业园区（集聚区）认定关系相关政策、文化贸易与旅游等相关政策已有上千条。这些政策（目标战略政策、规范管理政策、支持发展政策），在激励创新、对外合作、产业集群发展、优胜劣汰上发挥了积极引导作用，这样的政策环境和氛围加大了企业发展文化产业的创新动力，帮助企业正确执行政府所制定的各项优惠政策，在政策允许范围内，企业与自身资源、规模等相结合，找到一条适合自身发展的商业模式之路。

2. 企业规模

根据规定，文化创意企业可以分为大型、中型和小型企业三种类型。与国外同行业相比，我国文化产业还处于发展的初期，整体呈现为地域广并且经济发展不均衡，区域文化资源的零散、应运而生的各种创意，使得目前提供具有地方特色文化的服务和产品的企业多数是中小型企业，具有垄断性质、规模较大的企业较少。通过强强联合或者创意结合而成大型企业，大多是在通过政府引导进入各类产业集群所在的文化创意产业园区中出现的。文化所独有的精神价值是文化产业营销传播的主旨，针对文化产品和服务具有满足人类情感和精神层面需要的功能而进行销售，才可能是成功的有价值的活动。因此，拥有附加值的文化具有相对抽象的价值，受众接受个体差异影响较大，持久性较差，文化企业在行业市场上经常"其兴也勃焉，其亡也忽焉"，因此加速文化和创意的融合并与科技相结合，是走向大型文化企业的快速之路。

3. 科技水平

文化创意产业首先出现在英国，一个重要的原因就是英国的综合科技实力强，现在发达国家的文化产业普遍发展超前。我国作为发展中国家，科技水平正在迅速提升，相应的文化产业也出现快速发展的趋势。近年来，全球经贸往来规模加大、速度加快，特别是在文化创意市场中所运用的技术水平在迅速接近，各国都把发展文化产业的重点放在如何恰当运用这些技术、如何让技术转化为文化产业的生产力上。过去十年科技助力文化产业向支柱产业迈进，从3%向4%；从结构上来看，科技推动文化产业结构的优化和升级，文化新业态占文化企业营收占比从20%的台阶迈到了33%。"文化与科技融合"是文化产业数字化的大趋势和关键，是"十四五"时期高质量发展的动力引擎，是"把发展科技第一生产力、培养人才第一资源、增强创新第一动力更好结合起来"的时代要求，也是中国发展文化产业、建设文化强国的必由之路。目前国内有影响力的文创企业不多，成功的可以借鉴的商业模式更少，学习国外先进的商业模式为我国大多数企业所采用，这种模仿创新往往学到一些皮毛，短期内能够给企业带来巨大商业利益，有时会导致企业疯狂地跟进投入，"天欲其亡 必令其狂"，很多模仿者"出师未捷身先死"。如果没有掌握成功商业模式的核心技术，又没有自己的创意思维，模仿的效果可能形成"山寨"效应，企业陷入"温水煮青蛙"的境地。随着检测技术水平的提高，越来越多的赝品被识别，这些假货受到消费者的抵制，"山寨"企业已日薄西山，被打上"山寨"标签，企业只能是走向失败和消亡。因此，我国文化创意企业要追求自主知识产权的科技运用技术，不断创新商业模式，发展文化产业。

四　文化产业商业模式的分类标准

1. 基于内在因素建立的分类标准

"五联环系统"给出了文化产业商业模式的十大特征值：市场目标、文化资产、项目确立、网格状态、思维延展、创新实力、合作模式、仿效控防、收支构造、文化传送。它们构成商业模式具体细节的关键特征值。现从 1 到 10 给每项关键特征值分别赋值，并对不同商业模式中这 10 项指标进行评判打分，建立以此分值为参照系的多维空间图，我们会发现这些不同的商业模式呈现各自形状的网格结构（见图 4-2）。

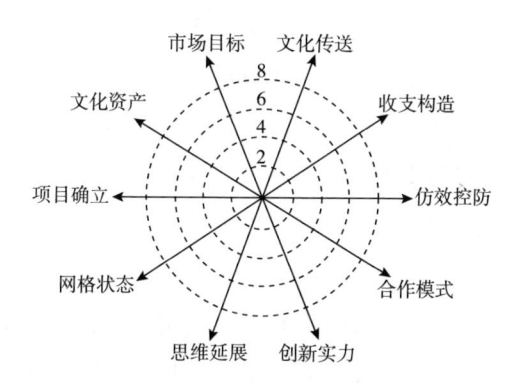

图 4-2　基于十大关键特征值的文化产业商业模式分类多维图

如图 4-2 所示，十大关键特征值被从弱到强划分为 1~8 个水平等级，形成多维空间的坐标轴，组合成为基于特征值的分类标准。根据收集到的案例特点，为这10项特征值打分。比如，北京首批文化创意产业发展项目之一的"798"创意广场，通过植入多种文化资源，并赋予其丰富的创意色彩，将北京一块工业企业生产废址转变为一个文化创意园，每天接待很多游客参观游览。以该案例为例，我们可以按照这10项特征值，分别为其打分，假设从"市场目标"开始，按顺时针旋转，广场10项特征值为（5、8、6、3、4、8、7、6、7、8），可以得出"798"创意广场商业模式特征值多维图（见图4-3）。

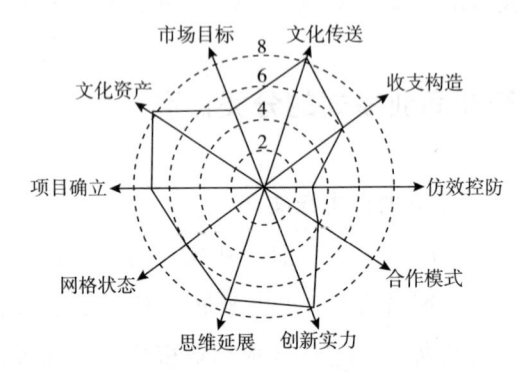

图4-3　北京"798"创意广场商业模式特征值多维图

通过图4-3，北京"798"创意园商业模式的整体效果展示出来。通过给特征值打分，可以把每个特征值可能属于级别划分一个范围，并以此排列组合来进行商业模式分类。这种方法需要专家对所有案例的10项特征值进行打分，需要保证分值一定的准确性，再画出蛛网图，适用于数量较少、特征鲜明的案例分类研究。

2. 基于外在因素建立的分类标准

行业政策、科技水平、企业规模是本章第一节介绍的影响文化产业商业模式选择的三大外部因素。用这三个宏观因素为坐标，可以在一个三维立体空间里，来表示商业模式的投影对应关系，可以将投影相同的商业模式归集为一类，用这个分析框架来对文化产业商业模式进行分类。

对三大外部宏观因素再进行细分，例如行业政策：开放合作型、产业集群型、鼓励创新型、管控淘汰型；科技水平：自主研发型、复制效仿型、持续创新型；企业规模：大型、中型和小型企业，最后给三个维度上的指标赋值,在三维空间中定位。但有些企业在行业政策维度或科技水平维度中,具有多个类别,这就需要根据规则计算各个维度的坐标值。以2012年的《舌尖上的中国》纪录片为例,其一经播出便受到全国人民的喜爱。它把我们感到有些难以理解的传统礼仪习俗,通过日常的饮食生活方式揭示出来。下面将介绍一种基于三维空间坐标体系对此案例的商业模式进行分类的方法。

将这三大外部因素映射成一个三维坐标。"行业政策"为X轴,"科技水平"为Y轴,"企业规模"为Z轴。在X轴上,2012年国家对新媒体实施了牌照管制和内容进口管控。通过抬高门槛,限制了很多视频播放中小企业。为四大行业政策赋值:鼓励创新型(0001)、开放合作型(0010)、产业集群型(0100)、管控限制型(1000)。四类政策运用排列组合原理排序结果如表4-2所示。

表4-2 "行业政策"因子值排列组合

	政策赋值	0001	0010	0100	1000
两两组合	0001	0001	0011	0101	1001
	0010	—	0010	0110	1010
	0100		—	0100	1100
	1000			—	1000
三三组合		0111、1101、1110、1011			

受到管控限制型政策(1000)的利好影响,《舌尖上的中国》商业模式直接记为1000。

在Y轴上,影视作品主要通过销售版权来交易,可以销售给电视台、有线台、视频网站,也可以销往国外。影视作品还可以衍生出图书,以及其他的电视节目。因而影视作品主产品难度大,需要进行自主研发型技术开发,而衍生的附加产品难度较小,用持续创新型技术即可。将科技水平的三个类型用二进制赋值为:自主研发型(001)、持续创新型(010)、复制效仿型(100)(见表4-3)。

表 4-3 "科技水平"因子值排列组合

科技赋值	001	010	100
001	001	—	111（三项组合）
010	011	010	—
100	101	110	100

《舌尖上的中国》同时占有科技水平中自主研发型技术（001）、持续创新型技术（010），所以，商业模式表示为011（001+010）。

在 Z 轴上，大型、中型、小型三类企业的赋值分别为3、2、1。中央电视台为大型的视频播放企业，直接标记刻度为3。

行业政策和科技水平采用二进制模型赋值，企业规模直接赋值。前两项指标的赋值系数分别是多个排列组合，根据各自的赋值—刻度对照表进行赋值，标记在各个坐标轴上，作为刻度范围，依此绘制出对应的三维空间体系，根据商业模式在该三维空间体系中形成唯一投影原理，通过一一对应关系进行商业模式分类。"行业政策"坐标刻度范围为 0~14（见表4-4）；"科技水平"坐标刻度范围为 1~7（见表4-5）；"企业规模"坐标刻度范围为 1~3。

表 4-4 "行业政策"赋值—刻度对照

二进制数值	坐标刻度	二进制数值	坐标刻度
0011	1	0010	8
0101	2	0100	9
1001	3	1000	10
0110	4	0111	11
1010	5	1101	12
1100	6	1110	13
0001	7	1011	14

表 4-5 "科技水平"赋值—刻度对照

二进制数值	坐标刻度	二进制数值	坐标刻度
100	1	011	5

续表

二进制数值	坐标刻度	二进制数值	坐标刻度
110	2	111	6
101	3	001	7
010	4		

对《舌尖上的中国》案例进行赋值，参照表4-2可以得到"行业政策"指标受到管控限制型政策（1000）的利好影响，直接标记为1000，再参考表4-4可以得到刻度为10；参照表4-3可以得到"科技水平"指标表示为011（001+010），再到表4-5查询得到刻度为5；企业规模为大型企业，刻度为3，所以其三维空间体系坐标为（10，5，3），其基于外部因素建立的三维空间分类图为图4-4。

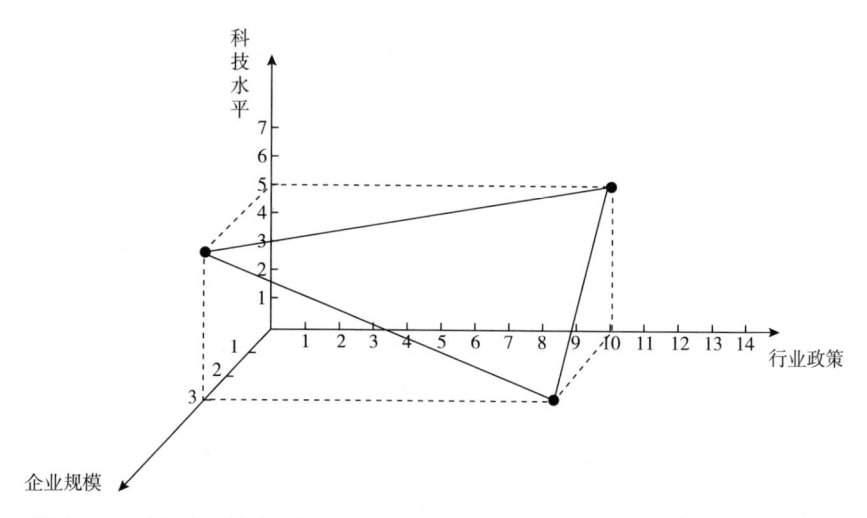

图4-4　《舌尖上的中国》纪录片基于外部因素建立的商业模式三维空间体系

采用了定量与定性分析相结合的基于外部因素建立的分类方法，可以清晰划分每个类别的边界，分类的科学依据更强。但是分类标准粗犷，欠缺具体细节，没有充分考虑各种内在特征值的影响，分类的准确性有待改进。

以上对于影响文化产业商业模式的内在关键因素和外在关键因素的量化坐标的直观展示，有助于按照明确的分类标准对文化产业不同的商业模式进行内在关键因素和外在关键因素的直观比照，为了去粗取精地归置梳理出更明确的分类结果，本节尝试建立一个更具典型性、普适性和明晰性的商业模式分类方法，需要进一步综合以上内外因素混杂的情况。

通过对文化产业商业模式十大内在关键影响因素，即特征值的分析看到，企业的创新实力和文化资产是最重要的核心竞争力，所以在众多特征值中，这两项指标非常合适作为分类的标准。

外部三大因素的影响很大，近些年来，我国政府一直将"推进文化体制改革"作为重点工作目标，同时，国家及各级地方政府也颁发很多促进我国文化产业快速发展的优惠政策，政策表现为富有建设性和扎实平稳推进。我国区域文化产业由于起点相近，各企业彼此大小相差不大，因而行业政策和企业规模均不构成企业竞争的焦点，不是创建商业模式分类中应重点关注的对象，而我国科技水平整体不高，具有极大的发展潜力，提高企业的科技水平，对核心竞争力的形成事关重大。以上表明，"科技水平"成为无可辩驳的分类标准。内外因素混杂建立的分类标准如图4-5所示。

创新实力	文化资产	科技水平
·低级创意 ·一般创意 ·高级创意	·思想传承类 ·经验传播类 ·自然垄断类 ·智能创新类	·自主研发型 ·持续研发型 ·复制效仿型

图4-5 基于内外因素混杂建立的分类标准细分体系

企业的创新水平包括创意水平和思维拓展程度，一般分为：低级、一般、高级三类创意等级。低级创意是指大众化的、没有多少科技含量、不具有唯一性、容易被同类企业赶超或者被其他产品替代的，或者通过简单抄袭就能得到的创意；一般创意则是指虽然具有局部的创新性，但不足以带来整体性的优势、对市场份额贡献很小的创意；高级创意即主要由企业原创、充分挖掘本地文化的精华并与"智能+"结合，创造新的市场或填补市场空缺、具有可控的专利权，高度保密很难仿制的一类创意。

在前文，对文化资源进行了分类，一般可以分为思想传承类、经验传播类、自然垄断类、智能创新类四大类文化资源。我国经济欠发达地区只需前三种文化,对发达地区而言,智能创新类则是指以上 3 种与创新技术的结合。

在科技水平方面,分为自主研发型、持续创新型、复制效仿型三类技术。

第二节 文化产业商业模式分类的三维空间坐标体系建立

为了更加清晰明了分类标准的边界,使其更具有科学性,本节将采用定量与定性相结合的上述三维空间体系分类法,用定量的二进制模型表示定性的文字分类标准,并在三维坐标轴上标出对应的刻度值,根据内外因素混杂,建立文化产业商业模式三维空间分类坐标体系。

一 三大分类标准的赋值

首先,依据二进制模型对以上三大分类标准进行赋值,得到赋值如表 4-6 所示。

表 4-6 三维空间分类体系标准赋值

文化资产（X）	科技水平（Y）	创新实力（Z）
思想传承类（0001）	自主研发型（001）	低级创意（001）
经验传播类（0010）	持续研发型（010）	一般创意（010）
自然垄断类（0100）	复制效仿型（100）	高级创意（100）
智能创新类（1000）		

其次,赋值表转化为坐标轴刻度值,形成三个坐标轴刻度表 4-7、表 4-8、表 4-9 可以查询。其中,企业创新实力只可能以一个级别存在,不需要进行排列组合,二进制数值可以直接对应坐标轴刻度值。同时,有一些排列组合根据实际情况是不存在的,例如自主研发型技术（001）与复制效仿型技术（100）是相互独立的关系,则在科技水平二进制赋值中不可能有 101（001+100）这个排列结果。

表4-7 文化资产（X）坐标赋值—刻度查询

分类标准	二进制数值	坐标刻度	分类标准	二进制数值	坐标刻度
思想传承	0001	1	自然、智能	1100	9
经验传播	0010	2	经验、智能	1010	10
自然垄断	0100	3	思、经、自	0111	11
智能创新	1000	4	思、经、智	1011	12
思想、经验	0011	5	经、自、智	1110	13
思想、自然	0101	6	思、自、智	1101	14
思想、智能	1001	7	思、经、自、智	1111	15
自然、经验	0110	8			

表4-8 科技水平（Y）坐标赋值—刻度查询

分类标准	二进制数值	坐标刻度
复制效仿	100	1
持研、复制	110	2
自主研发型	001	3
持续研发型	010	4
自研、持研	011	5

表4-9 创新实力（Z）坐标赋值—刻度查询

分类标准	二进制数值	坐标刻度
低级创意	001	1
一般创意	010	2
高级创意	100	3

二 三大类坐标范围的确定

三大类文化资产（15）、科技水平（5）、创新实力（3）共有225种（3×15×5）分类排列组合（对应三维空间图）。这些大多是没有实际意义的分类结果。依据分类指标在商业模式案例中的实际应用情况，对没用的组合进行删除，整合结果如表4-10所示。

表 4-10　整合后分类标准

分类标准	取值范围	整合后分类标准
文化资产	[1-4]	单一文化
	[5-15]	多元文化
科技水平	[1-2]	共享类技术
	[3-5]	专有类技术
创新实力	[0-1]	共享类创意
	[2-3]	原创类创意

排列组合后的分类标准，将科技水平和创新实力叠加，形成四类商业模式，如表 4-11 所示。

表 4-11　基于内外因素混杂建立的二维空间组合

科技水平（Y） 创新实力（Z）	共享型技术 [1-2]	专有型技术 [3-5]
原创型创意 [2-3]	复兴型模式（[1-2],[2-3]）	独创型模式（[3-5],[2-3]）
共享型创意 [0-1]	集聚型模式（[1-2],[0-1]）	发展型模式（[3-5],[0-1]）

最后，按照上述分类方式，分别对照表 4-7、表 4-8、表 4-9，将所有收集整理的文化创意企业的案例写出各自的坐标，再根据表 4-10、表 4-11 数据进行划分归类。

表 4-12　文化产业商业模式八大类别

文化资产（X） 创新+科技（ZY）	一元文化 [1-4]	多元文化 [5-15]
独创型模式（[3-5],[2-3]）	以一元文化资产为基础的独创型商业模式（[1-4],[3-5],[2-3]）	以多元文化资产为基础的独创型商业模式（[5-15],[3-5],[2-3]）
发展型模式（[3-5],[0-1]）	以一元文化资产为基础的发展型商业模式（[1-4],[3-5],[0-1]）	以多元文化资产为基础的发展型商业模式（[5-15],[3-5],[0-1]）

续表

创新+科技（ZY） ＼ 文化资产（X）	一元文化 [1-4]	多元文化 [5-15]
复兴型模式（[1-2]，[2-3]）	以一元文化资产为基础的复兴型商业模式（[1-4]，[1-2]，[2-3]）	以多元文化资产为基础的复兴型商业模式（[5-15]，[1-2]，[2-3]）
集聚型模式（[1-2]，[0-1]）	以一元文化资产为基础的集聚型商业模式（[1-4]，[1-2]，[0-1]）	以多元文化资产为基础的集聚型商业模式（[5-15]，[1-2]，[0-1]）

如表4-12所示，按照三维空间体系的分类标准，将文化产业的商业模式归纳为：以一元文化资产为基础的独创型、发展型、复兴型、集聚型商业模式；以多元文化资产为基础的独创型、发展型、复兴型、集聚型商业模式。更多其他文化产业商业模式分类的三维坐标案例参见表4-13。

表4-13 文化产业商业模式分类的三维坐标案例

案例名称	坐标列表	案例来源	备注
万达收购AMC北美院线	(9, 5, 1)	2012年5月26日《文汇报》	
索尼收购哥伦比亚公司	(9, 5, 1)	新华网	
成都东区音乐公园	(2, 1, 1)	2011年12月6日《成都商报》	
川美·创谷文创产业园	(2, 2, 1)	http://www.cq.xinhuanet.com/qxwq/2011-06/07/content_22957044.htm	
北京798创意产业园区	(15, 2, 1)	新华网	
海拉尔文化创意园	(15, 1, 1)	新华网	文化综合体
乌鲁木齐七坊街创意产业集聚区	(11, 2, 1)	《乌鲁木齐七坊街创意产业集聚区探索文化创意产业新途径》	
北京卡通博物馆	(9, 2, 1)	2011年12月6日《光明日报》	中国首个动漫社区
中国丝绸文化产业创意园	(1, 2, 1)	2011年12月6日《深圳商报》	
北京农场纹身猪皮	(2, 5, 3)	2008年10月28日《法制晚报（北京）》	

续表

案例名称	坐标列表	案例来源	备注
从溜溜球看文化创意产业	(1,2,3)	CCTV2 财经报道	
动漫蓝猫	(1,2,3)	http://book.sina.com.cn	
非诚勿扰类约会节目	(2,4,3)	江苏卫视	
"愤怒的小鸟"游戏	(1,2,3)	2012年7月5日《人民日报》	
天津老爷车博览会	(1,2,1)	2012年10月18日《天津日报》	
舌尖上的中国	(1,5,3)	CCTV 综艺节目	
兔斯基	(1,2,3)	http://www.zjsr.com	
喜羊羊与灰太狼	(1,2,3)	http://www.cccnews.com.cn/2011/1226/1243.shtml	
瑞士节庆文化活动	(15,2,3)	http://news.xinhuanet.com/world/2011-10/24/c_122191335.htm	
常州中华恐龙园	(1,2,1)	2011年12月08日《扬州日报》	
环球动漫嬉戏谷	(1,2,1)	2011年12月08日《扬州日报》	
大芬村油画	(1,5,1)	http://www.cndafen.com/	
敖包会	(3,1,3)	中新网	鄂尔多斯文化蒙餐
黎平县旅游景区	(3,2,1)	http://www.china.com.cn/city/zhuanti/dfzy/2012-09/11/content_26489476.htm	侗族原生态文化
河北蔚县剪纸文化	(1,3,1)	http://www.cflac.org.cn/ysb/2010-07/30/content_20484650.htm	
湖南湘绣工艺品	(3,5,1)	2011/10/18 [编辑：贺冠铭]	
江苏海安523主题公园	(2,2,1)	http://news.xinhuanet.com/local/2011-12/06/c_122385334.htm	
景德镇陶瓷	(1,3,1)	CCTV《远方的家》	
民族歌舞《蝴蝶和梦》巡演	(1,1,3)	新华网	
上海文化创意博览会	(15,2,1)	http://news.xinhuanet.com/local/2011-12/06/c_122385073.htm	
海南国际旅游商品工业设计大赛	(15,1,1)	新华网海南频道	

续表

案例名称	坐标列表	案例来源	备注
深圳市第七届"创意十二月"	(15, 1, 1)	深圳商报	
深圳文化创意博览会	(15, 1, 1)	新华网	
北京文化创意博览会	(15, 1, 1)	http://news.xinhuanet.com/2011-11/10/c_122258945.htm	
"汉阳造"文化创意产业园区	(1, 1, 1)	《"汉阳造"文化创意产业园区发展的前瞻性思考》张国超	
南捕厅历史文化街区改造	(1, 2, 2)	《文化创意产业与城市建设和城》高廷仁	
中国好声音	(2, 4, 2)	http://www.xhgsb.com/view/show.aspx?id=4278	买版权
中国好歌曲	(2, 5, 2)	http://www.xhgsb.com/view/show.aspx?id=4278	
80后主题餐厅	(2, 1, 3)	实地考察	80后才可进入
青岛啤酒节	(6, 1, 3)	新华网	
A8音乐网站	(2, 5, 3)	www.a8.com	
海洋沙滩狂欢节	(5, 1, 3)	北京体育频道	
便所欢乐主题餐厅	(2, 1, 3)	实地考察	
中国乐谷音乐产业集聚区	(2, 1, 1)	《城市音乐创意文化产业集聚发展模式》	
印象刘三姐公演	(1, 1, 3)	《从广西刘三姐到里约狂欢节》	
里约狂欢节	(15, 2, 3)	《从广西刘三姐到里约狂欢节》	
广西寨怀村旅游开发区	(14, 2, 2)	人民日报	
大熊猫栖息地旅游园区	(1, 1, 1)	《大熊猫文化创意产业与大熊猫栖息地的保护和发展》马月伟	
迪士尼	(15, 5, 3)	《迪士尼中国发展之路》	
福州三坊七巷历史街区	(11, 2, 1)	《福州三坊七巷历史街区文化创意旅游产品开发模式研究》王会	
厦门鼓浪屿景区	(14, 2, 2)	《鼓浪屿复兴之路》	

续表

案例名称	坐标列表	案例来源	备注
西溪湿地文化创意园	(1, 1, 1)	《杭州"创意之都"发展路径探析》竺颖斐	
爸爸去哪儿	(1, 5, 3)	韩国亲子节目	
武陵山民族文化创意园	(11, 1, 1)	《湖北武陵山区民族文化旅游创意产品开发的思考》卢世菊	
环球嘉年华	(15, 5, 3)	新华网	
杭州动漫产业园	(4, 2, 1)	《基于产业链视角的文化创意产业创新平台研究》黄学	
南京创意景区（夫子庙、石城创意园区）	(1, 2, 1)	《基于城市文化资本论的文化创意产业园区空间资本研究》张弘	
南锣鼓巷	(1, 2, 1)	《基于文化创意产业的历史街区提升改造研究》李山石	
嘉兴创意园区	(1, 2, 1)	《嘉兴文化创意旅游发展模式及对策研究》娄在凤	
湘西凤凰古城	(3, 2, 3)	《论湘西凤凰古城民族文化旅游创意产业商业开发模式》	
云南德宏州文化创意园区	(1, 2, 1)	《民族文化创意驱动民族文化旅游发展探究》梁爱文	
鄱阳湖生态经济区动漫产业	(1, 2, 1)	《鄱阳湖生态经济区动漫文化创意产业发展路径研究》沈海晖	
三亚世姐赛	(14, 3, 1)	新华网	
张家界天门山飞机穿越	(5, 3, 1)	新华网	特技飞行大赛
福州贵安温泉旅游度假区	(14, 2, 1)	《浅析福州贵安温泉旅游度假区的文化创意》周冰滢	
泉州老城区文化创意园	(14, 2, 1)	《泉州老城区文化创意产业发展建设的思考》王雅云	
上海世博会	(15, 2, 1)	《世博会营销模式研究》	

续表

案例名称	坐标列表	案例来源	备注
泰晤士小镇	(1, 2, 1)	泰晤士小镇-婚庆产业链重塑整体商业环境-泰晤士小镇追踪报道	
神垕镇钧瓷文化创意产业园	(1, 2, 1)	《文化创意产业园的生态设计及文脉传承》	
江南 style	(4, 5, 3)	《注意力经济语境下文化创意的全球化》欧阳神	
海南博鳌会	(11, 3, 1)	新华网	
西班牙奔牛节	(5, 1, 3)	人民日报	
达沃斯论坛	(15, 5, 1)	新华社日报	
苏台创意论坛	(15, 4, 1)	新华网	
上海文化产业南京论坛	(15, 4, 1)	人民日报	

第三节　经济欠发达地区基于开发模式的文化产业商业模式分类

商业模式的分类结果通常有优劣之分，研究者需要在分类的基础上进一步研究何种商业模式最为适应当前市场的需求，何种商业模式能够最大限度地满足消费者的需求。对于本文的八大文化产业商业模式的类别来说，各个类别都存在各自的优势与劣势，在同样的市场环境下也存在好与坏的差别。

在众多的研究结论中，商业模式的评价标准一直是许多专家积极探讨的一个主题，但目前也尚未得出统一的结论。其实，商业模式的成败关键在于企业战略规划的制定与自身资源配置的匹配性，其中，评价的关键指标应该包括现金流的模式、营销渠道的选择、产品自身功能差异化的高低等。企业战略与资源配置能够无缝隙结合的商业模式成功的概率远远大于二者匹配度较低的商业模式。而就文化产业灵活性、多样性的行业特征来说，相比较于"文化资源"和"科技水平"两个关键影响因素，文化创意企业的企业战略与资源配置的匹配性更大程度上取决于企业创新能力的高低。创新能力强的企业更易于发现市场空缺，更善于发现并利用企业自身资源的优势，顺势制定独特的适合自身发展的企业发展战略；反之，创新能力低的企业往往后于创新能力强的企业发现市场空缺，从而被迫选择复制成功商业模式的方法来维持企业的运营。因此，在运用本文介绍的分类方法的研究基础上，应选择创新能力强的商业模式优先于选择科技含量高的商业模式。

本文基于三维空间坐标体系将文化产业的商业模式分为四个大类，即"独创型""发展型""复兴型""集聚型"。独创型和复兴型商业模式较发展型和集聚型商业模式在创意指数角度分析下更具有竞争力。

一 独创型和复兴型商业模式

独创型和复兴型商业模式都拥有较强的创新能力，主要凭借创意十足的商业模式占领市场，这两种类型的商业模式的优势在于它们通常能够发现并抓住市场空缺，及时设计相应的营销策略来弥补这一空白，倾向于开辟文化创意产业的新领域，或者将目标顾客定位于新的群体等，进而获得成功。二者的现金流模式比较易于形成，并且收益有立竿见影的效果，一旦形成完整的市场链，发展速度非常快，这时，商业模式的成败就主要决定于"科技水平"因素的效用了。

复兴型商业模式拥有较高的创意能力，但不具备高级的科技水平，那么该市场的进入门槛就相对较低，效仿企业会蜂拥而至，使得整个市场很快达到饱和状态，快速进入产品生命周期中的成熟期。复兴型商业模式的案例如表4-13中的从溜溜球看文化创意产业、动漫蓝猫、"愤怒的小鸟"游戏、兔斯基、喜羊羊与灰太狼、瑞士节庆文化活动、南捕厅历史文化街区改造、里约狂欢节、广西寨怀村旅游开发区、湘西凤凰古城等。

独创型商业模式除了拥有很高的创新能力，同时还具有独一无二的自主研发技术，是其他企业在短时间内无法轻易效仿的，能够较长时间地占据大片市场份额，充分发挥自身产品的功能价值，不断扩展营销渠道。但其要求的经营成本往往比较高，如果不能找到有效的成本控制管理方法，则经营过程相对比较艰难。独创型商业模式的案例如表4-13中的非诚勿扰类约会节目、北京农场纹身猪皮、中国好声音、A8音乐网站、迪士尼、爸爸去哪儿、环球嘉年华、江南 style 等。

二 发展型和集聚型商业模式

发展型和集聚型商业模式与前两种模式相比则不具备过硬的创新能力，主要适用于规模较大的文化产业园区、以发展文化产业为前提的各类项目等。发展型商业模式的案例如表4-13中的万达收购AMC北美院线、索尼收购哥伦比亚公司、大芬村油画、河北蔚县剪纸文化、湖南湘绣工艺品、景德镇陶瓷等。

发展型商业模式相对于集聚型商业模式拥有较高的技术水平。基于单一文化的发展型商业模式则主要致力于发展我国民间的工艺技术，是对我国传统文化和现代文化中特色民间艺术的传承；基于多元文化的发展型商业模式则倾向于采用强强联合手段或者并购方式对文化产业进行壮大与发展。而基于单一文化和基于多元文化的集聚型商业模式主要致力于整合我国文化产业的中小型企业，为他们建立一个专有园区或组织机构，便于它们共享文化资源，快速建立一条完整的产业链。目前我国集聚型文化产业园区的发展却不容乐观，由于入驻企业各自资源情况和发展水平参差不齐，资源共享的情况也没有达到预期目标，园区内企业经常呈现一种各自为政的状态，产业链尚未完善，同时随着我国政府对文化产业的大力扶持，文化产业园区的数量突飞猛进的增加，但质量的提升速度远远跟不上数量的上升水平，有量无质是目前我国集聚型文化创意企业的最大难题。集聚型商业模式的案例如表4-13中的成都东区音乐公园、南锣鼓巷、川美·创谷文创产业园、北京798创意产业园区、海拉尔文化创意园、乌鲁木齐七坊街创意产业集聚区、北京卡通博物馆、中国丝绸文化产业创意园、天津老爷车博览会、常州中华恐龙园、环球动漫嬉戏谷、黎平县旅游景区、江苏海安523主题公园、上海文化创意博览会、海南国际旅游商品工业设计大赛、深圳市第七届"创意十二月"、深圳文化创意博览会、北京文化创意博览会、"汉阳造"文化创意产业园区、中国乐谷音乐产业集聚区、大熊猫栖息地旅游园区、福州三坊七巷历史街区、西溪湿地文化创意园、武陵山民族文化创意园、杭州动漫产业园、南京创意景区（夫子庙、石城创意园区）、云南德宏州文化创意园区、泉州老城区文化创意园、鄱阳湖生态经济区动漫产业、福州贵安温泉旅游度假区、嘉兴创意园区、上海世博会、泰晤士小镇、神垕镇钧瓷文化创意产业园等。

综上所述，从创新能力的重要水平角度出发，独创型商业模式在文化创意产业中可以算是最佳的商业模式，通常适用于创意空间充足、具备较强科技水平、成本控制得当的企业。集聚型商业模式相比于其他三种模式来说相对较弱，发展状况不太乐观，提升集聚型商业模式的质量、控制文化产业园区的数量，是集聚型文化创意企业发展的当务之急。发展型和复兴型商业模式属于文化产业的中间力量，只要能够结合企业自身资源特征和发展情况，正确认识市场需求，这两种商业模式带来的效果很有可能超过独创型商业模式。

事实上，文化产业的商业模式是不能区分优劣好坏的。因为商业模式的这种优劣之分并不是一成不变的，随着市场需求、宏观政策等多方面因素的不断变化，最佳商业模式也在不断发生着变化，这就需要企业具备强大的市场观测能力和快速应变能力，时刻根据自身的发展特点调整选择适应自身发展的最佳商业模式。

第四节　经济欠发达地区文化产业商业模式基于组织形式的分类

近10年来，许多经济欠发达地区文化产业有了飞速的发展，尤其是经济欠发达地区文化旅游产业异军突起，表现抢眼。经济欠发达地区文化产业的发展在于国家实施的西部大开发战略，以及对口援建、扶贫攻坚、

"一带一路"等政策的强力支持,还有国家及地方政府高度重视文化产业的发展,从国家层面制定了发展战略,各地方也出台了各自发展规划,以及配套的各种政策,政策的引导使少数民族丰富多彩的文化资源得以开发利用,由经济欠发达地区文化旅游产业衍生出许多新的产业,发展势头良好。对产品简单粗加工以及对当地文化资源简单挖掘的商业模式正在被经济欠发达地区文化产业所摒弃,经济欠发达地区文化类企业、政府决策部门正在对各类型的文化产业商业模式做出决策。多数经济欠发达地区文化资源带有很强的地域文化特色,如宁夏信奉伊斯兰教的回族清真文化、西藏藏传佛教文化等。本区域的文化产业商业模式多样性来自各自文化资源的差异性,笔者根据宁夏回族自治区采访调研资源,整理分析出最具代表性的文化产业商业模式,进而提出经济欠发达地区通用的商业模式类别。

天下黄河富宁夏,黄河之水浇灌了黄河文化,黄河文化又滋养出西夏文化、岩画文化、丝路文化、大漠文化、回族文化、红色文化等多种文化,文化资源多样而富有特色。宁夏毗邻内地省份,与中原的经济文化各方面交流都方便,文化产业发展区位优势明显,发展趋势良好。宁夏文化产业商业模式具有代表性,天然资源、宗教影响、民族风情基本上代表了经济欠发达地区文化产业发展需要考虑的因素。文化产业市场主要有个体、企业、政府三个经济主体,通过对三者经济活动的追踪和调研,发现商业模式类型可以归结为三大类五种:第一大类考查个体,是以个体工商户形式出现的工作室;第二大类考察企业,主要有两种,一是民营有限责任公司(企业+传承人+农户型),二是有限合伙企业(民间资本运营型);第三大类考察政府,是以政府主导的国有事业单位和国有企业。

一 工作室——个体经营型

工作室(Studio),在国际上也没有形成定论,一般是指由少数几个人发起的,不超过10人的组织,是一处专门从事创意活动的场所,组织及构造不拘一格,大部分具有公司的一些初级模样。工作室以创意来统领一切工作,强调创意领军人才是核心,创意团队为支持,进行高强度、高智力的创意活动，来满足文化市场不断提升的物质和文化的需求，内容涵盖教育出版、工业设计、民间艺术、影视动漫、旅游娱乐、信息咨询、网络行业、商业艺术行业、媒体行业、摄影、音乐、软件开发等新兴行业及细分行业的文化创意工作。

在我国经济欠发达地区，工作室是常见的市场经营类型，是一种典型的个体经济，也可以被称为创意设计室，涉及一些生产和销售，经常被冠以"作坊"之名，具有经验传承类文化资源的传承人经常开这种店铺。工作室在经营上自成一体，少有纵横向产业，自主经营，自负盈亏。

商业模式特征：这类作坊，缺少一些经营活动环节，产品的价值链不全。少数能进行一些文化产品的设计，而大多数文化传承人文化水平低，基本是机械地按原来的秘方进行生产，没有市场网络、关联产业等。这一类的商业模式基本上只能维系生存，发展缓慢。

> 个案1：口弦主要流行在宁夏回族自治区的西吉、海原、固原一带，是一种久负盛名的传统回族乐器，回族文化特征十分鲜明。2006年，被列入第一批国家级非物质文化遗产名录。只有到过传承人安宇歌的工作室，才能观看到口弦的制作工艺和演唱技艺。由于受众市场狭小、杰出制作技艺和乐器没有被推广，大众市场多不知道存在这一独特且内涵丰富的高超乐器，即使在宁夏，了解它的人也很少。要听到这古老的口弦发出的悦耳之声，只能在重大特殊性节日才可以。

二 "企业+传承人+农户"的分工合作型

传统的工作室集生产、销售于一体的商业模式不适合大批量、成规模的经营方式，"企业+传承人+农户"打破了工作室的束缚，以企业的形式出现于市场，推动了产业化的发展并成为一种主流。在这一组合方式中，企业与传承人是合伙人，农户主要是"员工"，传承人全面负责生产管理与制作，主要管理交给农户来完成的简单小批量的产品制作，另外制作一些需要特殊技艺的产品。企业负责营销推广及财务等分工，会根据市场变化及一些重要商业信息反馈，提出符合主流变化的概念图或方案并和传承人一同研制，这样就实现了三者的有机结合与产业链的有效对接（见图4-6）。

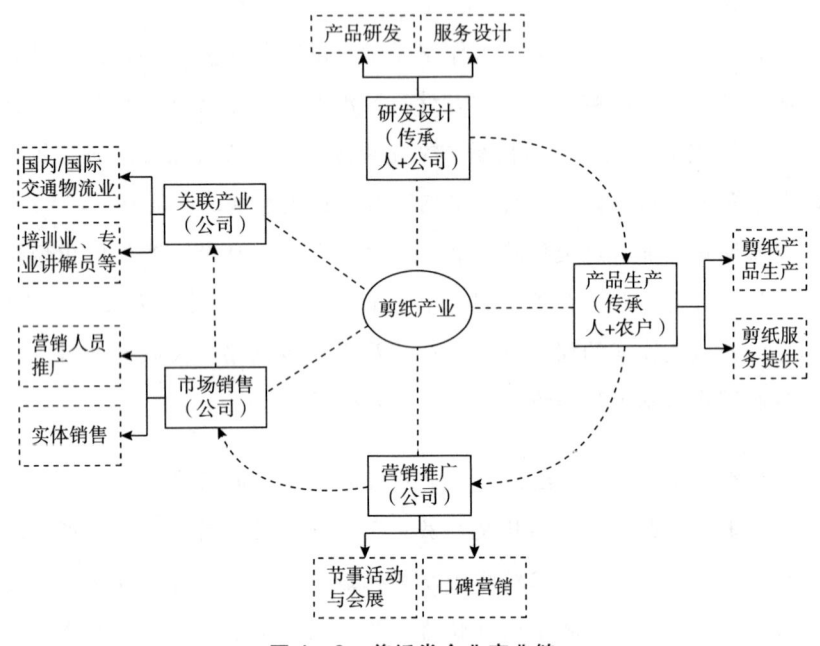

图4-6 剪纸类企业产业链

商业模式特征：企业化运作的价值链比较完整，商业模式优势互补，可以调动积极性，具有一定的生产效率。

个案2：宁夏艺盟礼益文化艺术品有限公司是这一模式应用的代表企业。作为宁夏回乡剪纸的领军企业，该公司将传统手工艺和本土回族文化结合，反映了伊斯兰文化的精髓，具有鲜明的地域特点。正是通过这一形式，艺盟礼益文化艺术品有限公司获得了巨大成功并走向世界。公司注重产品包装的外在形象，自主研发出精致的剪纸包装，致力于打造自己鲜明的商标。传统剪纸不易携带、不便展示、档次低端，公司便自主研发了丝绸卷轴剪纸条幅，解决了传统剪纸的这些弊端。在保证传承的前提下，对传统工艺和展示内容进行了改革创新，提高了产品价值，对产品的生产工艺申报了专利，有效保护了产品的竞争力。该公司分工明确，剪纸传承人伏兆娥女士主要负责产品的制作，公司积极做好辅助工作，为公司培育人力资源，解决产品制作的人力需求，通过与当地妇联合作，办剪纸技艺培训班，提高了当地妇女的剪纸技能，解决了她们的就业问题，并通过和当地高校合作办学，设置剪纸技艺专业，培养了专业青年学生剪纸人才。这种三方合作方式，既有公司运作的规范性，又有一定程度的灵活性，产生了良好的社会效益，实现了文化产业的经济效益与社会效益的同步提升。

三 民间资本运营型

这类文化企业的资金来源主要是合伙人筹集的民间资本，受到国家对民间资本的鼓励政策的激励。在一些农村地区，用这种类型经营文化产品的企业较为普遍。与"企业+传承人+农户"的企业不同之处是，这种类型的企业无须传承人而存在，对文化类资产全权负责。在经济欠发达地区不同类型的企业在文化市场上都以企业形式进行交易，但在企业管理、市场营销上差异较大，不可以跨地域而通用。

商业模式特征：企业相对规模化，形成相对完整的上下游产业链，企业具有一定的创意设计能力，围绕核心文化产品可以开发衍生产品和渠道，可以延展相关产业，比如完善酒店、特色小吃等辅助行业设施，再去对相关产业做进一步延伸。

个案3：中华回乡文化园。依托政府的支持，热爱故土文化的穆斯林与其他人士，创建了极具伊斯兰文化特色的中华回乡文化园。穆斯林同胞出资组建的宁夏回乡文化实业有限公司，负责运营管理中华回乡文化园。园区大门、回族博物馆、演艺大殿、礼仪大殿、民俗村、餐饮中心具有浓郁的回族文化风情，园区游客可以体验原汁原味的回族文化。

四 国有事业单位型

这种发展模式主要受地情和国情所决定。对于经济欠发达地区的情景是：受垄断性的文化资源、历史的物质和精神的制约以及自然环境的挑战，仅依靠企业的力量往往不可行。常采用政府主导型发展，如保护性开发某一文化资源，通常建立风景名胜区、主题性文化产业园区或博物馆、研究院等，当地人民政府设立管理机构，负责景区及场馆运维，经济收益主要靠门票收入、国家或地方政府的财政拨款。

商业模式特征：具有公益性，价值链简单而固定。基于文化资源的垄断性，该模式具有显著的门票经济的特点，门票的变化会引起收入急剧变化，也会影响群众对政府的态度，需要在国家政府相关政策引导下、在考虑社会公益性的前提下做好运营。

个案4：西夏王陵、贺兰山岩画是宁夏的著名景点，具有独一无二的垄断性。一般企业无论从资金实力还是行政力上都难以胜任对景区的保护和运营。所以，银川市西夏区成立岩画管理处，负责管理贺兰山岩画景区，主要职责是根据政府相关部门的保护和开采规定，制定可执行的运营战略。一方面做好对岩画保护和遗产挖掘研究开发工作，另一方面做好景区日常运营管理以及做好文物管理、基础设施维护、人才培养等工作。

五 国企改制管理型

与事业单位类似的是，都是由政府专门成立机构负责运营管理某一类文化资产；不同的是公司是有法人代表的企业，企业可下设各分级单位。

商业模式特征：国有企业性质，产业链完整，公司市场化运作，有众多的关联产业。

个案5：宁夏沙湖景区目前由沙湖旅游股份有限公司负责经营。它是一处兼具江南水乡与大漠风光的生态旅游胜地。沙湖旅游区管理所由宁夏国营前进农场在1990年6月成立，又经改制成立宁夏沙湖旅游股份有限公司。通过对资源进行整合和对发展调控能力进行优化，按照突出主业、打造精品的原则，在建设基础设施、创新旅游产品、拓展消费渠道方面，大力投入，加快实施。始终着眼大项目、大市场、大战略来坚持实施品牌战略。从2008年到2020年，游客接待量、销售收入逐年增加。从开发建设以来，接待游客达1000余万人次，收入突破10亿元。2017年接待游客超百万人次，旅游收入2.3亿元。2018年接待游客近85万人次，旅游收入1.5亿元。之后几年因疫情出现明显滑落。

第五章 文化产业商业模式的建构体系研究

第一节 价值链角度下的文化产业商业模式构建

一般的商业模式研究有很多论著，文化产业商业模式的研究随文化产业兴起而出现较晚，相对较少，二者的关系从哲学角度看，就是普遍性与特殊性的关系，文化产业商业模式是特殊的商业模式，其研究也是从一般商业模式入手，再去发现其特殊性。文化产业较之一般传统产业最大的不同，除了绿色环保，就是它的经济与社会双重价值创造能力，且具有极强的放大作用。因此，需要注重以价值链来构建文化产业的商业模式。一般的商业模式是围绕着公司如何对这些价值创造业务单元进行组合以获取企业最大利润展开的（见图5-1）。文化产业公司的价值链是由一系列在公司内部进行的价值创造业务组成的。文化企业价值链与一般企业价值链不一样（见图5-2），这也使文化产业商业模式具有特殊性。

辅助业务	基础结构——财务——文化	
	采购管理——原材料、设备、服务	利润
	技术支持——研发、质量	
	人力资源管理——培训、绩效	
主要业务	原料输入 | 生产加工 | 成品输出 | 销售及市场营销 | 客户服务和销售市场	

图5-1 企业价值链

图 5-2 文化类企业价值链

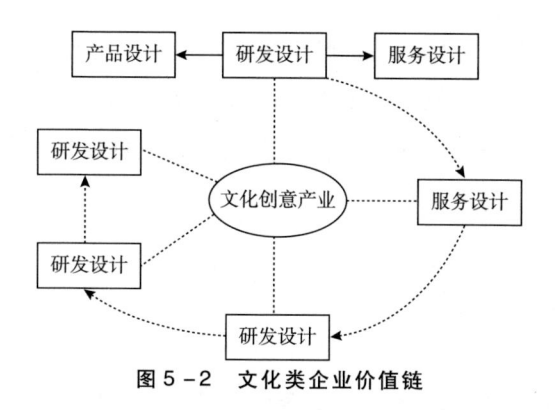

从营利的角度看，商业模式的成功与否是看其是否实现了良好的经营效益。国外学者 Scott 构建的商业模式由战略选择、价值创造、价值获取和价值网络四部分组成。① 从企业创造价值的角度分析商业模式的构建，国内学者原磊提出了由价值主张、价值网络、价值维护和价值实现构成的商业模式立体架构，在国内获得很多学者的认同。② 通过对国内外学者研究的分析，深入研究文化类企业本身的价值链，本书提出价值选择、价值创造、价值传递和价值维持的文化产业商业模式构建框架（见图 5-3）。这一构建框架涵盖了企业价值活动的全部过程。不同企业在价值链系统中参

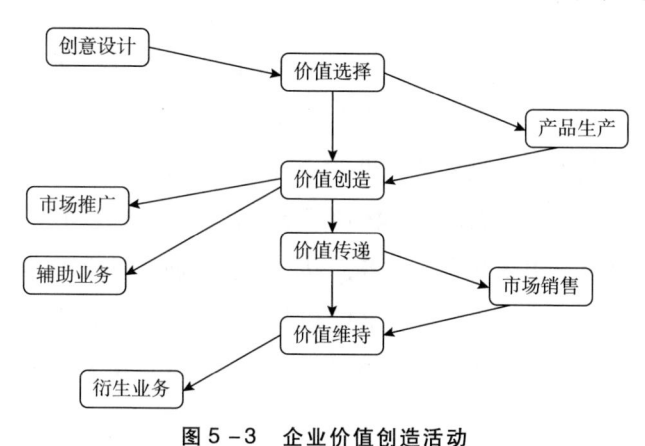

图 5-3 企业价值创造活动

---

① Scott, A. J., "Cultural-products Industries and Urban Economic Development: Prospects for Growth and Market Contestation in Global Context," Urban affairs Review, 2004. 39 (4): pp. 23-29, 461-490.

② 原磊:《商业模式体系重构》,《中国工业经济》2007 年第 6 期。

与的是其相应环节的价值活动，但有些企业在其相应环节上并不能创造价值，只有某些特定的价值活动才能真正创造价值。因此，应对价值链环节所有价值创造活动进行剖析，进而在文化类企业价值链上找出关键环节，寻求企业在竞争优势上的突破。

一　价值选择的双重性

文化类企业在设计文化产品或服务时，需要考虑产品和服务产生的价值，选择什么样的价值以及市场价值的大小，这种价值的选择就是一个战略定位的过程。在文化产业中，具有符号价值的文化资源非常重要，结合顾客价值需求进行深度开发，在设计的产品中会产生很好的经济效益和社会效益。一般讲，文化产业依托于某类文化所具有的新奇性、创意性和体验性，研发设计是以各种文化为线索、对象和载体，本土历史文化的土壤或特定的文化资源是创意产品研发设计的基础，经济价值和社会价值的统一是创意产品设计的原则。

二　价值创造的艺术性

文化与艺术密不可分，艺术是一种高级的文化活动，文化表现为一定的艺术性，没有艺术的文化将会消失在历史长河里。文化类产品的价值创造一定要考虑艺术性，失去艺术性就会成为一般的产品甚至可能是废品。文化类产品的价值需要满足大众精神层次的消费需求，价值导向与大众价值观、审美观及兴趣爱好联系紧密，因此在价值创造过程中应展示文化资源的艺术特征。让产品价值创造不仅有文化内涵，而且有艺术魅力，满足顾客收藏、时尚等精神文化方面的需求，这一类需求作为文化产品的精神价值主张，是必不可少的。

三　价值传递的不可分性

文化产业的价值传递包括营销推广和市场销售两大活动。这两大活动表现出更强的顺势而为的特点，因为文化产品与时代大潮、区域主流文化主张应同向而行，才能以较少的传递费用迅速得到市场的共鸣，让产品价值从生产者尽快传递到消费者手中。但是，文化产品的消费具有特殊性，产品虽然移交了，但是文化还相连，供需双方还要藕断丝连，比如大学的专业教育要经过漫长的时间才会出结果，这种文化教育消费具有某种"模糊性"，具体表现为"提供"和"享受"有时不可分。尽管如此，由于大部分文化产品具有很强的时效性，强大的销售网络迅速将产品送到消费者手中还是非常重要的。

四 价值维持的不可或缺性

企业为维持核心资源和创意能力，保持在行业的竞争优势，需要不断地进行维持其价值的活动，这种业务活动就是价值维持。根据波特提出的价值链分析法，可以从内部、纵向、横向三个角度对价值维持活动进行分析。内部价值链分析强调通过协调和最优化两种策略，提高运作效率、降低经营成本，也为纵向和横向价值链分析做好准备。纵向价值链分析反映了企业与上游供应商、下游销售商之间如何借助相互依靠关系，增强企业竞争优势。横向价值链分析帮助企业确定竞争对手成本，为进行公司战略定位做准备。文化产业应注重纵向产业链的紧密合作和横向产业链的活动。文化产业商业模式要注重内在价值链分析，关注围绕核心产业的价值活动，不断降低成本，提高竞争优势。可见，价值维持通过价值链分析在构建文化企业商业模式中发挥作用。

第二节 产业链角度下的文化产业商业模式构建

一 区别价值链、供应链和产业链

谁是第一个提出产业链的人？学者们并没有一致答案。西方古典经济学家亚当·斯密在《国富论》中提出，生产一种完全制造品所必要的劳动，也往往分由许多劳动者担任。① 这一论断被认为是产业链最早的出处。不难看出，这里的产业链只是指制造者以"我"为中心对原材料的采购和成品的销售活动。新古典经济学的奠基者——马歇尔②建立起一种包含供给和需求两方面在内的综合理论体系，强调分工合作的重要性，构建了企业与企业之间的联系纽带，相比斯密的理论，马歇尔关于产业链的理论更加清晰。正式提出"产业链"概念的人是赫希曼③，其在《经济发展战略》一书中阐述了"与其他关联企业联系以求发展"的构想。

随后出现的价值链、供应链的含义几乎跟产业链等同，因此有必要对三者进行简单的区分。

价值链是从单个企业的角度分析企业在进行自我价值和顾客价值实现过程中对企业各价值创造单元的业务组合，是微观角度的价值链条活动。

而产业链则从产业的角度定义价值创造活动，产业是随着社会分工的出现而产生的，其观念和内涵随着社会发展而不断丰富和完善。由文化产业的概念可知，文化产业是群众物质文化生活水平达到一定阶段产生的精神消费需求。通过对老牌工业化国家的产业发展历史实践观察可知：每一个国家或地区，在不同的发展阶段，总是会有一个或几个产业发展较快、竞争力较强，这一个或几个产业内部的主导企业依托于某项核心的技术和优势，通过与其他企业的相互协作成为产业内的龙头企业。从产业发展的实践来看，产业链是从中观的层面来定义企业的价值创造活动，不再是从单个企业的角度进行各价值创造单元的业务组合，产业链的内涵扩大了，即各单个企业不仅要关注企业内部的价值创造活动以进行精准的价值链组合，进而实现企业效益，同时还应关注其支撑产业的核心技术和优势的发展，任何企业的价值活动都应围绕这一核心展开。

供应链是企业与原材料供应商、产/成品销售商等构成的融采购、仓

---

① 〔英〕亚当·斯密：《国民财富的性质和原因的研究》，郭大力、王亚南译，商务印书馆，1972，第6~7页。
② 〔英〕阿尔弗雷德·马歇尔：《经济学原理》，廉运杰译，华夏出版社，2005。
③ 〔美〕艾伯特·赫希曼：《经济发展战略》，曹征海、潘照东译，经济科学出版社，1991。

储、包装、运输、销售为一体的横向传输链条。供应链管理或供应链理论关注物资流动的速度和效益，伴随着物资流动的供应链越来越成为企业综合竞争力的一部分和企业价值活动中重要的一部分。

综上，价值链是产业链在不同层面的具体运作形式，产业链是对价值链和供应链的综合，产业链不仅研究企业与上游供应商和下游销售商的信息流、物流和商流活动，也注重对企业各业务单元的价值组合，实现各价值创造单元的优化（见图5-4）。

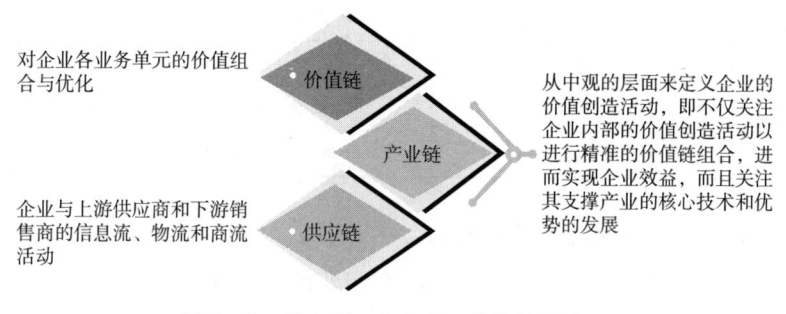

图5-4 供应链、产业链、价值链的关系

二 文化产业的类别划分

从产业链角度审视地区产业的发展始终围绕某一个或某几个主导产业建立起相互关联的生产经营体系，正是这一主导产业的扩散效应和带动机制将原本不相联系的产业组合成新的体系，产业得以持续发展，产业链条得以形成和延伸。

从价值链角度观察同样认为企业的价值创造活动是围绕某一核心的技术和优势展开的，这种核心技术成为企业的核心竞争力，围绕核心竞争力进行价值创造单元的业务重组是价值链企业的主要活动。

综合产业链和价值链对产业发展的认识，任何产业的发展离不开主导产业的选择。罗斯托被认为是主导产业理论的发起人，他创建了主导产业理论。对主导产业与其他产业进行了区分，强调主导产业的优势在于依靠科技进步获得新的生产函数；形成持续高速增长的部门增长率；具有较高扩散效应。① 这三个特征共同定义了主导产业。罗斯托将产业之上的管理机构称为经济机构，并分为三类：主导增长机构、辅助增长机构和派生增长机构。② 周会祥提出相对于主导产业而言，其他相关产业被称为辅助产业，与罗斯托的分类基本一致。本书对主导产业的定义及产业分类的研究在罗斯托的主导产业理论和经济机构划分方法的基础上结合文化产业的特点进行了调整和完善（见表5-1）。③

表5-1 产业分类观点

观点提出者	相关内容		
周会祥	主导产业	辅助产业	
罗斯托	主导增长机构	辅助增长机构	派生增长机构
本书	主导产业	支撑产业　配套产业	衍生产业

针对辅助产业及辅助增长机构，学者们进行了有关定义、特征及评价标准的大量研究，对于支撑产业、配套产业的专门研究则相对较少。对于区域经济发展来说，将支撑产业与区域主导产业等同的观点可以接受。因为支撑产业与主导产业从对经济的贡献上讲在经济中占的地位相同，支撑产业更多的是从量能上，而主导产业更多的是从方向性上去带动和影响其他产业发展，并使相关产业围绕它进行配套。从宏观经济的角度看，主导和支撑具有等同的意思，主导产业的选择或是区域寻求支撑产业都是为了打造支撑区域经济发展的支柱产业。从微观角度看，具体到某一产业，则主导与支撑不能等同，支撑产业服务于主导产业，是承接主导产业的生产创造活动的业务单元。不同产业的支撑产业是不同的，如假设汽车工业作为某地区的主导产业，则汽车原材料产业、汽车服务业、汽车电子商务都是对应的支撑产业。

对产业的划分标准一直是国内外学者研究的一部分，我国划分国民经

---

① 连好宝：《论主导产业的选择》，《发展研究》1997年第4期，第13~14页。
② 〔美〕罗斯托：《经济成长的阶段：非共产党宣言》，国际关系研究所编译室译，商务印书馆，1962，第60~62页。
③ 周会祥：《我国主体功能区产业集群发展问题研究》，中共中央党校博士学位论文，2012，第76~78页。

济常见的方式是把所有产业划分为第一、第二和第三产业，这是宏观经济领域的划分。而文化产业的构成，取决于社会发展到一定阶段所形成的反映社会文化生产关系的文化再生产过程，文化产业间的相互联系和比例关系会在这一过程中逐渐形成。对于文化产业的划分，不同国家有着不同的行业构成，其形态结构、产业关联、产业融合及产业集群模式等文化产业结构反映了该国家国民经济和社会发展的现代化程度。我国的文化产业不仅包括生产与销售以相对独立的物态形式呈现的文化产品的行业（如生产与销售图书、报刊、影视、音像制品等的行业），而且包括以劳务形式出现的文化服务行业（如演出、体育、娱乐、策划、经纪等）和向其他商品和行业提供文化附加值的行业（如装潢、装饰、形象设计、文化旅游等）。为此，其产业划分的统计和分析不适合按照传统的三个产业的划分方式进行，如果按照其在产业链上的定位和作用进行划分和梳理，更便于解读和理解。

从中观层面文化产业的产业链角度看，任何国家和地区的文化产业在一定发展时期总会出现对整个产业系统或地区具有较强带动作用、发展势头迅猛的产业部门，这些部门一般具有核心的技术和优势，能够带动相关产业部门的发展，这种产业被称为主导产业。与主导产业相对应的概念是辅助产业，主导产业的发展需要辅助产业提供基础条件和服务，它包括前向关联产业、后向关联产业和纵向关联产业，辅助产业的生产经营活动围绕主导产业的经营来安排。[①] 这些辅助产业分为支撑、配套和衍生产业。

各个国家或地区文化产业发展的差异，首先明显表现为产业结构的差异，即主导产业的差异及由此带来的辅助产业的不同。这些工业化生产相互之间的产业关联度越来越紧密，与主导产业相关的支撑产业、配套产业和衍生产业规模随着主导产业的不断扩大而不断转型升级。这一过程需要各个企业主体共同合作完成，不同类型的企业承担不同的角色分工。所以研究某个国家或区域的文化产业发展，按照主导产业、辅助产业（支撑、

---

① 周会祥：《我国主体功能区产业集群发展问题研究》，中共中央党校博士学位论文，2012，第 76~78 页。

配套和衍生产业）划分方式进行其文化产业的产业结构分析，更便于从中观和微观领域看清主导产业内部企业如何实现价值选择、价值创造、价值传递和价值维持。

三 文化产业四类产业的定位

针对文化产业，其主导产业一般定位于文化产品/服务的内容设计，支撑产业定位于文化产品/服务的制作或制造。配套产业定位于文化产品/服务营销推广中的价值传递，衍生产业定位于通过开发新的产品和服务，拓展原有文化产品价值链的价值维持。不同的主导产业对应的支撑产业、配套产业和衍生产业是不同的（见图5-5）。

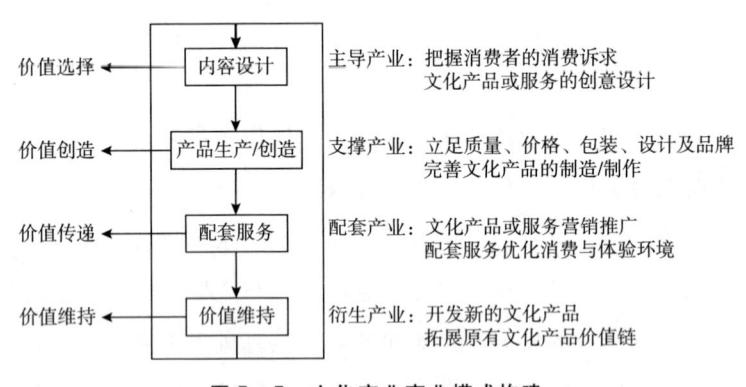

价值选择 ← 内容设计　　主导产业：把握消费者的消费诉求
　　　　　　　　　　　　　　　　文化产品或服务的创意设计
价值创造 ← 产品生产/创造　支撑产业：立足质量、价格、包装、设计及品牌
　　　　　　　　　　　　　　　　完善文化产品的制造/制作
价值传递 ← 配套服务　　配套产业：文化产品或服务营销推广
　　　　　　　　　　　　　　　　配套服务优化消费与体验环境
价值维持 ← 价值维持　　衍生产业：开发新的文化产品
　　　　　　　　　　　　　　　　拓展原有文化产品价值链

图 5-5 文化产业商业模式构建

目前并没有形成对支撑产业和配套产业的规范解释和定义，对二者的理解停留在混为一谈的笼统的层面，即统称为从主导产业中分离出来的、逐渐发展起来的辅助产业，本书针对文化产业领域的特征将二者区别定位。

本书对文化产业的支撑产业的定义是在主导产业链的各个环节为主导产业提供自己的最终产品或服务的企业总和。如文化产品的制造和服务、文化装备的生产等。没有支撑产业或者虽有但不全备，会造成主导产业的产品或服务的生产过程一定程度上无法进入再生产的循环过程，任何一个主导产业都离不开支撑产业链的支持，这是产业发展的内在要求。

如果说支撑产业重在实现产品的生产制造，那么配套产业则是实现产品从生产到消费市场的价值传递过程。文化产业的配套产业定位于文化产品或服务的消费和体验以及围绕这些所需要的一系列传播和配套服务，包括基础设施和服务设施的提供。如文化信息服务、文化推广的中介服务等。本书对配套产业的定义是指为实现主导产业产品更加便利地传递到消费者手中而开展的一系列辅助业务，主要包括基础设施和服务设施，有交通、水、电、气、暖等基本的基础设施，而服务设施主要有文化氛围、教育、卫生、市场服务等服务设施体系。

所谓衍生产业，就是开发后续产品，通过加大对相关产业内容进行深入研究，不断开发出产品。如以高速公路为研究对象，高速公路衍生产业可以定义为以高速公路为基准走向并扩延至高速公路两侧的相对集中的相关产业群体，其衍生产业包括：停车位、餐饮、广告、通信等。不同产业的衍生产业也是不同的，文化产业衍生产业定位于可进行价值拓展的相关的文化产品或服务设计、制造与销售，是对主导产业内容产品的反复开发，进而延长和拓展价值链。衍生产业立足于主导产业的产品进行价值的深度挖掘，开发出一系列其他形式和特征的产品，将主导产业的价值链延长。衍生产品既可以与原有主导产品相关联，又可以独立于原有主导产品。利用原有主导产品给予消费者的情感价值，能够唤起消费者对主导产品的回忆和怀念，比其他新产品的开发更能获得消费者的情感认同，这是衍生产品开发的必要条件。

综上可知，对于文化产业而言，主导产业内部的企业，通过整合主导产业及相关的产业内各企业的价值而实现自我价值，主导产业在价值选择阶段选择、支撑产业在价值创造阶段创造、价值传递阶段完善配套产业和价值维持阶段扩展衍生产业已经成为文化产业发展的一般路径选择。

四 文化产业商业模式的全产业链构建路径

近年来，对一般产业商业模式有效构建的理论探讨因学者们研究的侧重点及研究方法等的不同而呈现多元化视角。总体可概括为以下6个视角：

要素分析视角、环境分析视角、利益分析视角、价值分析视角、战略分析视角、价值分析与要素分析结合的视角。无论哪种视角，根本上应在调整企业及相关的客户、利益相关者或合作伙伴，以及企业运营所需资源、流程、渠道和能力的基础上，围绕实现文化产业链的价值增值来建构文化产业的商业模式架构体系。

文化产业是由众多企业主导的、需要进行工业化的批量生产的市场行为下的，在创意设计、技术开发、产品创新、市场拓展有机结合的基础上形成的完整产业系统，不仅创造了价值创新的成果，也让文化创意产业化和价值最大化。文化产业的文化和商业双重属性，使它所涉及的行业领域非常广泛，再加上不断变化的宏观和微观经济环境，把特定商业模式应用于文化产业的所有行业是基本行不通的，换言之，某一特定的模式不可能在各种条件下都能产生优异的价值结果。

为此，本书对经济欠发达地区文化产业商业模式的构建基于价值分析视角，围绕价值选择—价值创造—价值传递—价值维持的价值链框架展开。这一框架是一种涉及主导产业、支撑产业、配套产业、衍生产业的全产业链模式。借鉴罗斯托的主导产业理论，即任何国家和地区，在经济发展的不同时期，都会出现对地区经济具有较强带动作用、发展势头迅猛的产业部门，这些部门一般具有核心的技术和优势，是能够带动相关产业部门发展的主导产业部门。不同的行业，主导产业也是不同的。

文化产业不同于其他的传统产业，虽然也会生产有形产品及设备，但其所要传递的核心文化、娱乐及服务产品却以无形化、符号化的形态出现，给消费者在看见或使用物质产品时带来精神上的愉快与满足。在设计文化产业的产品时，我们既要设计产品的外在结构，更要深入产品的内部结构中去，挖掘出产品所附带的使用者的心理结构才能激发使用者的热情。它已突破传统的按照第一产业、第二产业和第三产业的产业分析标准，而是既包括依靠科技进步，获得新的生产函数、形成持续高速增长的部门增长率、具有较高扩散效应的主导产业，也包括相关辅助产业（见表5-2），形成包括主导产业、辅助产业（支撑、配套和衍生产业）的产业群。

表 5-2　文化产业链四类产业的对比和定位

文化产业链	主导产业	辅助产业（为实现主导产业产品更加便利、便宜地传递到消费者手中而开展的一系列辅助业务，也包括基础设施和服务设施）		
		支撑产业	配套产业	衍生产业
机构概念	对地区经济具有较强引领作用、发展迅猛、掌握核心的技术，价值链的分配和延伸的主导者、能够带领相关产业部门发展的企业群	直接参与创意产品的制作、发展和传播的企业群	为整个文化产业吸引人才、推介和促销产品而提供良好环境和氛围的企业群	立足于主导产业的产品进行价值的深度挖掘，以核心的创意成果为要素投入，将主导产业的价值链延长的派生产业部门
产业定位	不断生产创意成果、从事文化产品/服务的内容设计、承担价值创新的产业，一般定位于文化产品/服务的内容设计	定位于文化产品/服务的制作或制造	定位于文化产品或服务的消费和体验以及围绕这些所需要的一系列宣传和配套服务，包括基础设施和服务设施的提供	在原有主导产业文化产品的基础上，沿其价值链拓展的相关产业
价值定位	价值选择：内容设计是核心，它创造价值观念，在价值链的分配和延伸上起主导作用	价值创造：产品（或服务）是载体，承载着文化意义；市场是价值交换、实现价值的平台，也是了解需求、检验创意的平台	价值传递：配套服务技术是手段，关联了文化创意的传播、发展并传递了价值	价值维持：衍生产业是价值延伸与维持的护航者

其中，主导产业掌握着市场的发展方向，能够带动相关产业的积极跟进，并且为当地经济贡献大的产值、利税，它是创意成果不断产生、价值不断创新的主要载体，集中了价值链分配、延伸的主导企业群；当然，文化产品或服务要完成从设计、生产到消费的全过程，不仅需要提供主导产品和服务的主导产业和部门之间的合作，为这一价值实现过程提供保障与支持的其他产业部门也必不可少。如产品从设计概念转化为批量生产，需要那些服务于主导产业发展的支撑产业、配套产业和派生产业部门。那些

直接支持文化产品的制作、发展和传播的企业群体产出构成文化产业的支撑产业；为整个文化产业的发展，包括人才的吸引和成长、产品的推介和促销提供良好环境和氛围的企业群体产出就是文化产业的配套产业。它们是为实现主导产业产品更加便利、便宜地传递到消费者手中而开展的一系列辅助业务，当然也包括提供硬件基础设施（交通、水、电、气、暖供应等）和软件服务设施（文化氛围构建，教育、卫生、市场服务环境等供应）。

文化产业的衍生产业是指立足于主导产业的产品进行价值的深度挖掘，以核心的创意成果为要素投入，将主导产业的价值链延长的派生产业。衍生产业通过这些后续产品开发部门，利用原有主导产品给予消费者的情感价值，对相关产业内容进行深入开发形成一系列其他形式和特征的产品进而达到反复产出。衍生产品既可以与原有主导产品相关联，又可以独立于原主导产品。

第三节 经济欠发达地区文化产业商业模式构建体系：程序性模式

对于经济欠发达地区的文化产业，其主导产业一般定位于文化产品/服务的内容设计；支撑产业定位于文化产品/服务的制作或制造，不同文化资源主导的产业类型对应的支撑产业是不同的；配套产业定位于文化产品或服务的消费和体验以及围绕这些所需要的一系列宣传和配套服务，包括基础设施和服务设施的提供；衍生产业是在原有主导产业文化产品的基础上沿其价值链拓展的相关产业。这些相关产业之间的产业关联度越来越紧密，随着主导产业的不断扩大，与主导产业相关的支撑产业、配套产业和衍生产业规模也会不断转型升级。

价值定位之价值选择：首要是内容设计，就是创造出新的理念价值，并重构价值链或延伸链条。价值创造：通过产品（或服务）去承载设计的文化要义，在市场上进行交易，实现创意的价值。价值传递：通过技术等科技手段，立体地、多样化地、高效地实现文化创意的价值传递。价值维持：衍生产业是价值延伸与维持的护航者。

一　主导产业进行价值选择

一个企业的价值选择最基础的就是它的价值主张，即企业通过其产品和服务所能向消费者提供的价值。价值主张确定企业对消费者的实用意义。只有做到价值主张，企业才有实现自身价值目标的可能。文化类企业较之传统企业的价值选择具有更高的要求，除了市场经济效益达到目标，还有社会精神文化层面的社会效益。文化产业进行企业的价值选择是企业在价值最大化目标下选择主体产品或服务进行创意设计。许多经济欠发达地区越来越意识到文化产业对地方经济发展意义重大，将其作为主导产业进行重点开发。各经济欠发达地区文化资源种类繁多，主导产业内部主体产品的选择显得尤为关键。价值选择的重点在于主体产品或服务的内容设计，在内容设计之前还需要把握消费者的消费诉求（见图5－6）。

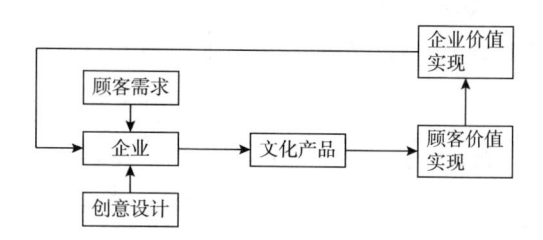

图5－6　企业价值创造过程

1. 消费诉求把握

文化产品的消费是随着社会生产力的提高而不断涌现的。发达国家的文化产品极大丰富，以美国为突出代表，美国文化产品进军世界各地，世界各地都在消费美国的好莱坞大片、迪士尼游乐园等。从我国改革开放前后及改革40多年人们生活发生的巨变就能说明物质生活水平的提高必然带来文化消费水平的提升。如果现在一个人失去手机一段时间，会比让他饿一段时间还难以容忍。因为现代社会片刻都离不开对文化的各种消费，文化已经是生产、生活必不可少的要素。文化产业在很多发达国家已经是支柱产业。但是文化产业不同于一般的生产物质产品的产业，其产品或服务还需要直接满足消费者的精神需求，因此对消费者诉求的把握尤为重要。

人们表达需求的方式有多种，其中比较有名的是马斯洛的需求层次论，本书以马斯洛的需求层次论为基础，指出设计文化价值承载体的解决路径（见表5-3）。

表5-3 人类需求的层次及与此相应的文化消费

层次	类型	功能
生理需要	自足性消费	物质功能
安全需要	防护性消费	附加功能
社会需要	社交性消费	文化内涵
尊重需要	品质性消费	包装提升
自我实现需要	精神性消费	较高的文化内涵

资料来源：欧阳友权《文化产业通论》，湖南人民出版社，2006，第51页。

首先，文化价值承载体能让消费者得到生理需要和安全需要，然后，消费者会提升需求层次，去感受产品带来的精神上的享受。人们对生理需要的追求反映到文化消费上，就是人体追求一种轻松情感的感觉，是整个身心愉悦的无形消费，文化产品最基本的功能就是实现令人赏心悦目、身心舒适的目的，很多文化消费，比如音乐欣赏、文娱表演、立体影视等，都可以让人身心欢畅愉悦。所以，文化产品最基本的设计要素是让消费者的精神愉悦，要实现这一消费诉求，文化价值载体必须对文化素材进行艺术深加工。

其次，在文化消费上也有安全需要的内容，健美操、广场舞、太极拳等强身健体的活动都有潜在的安全需求的因素，比如，现在很多与文化有关的大型活动会赠送健身票。

社会是人的社会，每个人都渴望得到社会的认可，这种打上尊重标签的行为，实际上是一种认知性消费的过程。每个人通过文化消费行为，积累进入社会所需的各种知识，最终达到与社会交融的状态。这种社会需要要求消费者不断提高自己的文化素养，就是不断地学习和掌握文化产品或服务所呈现的文化价值，不断产生知识性消费。

随着文化现象的升级，追求文化产品成为时尚的行为，从对文化产品的内容关注到对文化产品的外观形式有更高的要求，人们越来越喜欢携带有品质的物品与人交往，进而提升了人的品位，满足了人们在社交中对"被尊重"的需要，这一变化要求文化产品更具时代感，更能展现人们的地位、身份以及对品质的需求。

自我实现的需要，这是人对美好追求的需要，是个体人格完善的标志，是一个不断进步的过程。按照马斯洛的说法，自我实现是满足了生理、安全、社会和尊重逐步升级需要以后，人所步入的一种忘我天地，人类需求的最高境界。它所产生的是跨越了功名利禄后的唯美纯真的消费，是一种心神气爽、四大皆空、至善至美的心灵之旅，是至高至上的文化消费，通过这种消费获得自我情感升华和内心的净化，因此在文化产品中植入更具品位的文化要素，创意凝练打造与消费者在更高层次的精神文化消费中产生共鸣。

2. 文化产品设计

消费者需求分析有利于企业主体产品的确定，围绕主体产品进行创意设计也是价值选择阶段不可或缺的活动。一般物质产品能满足人们日常生活的基本需要，这也是它的全部价值所在。文化产品在有形部分消费后，所产生的无形价值会直接作用于人的大脑，达到提高人们的意识水平、改善人的精神风貌、培育人的思想情操、提高人的整体素质的境地。经济欠发达地区文化资源多具备有价值、稀有、难以模仿、不可替代的特点（见表5-4），可以发现该地区企业战略能力具有压倒性优势。西部地区的文化现状是，绝大多数的文化资源从形式上可以和人们较低层次的消费需求相匹配，但是高品质的文化产品还很少，甚至有的出现断档。当务之急，需要重新挖掘、系统整理难得的文化资源，不断开发出形式和内容统一的满足人们精神文化消费需求的好产品，走出一条经济欠发达地区文化产业发展的"集约化道路"。

表 5-4　决定战略能力的四个标准

类型	具体内容
有价值的能力	帮助企业减少威胁及获利的能力
稀有的能力	难以被获得
难以模仿的能力	历史的：独特而有价值的组织文化和品牌效应 模糊性因素：竞争能力的来源和应用不清楚 社会复杂性：企业内部、供应商及客户关系、信任和友谊
不可替代的能力	不具备对等战略的资源

资料来源：蓝海林、黄嫚丽《战略管理获取竞争优势》，机械工业出版社，2013，第66页。

通过对经济欠发达地区文化资源的深入研究，发现在非物质文化遗产资源或地方传统文化资源集中的区域，用符号化意义或经验型的技能文化资源进行设计开发；在垄断性较强的自然、人文资源集中的地方，以垄断性的旅游文化资源为主，并结合符号化意义和经验型的技能文化资源可以开发民俗风情旅游。经济欠发达地区文化产业发展的薄弱环节是创新型的智能文化资源的稀缺，加快高科技信息技术与文化产业的结合是经济欠发达地区培育创新型的智能文化资源的出路和正确的方向。现阶段，经济欠发达地区文创企业在打造优秀文化产品时，应先厘清本地的文化资源特色与归属，再分门别类将诸如非遗文化、传奇掌故、特色服饰等文化题材与符号化意义的文化资源、经验型的技能文化资源、垄断性的旅游文化资源相结合进行创意设计（见图5-7）。

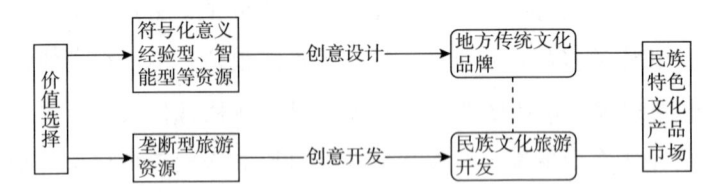

图 5-7　经济欠发达地区文化产业价值选择路径

正如通用的产品/服务设计一样，经济欠发达地区的文化资源开发也有产品的使用功能、技术标准、工艺标准的要求，一方面要反映经济效益的要求，另一方面也有社会效益的要求（见图5-8）。一个好的新产品不仅是企业生存和发展的战略核心，也是赢得目标市场的关键。创意产品设计和垄断型旅游资源的开发是经济欠发达地区文化产品设计的关注点，由前面论述可知，非物质文化遗产和地方传统文化类产品属于创意产品的范畴，主要用于开发旅游文化资源。具有垄断性的自然、人文资源，在设计开发文化产品时，更要听取市场的反馈，关注市场需求的变化。因此，类似对宁夏王陵等旅游名胜的开发，不仅要关注游客对公共服务设施的需求，同时通过衍生艺术表演、饮食比赛等产业进行开发式营销，提升名胜区域的知名度。

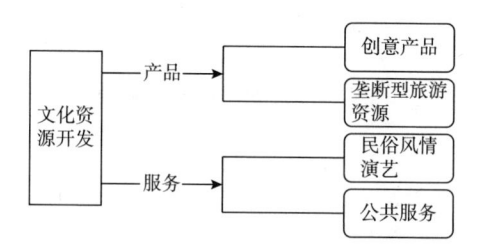

图5-8 经济欠发达地区文化资源开发设计方向

二 支撑产业实现价值创造

文化产品经过创意设计后，进入实际生产阶段，开始价值创造，这一过程需要支撑产业开展价值创造活动，依靠支撑产业的力量实现主体产品的实际生产。支撑产业依靠土地、资本、服务、原材料等生产要素完成产品包装、质量、设计、特征和品牌等的生产和创造，将主导产业的概念设计落实到具体产品的制造/制作中。

一般而言，生产者需要在三个层次上考虑产品和服务的价值，顾客价值纵贯三层。第一层是中央—核心产品，是真正购买的内容所在。属于价值选择阶段产品设计考虑的内容。第二层，围绕第一层构造一个实体产品，即价值创造活动。从实体产品的质量、特征、设计、品牌名称和包装等五个方面对文化产品进行价值创造。同样，支撑产业的主要活动也是围绕着产品生产的这五个方面开展的。第三层也是最外层，扩展产品构成。所谓扩展是要围绕核心利益和实体产品向消费者扩展一些附加的价值和利益，这些扩展出来的价值和利益就是价值传递和价值维持活动内容（见图 5-9）。

支撑产业注重实体产品的制作/制造，基于文化产业的价值创造活动（包装、质量、设计、特征以及品牌名称），对文化产业商业模式进行更具操作性的分析。

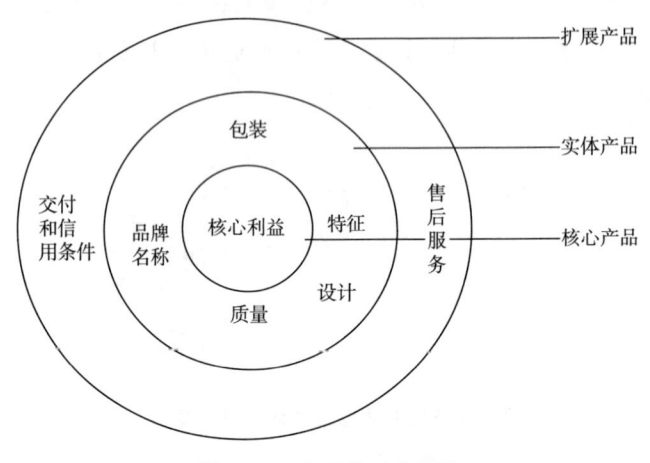

图 5-9 产品的三个层次

首先，从消费品质量上讲，文化产品和服务要满足消费品的质量要求，不能偷工减料、滥竽充数。文化市场需要优秀的文化作品，好的作品不仅会产生巨大的经济利益，更会让消费者感到前所未有的震撼，电影《流浪地球》让观众争相观看，除了科幻的场景，更让观众思考地球的未来，体验到文化产品所给予的精神层面的提升。文化产品的质量保证永远是第一位的。

其次，品牌是文化产品成功的标识，是公司最有价值的资产，其生命力比公司的生命都长远。基于品牌的认知，各类产品都是一样的，文化产品的品牌，不只是一个名字符号，而是给消费者留下的印记。这个印记深刻和鲜活就是一个好品牌价值所在的关键。经济欠发达地区文化产业经过多年的发展，成功打造了一些知名品牌，如"七彩云南""丽江""玫瑰花"等，有相当高的顾客满意度和影响力。

再次是设计，文化产品价值创造与选择两阶段的设计迥然不同，创造阶段的设计讲究的是与产品实效相关的工艺造型。消费者钟爱产品与它的外观紧密相关,别致、独到的造型更会吸引他们。文化产品基本分为两种——日用工艺品和陈设工艺品,前者是经过精美装饰、精细加工的生活日用品,如一些陶瓷工艺、染织工艺等;后者是专供观摩的陈设品,如一些琉璃制品、贝雕、剪纸、面人等。根据消费者的购买意图进行文化产品的设计是价值创造活动要恪守的重要原则。

又次是特征,文化产品的特征就是表示出产品的文化内涵的形式或手法,换言之是产品内涵的外在表露。如宁夏的伏兆娥剪纸,其所想表达的"回汉人民奔小康"文化寓意,通过回汉群众丰收时的喜悦心情表现出来。这样以不同外部特征表达相同内涵的文化作品在经济欠发达地区有很多。

最后是包装。包装除了具有加固、易搬运等功能外,还增加了许多附加功能。主要表现为可以宣扬企业的文化,增加文化产品的附加值。商品能否成功销售,包装是第一步,包装的好坏影响消费者的第一感官。消费者可以从商品包装上看清楚里面是什么东西、有什么功能、哪个厂家生产等内容,让商品冲出众多同类产品的包围圈,抓住消费者的心理,提升产品的销售量,形成品牌效应。若包装设计不尽如人意,会毁掉产品的内在价值,减损产品的利润制造,损坏企业的品牌形象。产品包装如此重要,但在经济欠发达地区的文化企业经营中,往往忽视产品的包装。从包装的原始意义上讲,防止损坏,便于运输和仓储。从延伸意义来看,增加产品附加值、更美观。特别是当文化产品上升为消费者作为象征性需要时,即以纪念、时尚、陈设等作为自己地位的象征时,包装对产品显得尤为重要。

三 配套产业完成价值传递

所谓的价值传递就是指产品结束生产、试运行后可以上市了,文化产品的价值通过市场交易传递给消费者,需要相关配套产业的协作来保障这一过程的实现。许多公司正努力打破传统上为满足顾客需求所进行文化产品的生产和服务，在为顾客创造价值方面另辟蹊径，策划、营销并传递给顾客难忘的体验，提供差异化的产品和服务，不再是过去简单的制造产品和传递服务。通过其电影和主题公园，迪士尼一直在创造难忘的回忆。这样的体验让迪士尼品牌蜚声中外。对传统产品和服务进行重新设计，以创造更好的体验，对很多企业来说不失为一种好方法。突破传统产品和服务的简单重复生产，经济欠发达地区文化产业在发展过程中需要尝试加入体验式因素和环节。这就要求文化产业的配套产业适应新形势下的市场需求，提升综合配套能力，为消费者提供便捷的文化消费（体验）场所和环境。目前，经济欠发达地区文化产业配套产业主要由以报纸、视听媒体为主的现代传媒业，市场人员，交通，物流，服务等组成，概括起来主要涉及产品的市场推广和配套业务支撑。产品的市场推广包括营销推广和市场销售，配套业务主要有基础设施的提供和服务设施的提供两部分。

1. 营销推广

文化产品要完成从生产阶段向市场流通阶段的价值传递，只有通过营销推广、市场销售才能实现。经济欠发达地区受地理位置及经济发展水平等情况所限，营销手段较为陈旧。主要是传统的线下方式——广告、人员促销、销售推介、公关等一般产品常规的营销推广方法。西部地区基础设施特别是文化服务设施不是十分发达，企业广告还是要通过日渐衰败的报刊或插页、接收率下降的广播和电视或者直接邮寄来进行；人员促销还是分析顾客心理，就售前、售中、售后如何接待顾客、处理顾客问题进行培训；销售推介主要是公司举办的各类营销活动，如店面产品展示、有奖问答竞赛、名人访谈交流等；公关活动主要是进行新品发布会、路演、动态展、举办晚会、举办开张庆典、社会公益等，上述这些比较传统的方式都是企业或地方政府驾轻就熟的推广手段。表5-5展示现阶段经济欠发达地区营销推广以广告、人员促销和公关为主。

表5-5 经济欠发达地区商业模式主要营销推广方式

商业模式类别	主要营销推广方式	推广媒介
以工作室为代表的个体自营型	人员促销	人员面对面

续表

商业模式类别	主要营销推广方式	推广媒介
"企业+传承人+农户"的分工合作型	人员促销、销售推介	人员面对面、特定场所现场展览展示
民间资本运营型	广告、人员促销、销售推介、公关	广告投放、人员推销、现场展览展示、节事活动
国有事业单位型	广告、公关	广告、新闻发布会、公益活动、节事活动
国企改制管理型	广告、公关	广告、新闻发布会、演讲、公益活动、节事活动

中华回乡文化园就是一个成功案例，典型的民间资本运营，销售推介、公关、人员促销和广告推广各种方式混用，塑造了一个国家级标志性的文化生态景区，旅游人数迅速增加，3~5年内超50万人次，推动了宁夏旅游事业的快速发展（见表5-6）。

表5-6　中华回乡文化园的营销推广活动

销售促进	节假日门票优惠活动
公关	全民甄选世博会沙特馆、艺术文化演出、旅游体验宣传、志愿活动、比赛、企业活动等
人员促销	旅行社专业人员推荐
广告	网站、报纸等广告宣传

2. 市场销售

营销推广是企业的市场发展战略，更多的是通过企业层面的推介活动，把文化产品推向市场，让消费者经过各种媒介和其他渠道感受、了解产品，当消费者完成采购，就实现了文化产品的市场销售。图5-10是三种类别的消费者市场和销售渠道。渠道1是生产者直接面向消费者进行销售，没有中介环节，被称为直销渠道。渠道2和渠道3是生产者通过中介机构联系消费者，被叫作间接销售渠道。销售渠道是复杂的联系行为系统，销售渠道不是简单将企业连接起来就可以了，需要考虑三者的利益，通过人和企业、企业之间互动，促成个人、企业和渠道三方目标的平衡。

有些中介机构是联系不紧密的松散的组织或企业,而有些则是有严密协议流程的正规企业。

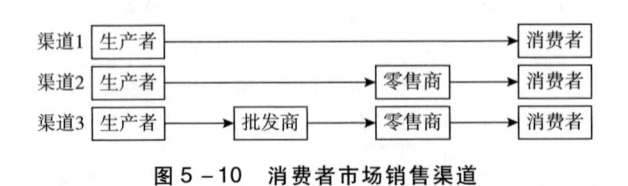

渠道1 生产者 → 消费者
渠道2 生产者 → 零售商 → 消费者
渠道3 生产者 → 批发商 → 零售商 → 消费者

图 5-10 消费者市场销售渠道

渠道1和渠道2是许多经济欠发达地区文化产品营销推广的主要通道,由于经济欠发达地区社会发展比较缓慢,家族企业在文化产业中仍占据比较重要的位置,生产企业和渠道零售及批发企业通过家族关系联系起来。销售场所的位置对销售效果影响非常大。小的工作室只能量力而行选地点,在选址问题上,有实力的销售企业通常会综合考虑。当地政府提供了有多项优惠性政策的文化园区或文化城,经济欠发达地区文化类企业销售店铺很大程度上集中于此,归结为以下三类。

一是在文化园区内。文化园区具有地利、减税、财补等多项政策性优惠。园区文化企业,通过政策优惠,可以降低企业运营成本,同时还可以利用文化类企业集聚,打造一定的专业化市场,比如浙江横店影视城的产业。有的企业只在园区设立店面,只进行销售;有的在园区建厂同时开展生产与销售活动,也有的只进行生产,由企业根据自身综合情况而定。

二是在规模较大的旅游景点内。许多开发非物质文化遗产的文化类企业将销售场地集中在如中华回乡文化园、西北影视基地等景区内,也不乏少量其他的文化类企业聚集于此,借助景区的吸引力,扩大对国内外游客的产品销售,打造产品的品牌。这些文化类企业的入驻,给景区增添了新的游赏内容,让游客加深了对景区的印象,景区的餐饮、住宿、娱乐也为游客提供了便利,少数经济欠发达地区景区举办各类民俗活动更是对景区的深度开发与利用。

三是在城市内部的核心商圈内。一般在这样的区域内,有利于形成城市的名片,有利于惠及民生,有利于文化产品的销售。如喀什大巴扎,这里是各类维吾尔族手工艺品零售店的集中地,是维吾尔族同胞和旅游者购物的首选之地。这里的零售店以销售为主，一般不进行文化产品的生产，也进行批发业务。

3. 配套业务

从传统意义上讲，当文化产品到达消费者手中，这次营销就终结了。但如何引导消费者进行二次消费呢？这种经常性文化消费需要一些资源来配合完成。这些基础性的资源包括文化产业发展需要的基础设施和服务设施，这些设施建设需要与经济欠发达地区文化产业发展同步进行。基础设施包括交通、水、电、气等，服务设施包括文化氛围、教育、卫生等。经济欠发达地区文化产业要发展，配套的基础设施和服务设施必须跟上。

我国多数经济欠发达地区是高山大河、雪域荒原等交通不便的偏远地区，特殊的地理位置、气候环境决定了这些地区要面对"进得来、出得去"的问题，经济欠发达地区文化产业发展必须解决。因此，各经济欠发达地区文化产业的发展必须加快城市基础设施和服务设施体系建设。

首先，基础设施建设是基础。内蒙古包头市是一个典型，要致富，先修路。包头交通四通八达，对外的铁路、高速公路、航空运输已运营。市内轨道交通、高速铁路正在修建中。全市公路长6739公里，高速、一级公路267公里。全市现已开通55条省际、68条盟市际、19条旗县际、77条旗县内班线。这一交通道路的建设为包头市旅游产业的发展打下基础。受当地的地形、地质、水文、气候等自然条件的影响，经济欠发达地区进行基础设施建设时仍需要统筹考虑。比如基于西藏的高海拔和复杂的地质结构，中央动用了国家力量，用了许多年才修成青藏铁路，而且有些地方由于地理位置的特殊性，无法进行大规模路网建设，因地制宜地发展文化产业，也是在基础设施规划时要考虑的。除了交通，城市水、电、气等基础设施是否到位也关系文化企业能否进行正常的生产与物流，没有配套的基础设施建设就不可能有文化产业的长足发展与未来。

其次，服务设施（社会氛围、科技、教育、文化、卫生等）也是文化产品销售的不可或缺的条件，文化的消费更多地表现为人的精神世界得到一种需要和满足。城市的消费者是在社会氛围中进行文化消费活动的，社会氛围较好的地区应该是文化企业需要开拓产品市场的地方。社会氛围对文化产业的影响非常大，不安全的社会氛围对旅游业的正常进行产生了极大的冲击，严重影响文化价值的传递。综上所述，配套业务直接影响到文化产业健康发展，文化产业保持运转的价值传递和维持活动没有配套业务的支撑将无法持续。

四　衍生产业延续价值维持

对文化产业进行后续产品开发就形成衍生业务，衍生业务就是相关产业内容通过深入地二次或多次开发出新品延续其影响力。如《云南映象》在国内市场演出获得巨大成功，树立了自己的品牌，又重新对品牌进行了包装，打入了国际市场。随着《云南映象》家喻户晓，用这个品牌推出烟、酒、茶、收藏品等许多系列产品，形成《云南映象》品牌的产业链条，在不断地进行衍生产品的市场开发中，品牌产业资本获得丰厚的利润，并实现可持续的保值增值。在被誉为"东方的普罗旺斯"的新疆伊犁，有为青年男女所喜爱的神奇的薰衣草，它漂亮的颜色、清淡的芳香让人为之倾倒。以薰衣草为原料，可以成系列地开发日用化妆品、花穗产品、相关的旅游观光产品。现在，以薰衣草为主题的衍生产业正在形成，比如，婚庆摄影与薰衣草混搭衍生新的产业、用薰衣草装点服饰出现新产业。这些衍生产业让主导产业品牌形象得以持续提升，并让衍生产业链像滚雪球一样越滚越大。

第四节　经济欠发达地区文化产业商业模式构建体系：结构性模式

一　基于商业模式画布的商业模式构建

卓越的商业模式通过广泛的跨界融合，不仅能孕育经济活动"细胞群",促进相关产业相互补充、相互支撑、相互促进,还能减少资源消耗、降低系统成本,产生可观的财富共享效应,进而加固以利益为纽带的产业联结,促进各关联产业更好地融合。经济欠发达地区打造文化产业商业模式的观念也需要进行颠覆性改变:从内容为王到数据为基;从渠道为霸到体验为上,注重文化产品、文化消费、文化模式的设计。本章按照亚历山大等[①]的商业模式画布的理论分析框架给出三类文化资源的商业模式设计(见图5-11)。

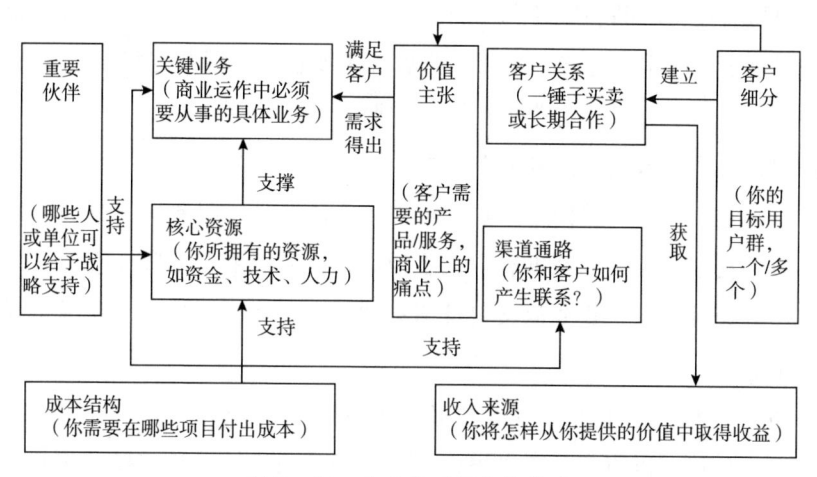

图5-11 商业模式画布的构成

1. 客户细分

一个企业对市场客户群体根据客户价值、需求和兴趣等综合因素进行分类。主要包括以下几方面。

(1) 大众市场:指营销者以相同的方式向市场上大范围的消费者提供相同的产品和服务,假设每一个人都是一样的,具有大致相同的需求和问题。代表了企业的价值主张,占用了很多渠道和客户关系。

(2) 利基市场:指价值主张、渠道通路和客户关系都针对具有相似兴趣或需求的一小群所占有的市场空间的特定需求定制。

(3) 区隔化市场:将客户依不同的需求、特征区分成若干个不同的群

---

① 〔瑞士〕亚历山大·奥斯特瓦德、〔比利时〕伊夫·皮尼厄:《商业模式新生代》,王帅、毛心宇、严威译,机械工业出版社,2011,第53~59页。

体，指按照客户不同的需求及特征所提供的客户价值也会不同。

（4）多元化市场：指业务多元化，以不同的业务价值服务于不同需求的细分客户群体。

（5）多边平台或多边市场：多边平台将两个或更多独立但相互依存的客群链接在一起。这样的平台对于平台中某一群体的价值在于平台中其他客群的存在。

2. 价值主张

公司通过其产品和服务向客户提供的价值，价值主张确认产品、品牌和公司对客户的实用意义。价值主张属性主要包含以下几方面。

（1）新颖：以前没有类似的产品或服务。

（2）性能：改善产品和服务性能。

（3）定制化：为特定客户群体或需求定制产品和服务来创造价值。

（4）把事情做好：帮助客户把事情做好，而简单地创造价值。

（5）设计：一个重要但又很难衡量的要素，产品可以因为优秀的设计脱颖而出。

（6）品牌/身份地位：让客户通过使用某特定品牌而提高身份。

（7）价格：以更低的价格提供同质化的价值，满足价格敏感客户细分群体。

（8）成本削减：帮助客户削减成本是创造价值的一个重要方法，比如飞机帮助客人节省时间成本。

（9）风险抑制：当客户购买产品和服务的时候，帮助客户抑制风险也可以创造客户价值。

（10）可达性：把产品和服务提供给以前因为距离或价格等多方面因素接触不到的客户；这既可能是商业模式创新的结果，也可能是新技术的结果，或者兼而有之。

（11）便利性/可用性：使产品更方便或易于使用，可以创造价值。

3. 渠道通路

公司走向客户的接口界面，包括沟通、分销和销售等，渠道如下。

（1）自有渠道——直接渠道：销售团队、在线销售；也可以是非直接销售渠道，比如团队运营零售店。

（2）合作伙伴渠道——非直接渠道：批发商、代理商、零售商，连锁经营、特许经营等。

4. 客户关系

企业为达到其经营目标，主动与客户细分群体建立起的某种关系。

（1）个人助理：人与人之间的互动。在销售过程中或者售后阶段，客户可以与客户代表交流并获取帮助；也可以借助呼叫中心、微信、电子邮件或其他销售方式等个人助理手段进行。

（2）自助服务：为方便客户，提供自助服务所需要的设施。

（3）专用个人助理：为单一客户安排的专门的客户代表。它是层次最深、最亲密的关系类型，通常需要较长时间来建立。

（4）自助化服务：公司与客户之间不存在直接的关系，而是为客户提供自助服务所需要的所有条件。

（5）社区：利用用户社区与客户/潜在客户建立更为深入的联系，并促进社区成员之间的互动。

（6）共同创作：超越了与客户之间传统的客户—供应商关系，即和客户共同创造价值。

5. 收入来源

两种不同类型的收入来源：通过客户一次性支付获得的交易收入，经常性收入来自客户为获得价值主张与售后服务而持续支付的费用。

（1）资产销售：销售产品的所有权产生的收入，比如代理商交的定金。

（2）使用收费：通过各种服务收费带来的收入，比如售后服务。

（3）订阅收费：在销售过程中可以重复使用的服务带来的收入。

（4）租赁收费：针对某个特定资产在固定时间内的暂时性排他使用权的授权，比如汽车租赁。

（5）授权收费：将受保护的知识产权授权给客户使用，并换取授权费用产生的收入。

（6）经纪收费：为了双方之间或多方的利益所提供的中介服务而收取

的佣金产生的收入。

（7）广告收费：为特定的产品、服务或品牌提供广告宣传服务产生的收入。

6. 核心资源

商业模式有效运转必需的最重要因素。

（1）实体资产：包括生产设施、不动产、机器设备、系统、销售网点和分销网络等。

（2）知识资产：包括品牌、专有知识、专利和版权、合作关系和客户数据库，这类资产日益成为强健商业模式的重要组成部分。

（3）人力资源：任何一家企业都需要人力资源，但是在某些商业模式中，人力资源更加重要。例如，在知识密集型产业和创意产业中人力资源是至关重要的。

（4）金融资产：有些商业模式需要金融资源抑或财务担保，例如，现金、信贷额度或用来雇用关键雇员的股票期权池。

7. 关键业务

为了确保其商业模式可行，必须做的最重要的事情。关键业务类型如下。

（1）制造产品：涉及生产一定数量或满足一定质量的产品，与设计、制造及发送产品有关，是企业商业模式的核心。

（2）平台/网络：以平台为核心的商业模式，其关键业务都是与平台或网络相关的。网络服务、交易平台、软件甚至品牌都可以看成平台。

（3）问题解决：针对客户的问题，提供新的解决方案，需要知识管理和持续培训作为支撑。

8. 重要伙伴

公司为商业模式有效运作与所需的供应商及合作伙伴建立的合作关系。

（1）在非竞争者之间的战略联盟关系。

（2）竞合：在竞争者之间的战略合作关系。

（3）为开发新业务而构建的合资关系。

(4)为确保可靠供应的购买方—供应商关系。

合作关系的动机如下。

(1)商业模式的优化和规模经济的运用。例如,购买方—供应商关系。

(2)优化资源和业务的配置,降低成本。常见的有外包或基础设施共享。

(3)风险和不确定性的降低。伙伴关系可以帮助减少以不确定性为特征的竞争环境的风险。

(4)特定资源和业务的获取。比如,安卓系统智能手机制造商与Google的合作。

9. 成本结构

运营一个商业模式所引发的所有成本。

(1)成本驱动:侧重于在每个地方尽可能地降低成本。例如,西南航空、易捷航空等廉价航空公司(不提供非必要服务)。

(2)价值驱动:专注于创造价值,比如,高度个性化服务、豪华酒店等。

二 基于三维空间体系的商业模式构建

根据第四章对文化产业商业模式按照科技水平和创新能力分类组合的结果,分别形成复兴型模式、独创型模式、集聚型模式和发展型模式四种商业模式(见表5-7)。本章从文化产业这四种商业模式中选取经济欠发达地区的典型模式进行剖析,有利于加深对这四种商业模式的理解,经济欠发达地区文化产业发展较为成熟的商业模式主要有四种:主题公园型、连锁经营型、品牌化经营型和文化资本运作型。

表5-7 经济欠发达地区基于三维空间体系的四种典型商业模式

要素	共享型技术 [1-2]	专有型技术 [3-5]
原创型创意 [2-3]	复兴型模式(主题公园)	独创型模式(品牌化经营)
共享型创意 [0-1]	集聚型模式(连锁经营、产业园区)	发展型模式(文化资本运作)

核心竞争力、业务组合和可营利方法是商业模式的三个关键因素，贯穿于价值链的各个环节。那么，文化产业的商业模式要做到关键突出、清晰，则必须明确内外部资源优势及产业要求，按文化产业商业模式价值链分析方法来执行：首先进行价值选择与实现，其次借助一定的技术方法进行价值整合与传播，最终达到价值增值与持续的结果，以实现文化产业扩张与渗透效应，完成文化资源向产业优势的转化，进而达到文化效益与经济效益并举的效果。本节针对四种商业模式分别从核心竞争力、业务组合和可营利方法三方面进行深入分析，如表5-8所示。

表5-8　经济欠发达地区基于三维空间体系的四种典型文化产业商业模式分析

模式	核心竞争力	业务组合	可营利方法
主题公园型	1. 主题文化氛围浓厚，具有文化传播和教育意义 2. 文化产品多样，且围绕特定主题展开 3. 文化产品互动性强，游客体验性强	1. 文化产品展示（静态展览、动态表演） 2. 文化产品销售 3. 文化产品体验 4. 配套产品运营（餐饮、住宿等）	1. 门票收入 2. 多样化产品销售收入 3. 产品体验收入 4. 餐饮、住宿、交通等配套项目营收
连锁经营型	1. 产品的标准化 2. 业务模式的统一性 3. 经营的规模化 4. 品牌的渗透力和带动力	1. 文化产品销售 2. 文化产品展示 3. 文化价值传播	1. 文化产品销售收入 2. 基于品牌信赖感和忠诚度而产生的在其他连锁店的转移消费
品牌化经营型	品牌价值	1. 文化价值塑造、传播、提升 2. 文化产品销售	1. 文化产品消费收入 2. 基于品牌影响力的价值增值收入
文化资本运作型	文化资源与资本结合所产生的文化价值重塑和经济效益提升	1. 文化产品内容创造 2. 文化项目市场管理 3. 文化资本运作	1. 文化产品销售收入（门票） 2. 资本运作收入

1. 主题公园型

主题公园（Theme Park），是利用自然资源和人文资源交融的几个特定的文化主题，采用现代科学技术和多梯度活动来营造场景，围绕各主题的集多娱乐活动、休闲要素和服务接待设施于一体的现代文旅场所。

目前，主题公园风靡全球，已经是一种成功的文化旅游商业模式，从文化的角度看，独特的文化内涵是吸引游客的核心要素，是对旅游资源用心感受的体验价值的开发，也是关注民生、提高旅游资源相对匮乏地区人民幸福指数的一种有效措施。这种模式以主题为指导，营造一种文化环境氛围。美国迪士尼乐园是世界上第一个现代大型主题公园，将主题贯穿各个游戏项目，能够让游客有前所未有的体验，在世界许多国家被复制。在主题公园里，不同的区域聚集着一些相似的产品项目，或者宣传共同思想的产品项目，形成规模化效果，通过塑造整体品牌形象给旅游者留下深刻印象，以吸引更多的人前往观光、游览，同时实现对文化资源的保护与传承。经济欠发达地区有各类的主题公园，比如旅游文化园，如表5-9所示。

表5-9 经济欠发达地区旅游文化产业园项目商业模式举例分析

名称	所在地	资源类型	概况	商业模式分析
乌鲁木齐七坊街文化创意产业集聚区	新疆乌鲁木齐水磨沟区风景区内	经验传播型	于2009年成立，由最初的24间工作室发展到81间工作室，百余位艺术家入驻。艺术门类涵盖书法、绘画、雕塑、摄影、民族手工艺、音乐、动漫、涂鸦、服装设计、乐器制作、相声曲艺表演等各个领域，汇聚了新疆各门类艺术中具有代表性的艺术家	以展示空间、艺术家工作室空间、商业空间、艺术教育空间形成一种文化聚集的蝴蝶效应，形成知识密集性、高附加值性、高整合性、创新性、渗透性以及持久发展的核心竞争力，通过组织各项展览及艺术交流活动创造经济效益和社会效益

续表

名称	所在地	资源类型	概况	商业模式分析
西藏文化旅游创意园	西藏拉萨	旅游体验型、经验传播型、思想传承型	汇聚了史诗说唱、锅庄歌舞、藏戏艺术等文化奇葩,藏药秘方、冬虫夏草、雪莲、藏红花等高原特色产品,念青唐古拉、当雄草原、高原温泉等自然风光,雪顿节、藏历新年等丰富多彩的民族节庆。园区依托这些藏族深厚独特的优秀传统文化底蕴,将西藏建筑、民族音乐、民族歌舞、生活风俗、民间故事进行全面展示,成为藏族优秀传统文化鲜活的博物馆	以"一园两城三区"的旅游文化产业模式运营。"一园"即融教育、观赏、游乐、休闲为一体的文成公主主题公园;"两城"即囊括工艺美术产品展销、藏医药产品营销、高原户外文化展示等功能的艺术城和以高原生态农家体验消费、高原民俗商品销售、民间艺术展观摩为主线的西藏原生态民俗文化展示城;"三区"即突出园区产业提升功能的文化创意产业区、突出园区游客接待功能的生态休闲商务区和突出园区文化元素聚集功能的文化名流居住区
宁夏沙坡头旅游景区	宁夏中卫	旅游体验型	沙坡头景区围绕沙漠资源展开观景、体验项目,近年来借助《爸爸去哪儿》等娱乐节目和明星效应推出"沙漠亲子游"产品,进一步提升其旅游品牌影响力;同时,沙坡头基于治沙的成功经验打造生态旅游概念	以沙漠文化为核心资源,围绕沙漠主题设计多样化的观景、体验项目,通过产品内容的设计、营销手段的拓展、景区管理等业务板块创造门票收入、项目体验收入以及配套产品收入

旅游文化产业园:结合地域特色、传统优势产品项目、区域发展规划,以旅游六要素——吃、住、行、游、购、娱的相关产业为基础,以旅游文化风情题材、欢快寓意的广场、精品购物休闲的酒店、游客服务中心、培训基地等项目的聚集,形成集游客服务、农产品手工展示销售、休闲度假、人才培训等于一体,具有特定主题元素和时代元素,满足消费者文化体验的复合型文化产业园区。

民族文化村:在传统村落或移植他处构建原始村落,以传统居民的生活环境为场景，在原生状态下向游客展示当地的自然景观、人文风俗等。多种方式、多角度、多侧面地展示出原汁原味、丰富多彩的民风民情和民俗文化，其文化资源既有思想传承类，又有经验传播类和自然垄断类，让游客充分体验到各民族文化的魅力。打造好"民族文化村"这种商业模式，重点应在以下方面着力：主要空间布局合理、相关品牌特色突出、产业可持续发展、完善的配套服务。原生村落，例如贵州江口县太平土家族苗族乡的云舍土家民俗文化村等；模拟村落建设则是出于文化保护及商业目的，例如湖南省怀化市通道县的通道皇都侗族文化村、四川攀枝花迤沙拉村等（见表5-10）。

表5-10　经济欠发达地区民族文化村项目商业模式举例分析

名称	所在地	概况	商业模式分析
云舍土家民俗文化村	贵州江口县太平土家族苗族乡	全村以杨姓土家族为主，是贵州省批准的第一个土家族民俗文化村，有"中国土家第一村"之称。长达近700年的土司制度，孕育了云舍灿烂的土家民俗文化和生态文化。桶子屋是云舍最具特色的土家族古建筑。阶檐和石墩皆有精美浮雕、楼栏窗棂，多有镂空木雕，山川草木、虫鱼鸟兽，无不栩栩如生。在建筑绘画和建筑雕刻中，常以白虎为题材，这是云舍土家族人的图腾崇拜。村落的自然环境、人文环境较为真实，接近原生状态，商业化程度较低，参与游客的文化体验感强	以传统村落的原生态文化资源、文化氛围为核心竞争力，通过游客对神龙潭、婚俗文化体验和土法造纸文化产品的消费带来经济收入
通道皇都侗族文化村	湖南省怀化市通道县	位于通道县黄土乡，国家4A级景区，是侗族民风民俗最为完整亮丽的地方，因而成为民俗风情游的热门之地。相传古夜郎国天子路过此地，被其浓郁的民族风情所迷恋，故建"皇都"城。村寨历史悠久，鼓楼里、凉亭内、风雨桥边，处处琴声悠扬，歌声如潮。游客来到这里，从隆重的迎宾礼仪，到精彩的表演，再到美食、建筑，浓浓的侗族氛围将人们紧紧包围，享受与众不同的旅游体验	由头寨、尾寨、新寨、盘寨四村组成。以传统村落的原生态文化资源、文化氛围为核心竞争力，主要有普修桥、寨门、鼓楼、古驿道等景点，以及《敬酒歌》《扯扯摸》《踩簸箕》《禾杆歌》《闹茶》《抢蛋》《板凳情歌》《筒地咯罗闹歌堂》等民俗表演。游客对民俗风情文化的体验消费带给当地经济收入

续表

名称	所在地	概况	商业模式分析
四川迤沙拉村	攀枝花市仁和区平地镇	四川省最大的少数民族聚居村，人口518户2245人，彝族人口占总人口的96%，属彝族中的理泼支系。始建于明洪武年间，距今有600多年历史，是汉族和彝族生活习俗高度融合的"中国第一彝族自然村"。该村历史上是古南丝绸之路拉鲊古渡的一个驿站，因长期的多民族交往和融合，形成独具特色、蜚声中外的理泼民俗文化、建筑文化、谈经古乐等。村子里街巷门肆、骡马客栈，多沿明朝南京先祖来时留下的体例，家家修院落，一正两厢，精美的瓦当、工巧的檐牙、透雕的木窗，以其古朴典雅的民俗原生文化透出江南水乡的灵秀隽永	结合农业产业，全力打造生态乡村旅游，集合谈经古乐、歌舞、饮食文化，以及与凉山彝族服饰迥然不同的民族服饰等多样文化产品，以仿真模拟的民族文化氛围为核心竞争力，通过文化产品的销售、游客对文化产品的体验创造经济效益，同时拉动配套项目的经济增长
石龙白族民俗文化村	云南省大理剑川县西南部	石龙村民风古朴，遥距闹市，历史上由于交通不便较封闭，受外来文化冲击较少，是白族原生文化保存较好的典型村落。该村民俗文化活动频繁。传统民歌、民间歌舞霸王鞭、白族民间戏曲吹吹腔、白族民间节庆活动、白族民间宗教活动等白族原生态文化丰富。受石宝山歌会影响，白曲对唱久负盛名，是远近闻名的白曲村，每年石宝山歌会期间，歌手每每夺魁，堪称一绝。受石宝山佛教文化的影响，石龙文化承传中多有儒家思想及"阿吒力"佛教传统，还有白族"朵兮簿教"原始宗教文化观念，体现了石龙传统民俗文化的多元性和白族原生文化的原始性。村中各类民俗文化形成自然的传承方式，至今村中本主庙、关帝庙、观音庙、古戏台等尚保存完好	以民族传统手工艺、民俗的空间集聚、规模发展为核心竞争力，通过规模效益下的产品销售创造经济利润

2. 连锁经营型

连锁经营是一种传统的应用最广泛的商业模式，具有以下特点：可以把各企业独立的经营活动组合成整体的规模经营，实现规模效应；可以发展连锁经营推动场所管理和服务标准化、规范化，形成品牌效应。文化产业和其他产业一样，只有做强产业链条，才能形成核心竞争力。连锁经营就是一条做强之路。针对经济欠发达地区而言，比较典型的是餐饮、传统手工艺行业，例如青海与西藏等地的青稞酒、内蒙古食品加工业品牌"小尾羊"、盛世祥鼎苗族银饰等（见表5-11）。

表5-11 经济欠发达地区连锁经营型文化产业项目商业模式举例分析

名称	所在地	资源类型	概况	商业模式分析
青稞酒	青海、西藏等	经验传播型、思想传承型	青稞酒，藏语叫作"羌qiang"，属于高度白酒，在我国唐代时发源于青藏高原的藏族同胞聚集地区，以青藏高原出产的一种主要粮食——青稞为主要原料酿制。它是青藏人民最喜欢喝的酒，逢年过节、结婚、生孩子、迎送亲友必不可少，是藏族文化的典型代表	品牌众多，以藏式餐饮的传统品质为核心竞争力，以商业联动营销的经营模式，在全国范围内加盟设立代理商和加盟连锁店
内蒙古食品加工业品牌"小尾羊"	内蒙古	经验传播型	小尾羊餐饮连锁有限公司（以下简称"小尾羊"）作为内蒙古自治区的本土企业，依托内蒙古大草原畜牧业的资源优势，通过10多年的精耕细作，现已成为肉羊全产业链集团化管理的大型企业，是我国北疆经济发展的一张名片。"小尾羊"旗下拥有六大养殖基地、三大加工物流基地、餐饮和商超两大终端销售体系，有300多家餐饮连锁店遍布全国各地，并进入美国、英国、日本、澳大利亚、阿联酋等海外市场，"小尾羊"产品进入全国6000多家商超体系	以内蒙古农牧业资源为核心资源，通过标准化生产、连锁经营打造核心竞争力，充分发挥基地养殖、食品加工、餐饮连锁、市场销售的全产业链经营优势，扩大草原羊养殖规模、推进全国产能布局、拓展全球市场服务体系，发展现代畜牧业
盛世祥鼎苗族银饰	贵州省雷山县	经验传播型、思想传承型	盛世祥鼎苗族银饰，是一家长期研发具有贵州少数民族传统文化特色的手工艺品企业。创于2006年，公司坐落于"中国苗族银饰之乡"——贵州省雷山县县城。主要加工、生产、定做少数民族服饰、盛装、银饰品。重点研发和生产具有贵州少数民族传统特色的手工艺高端产品；是当地一家有竞争性、有创新性的古文化发展企业。盛世祥鼎系列产品，采用文化与商品结合的创新理念进行研发，具有个性化、差异化、特色化的民族风格，产品畅销全球	以传统民族手工工艺融合现代时尚元素为主的设计理念，以引领中国古法银艺、提升传统工艺、捕捉时尚灵感、传承中华银艺、传播时尚美丽为核心理念，打造大众消费的手工银饰品牌，创造价值增值的利润空间

3. 品牌化经营型

品牌经营是指把无形的品牌视为独立的资源和资本，将品牌作为创造文化产品价值的一个重要因素，通过策划和传播品牌来促进产品的生产经营，使品牌资产有形化，实现产品价值增值，实现企业可持续发展，例如新疆的和田玉、西藏的唐卡等（见表5-12）。

表5-12　经济欠发达地区品牌化经营型文化产业项目商业模式举例分析

名称	所在地	资源类型	概况	商业模式分析
和田玉	新疆	思想传承型、经验传播型	和田玉出自我国新疆，是中国所特有的一种矿产资源，中国的历史赋予了和田玉丰富的文化内涵，玉文化既是物质文化，也是社会文化，更是精神文化。玉文化富含着中华民族的文化精神、传统的道德观念，是民族精神的体现，其中爱玉、崇玉、礼玉、赏玉、玩玉、藏玉并视玉为命根子的传统观念是社会文化的综合反映	以和田玉、昆仑玉的品牌价值、市场认可度为核心竞争力，通过对品牌的设计、传播等业务活动不断提升品牌形象，进而创造基于品牌影响力的价值增值收入
唐卡	西藏	思想传承型	从传统意义上讲，唐卡是藏区宗教用品，与其相关的制作、请供、购买等行为均带有强烈的民族宗教色彩。因此，质量高、规模大的唐卡大多存在于拍卖、收藏市场，经济价值高；同时，为迎合旅游市场的需求，具有商品性质的小幅唐卡、仿制唐卡等逐渐盛行开来	以唐卡的品牌价值以及作为藏品的增值空间为核心竞争力，通过对唐卡制作工艺的精心打磨和品牌价值的提升，获取产品销售收入和价值增值收入

4. 文化资本运作型

文化企业在进行文化资本运作时，以文化资源为主体，以文化资本为核心，通过挖掘文化资源，实现资源向资本的转化。将文化资本进行产业化运作，形成独具特色的产业化链条，打造产业聚集效应，促进当地文化产业发展。企业通过资本化运作，产生新的核心竞争力。创建文化品牌，实现项目营利和文化的保护与传承。具有代表性的产业项目有《印象丽江》《田野狂欢》《西夏盛典》等（见表5-13）。

表 5-13　经济欠发达地区文化资本运作型文化产业项目商业模式举例分析

名称	所在地	资源类型	概况	商业模式分析
《印象丽江》	云南丽江	经验传播型	面向市场的产业化运作和资本运作，以资本力量对剧目进行商业化运营管理，将剧目的文化价值推广开来。丽江玉龙旅游股份有限公司（丽江旅游）购买丽江玉龙雪山印象旅游文化产业有限公司（印象旅游）51%股权，注入的资产评估价值约2.1亿元。丽江旅游将向大股东丽江玉龙雪山景区投资管理有限公司以不低于21.69元/股的价格非公开发行1000万股募集所需资金。总投资达2.5亿元。上篇为"雪山印象"，下篇为"古城印象"，原生态大型实景演出《印象丽江》，由张艺谋携手王潮歌、樊跃共同执导，历时1年多时间，经上百次修改完成，演出剧场位于世上海拔最高的实景演出场地——玉龙雪山景区甘海子，是目前唯一在白天进行的实景演出。《印象丽江》还获"国家文化产业示范基地"称号	以云南民族文化（海南民族文化、宁夏西夏文化）为核心资源，通过与资本结合对传统文化资源进行精心设计、重塑展示，以现代化的品牌运营为核心竞争力，重点打造舞台内容管理、市场营销管理、资本运作管理三大业务板块，保障文化资源的有效保护和传承，由社会资本带动产业的升级、品牌推广。创造文化产品销售（门票）收入、品牌价值增值收入
《田野狂欢》	海南三亚	经验传播型	由山水盛典文化产业有限公司和三亚瑞兴盛典旅游文化有限公司共同打造并引入社会资本投资管理；投资近亿元，结合自然景观融山景、水景、稻田实景打造的《田野狂欢》剧场，总占地面积40余亩，可同时容纳观众2700余人，是三亚目前首个超大型山水实景演出	

续表

名称	所在地	资源类型	概况	商业模式分析
《西夏盛典》	宁夏	经验传播型思想传承型	大型战争史诗秀《西夏盛典》是由丝绸之路盛典文化投资有限公司与宁夏瑞信旅游文化发展集团共同投资，倾力打造的宁夏首部大型旅游演艺秀。全剧总投资达1.5亿元，构建了"丝绸之路盛典"系列旅游文化演艺品牌。丝绸之路盛典文化投资有限公司主要致力于编创、制作、投资、推广和管理大型舞台剧及相关延伸产品的开发推广。宁夏瑞信旅游文化发展集团是根植于西北的大型民营企业。斥资12亿元在西夏区镇北堡镇投资兴建了坐落于宁夏西线旅游黄金位置的瑞信天沐温泉美食小镇项目。项目将温泉与地域色彩、民族文化、贺兰山东麓红酒文化融为一体，涵盖温泉度假休闲、民族风情演艺、途家斯维登公寓酒店、宁夏地方清真美食、影视主题酒吧、宁夏西线游客集散中心等多元业态，填补了银川西线旅游商旅综合体的空白。目前，温泉美食小镇项目已被列为自治区"十三五"规划重点项目，是区发改委、旅游局、文化厅、葡萄酒局、商务厅、银川市重点扶持项目。截至2018年上半年，盛典3个产品已累计演出共计1500多场，接待观众30万人次	

综上所述，经济欠发达地区具有自然资源和人文资源的天然优势，但是经济欠发达地区文化产业的总体发展并未与之匹配，大多数产业项目还在摸索寻找适合自己的商业模式。旅游体验型资源的文化产业项目，在创新旅游服务、营销和管理理念上还比较落后，大多数还在"门票经济"的怪圈打转；在整合人、旅游资源、信息和资金等旅游产业资源上还缺乏协调，相关产业发展滞后，游客返游率低，可持续能力不足。经验传播型资源的文化产业项目，主要表现在民间手工艺、歌舞等缺乏统一布局，产业化规模小、未形成合力、竞争力薄弱；开发旅游新产品和特色产品的能力严重不足，跟不上旅游产业的发展需要；普遍缺乏品牌意识，产品易于

模仿；工艺品、歌舞艺术品价值可持续能力不足。思想传承类资源的文化产业项目，主要表现在非物质文化遗产保护与继承方面，民族传统技艺是民族传统技术观、实用观、价值观、审美观的综合体现，非物质文化遗产市场化是保护和传承的重要手段，但是，对非遗文化资源本身的挖掘力度不足，如何保护好传统"文化空间"，做到"适度"开发和活态传承的市场商业模式还在探索。价值持续与增值能力不足。总之，无论传统的文化企业，还是正在进入的互联网、房地产、制造业等非文化类企业，面对竞争日益激烈的文化市场，需要将企业战略和市场需求相结合，打造适合自己的、具有可持续发展能力的商业模式。

第六章 民族地区基于三类资源形态的商业模式设计

第一节 民族地区三类文化资源的产业化路径

民族地区整体上发展起点低、产业竞争力差、产业转型和产业升级滞后、产业经营模式落后,要从根本上改变多年的被动输血局面,形成具有自身造血能力的持续发展模式,必须走适合民族地区经济发展水平、与民族地区资源禀赋特色相匹配的产业化路径,即打造围绕价值选择—价值创造—价值传递—价值维持的文化资源产业化发展路径。不同文化资源商业模式构架路径和发展定位不同。

一 思想传承类文化资源的发展路径

1. 思想传承类文化资源的发展定位

无形的思想价值是有形的文化产业的核心,而作为民族象征的文化符号是思想价值的集中体现。从某种意义上看,不同区域文化产业竞争实际上是一场软实力的较量,而在这场软实力的较量中,无形化的符号成为核心,因为作为一种民族象征的文化符号集聚着一个民族的内部凝聚力,民族地区发展文化产业在资金、渠道、科技、人才因素等方面无法与发达地区匹敌,可以抓住引发受众共鸣的符号要素,探寻增强符号竞争力的策略,制造超乎寻常的符号意义,使这些无形的文化资源通过设计开发,依托于某些物质载体，实现无形价值与有形载体的统一是其产业化发展的必由之路。

其发展定位首先要借助符号这类注意力资源，实现对公众记忆的建设；因为任何记忆都依赖于一定的符号，而形象化的符号记忆才是对民族文化鲜活的记忆。其次通过彰显其教育价值、思想价值与娱乐价值促进民族文化品牌与软实力的打造。开发此类文化资源要注重深度挖掘符号的精神价值和思想价值、意识形态价值，打造民族地区独特的和富有品牌效应的标签，如西藏古老的语言文字和宗教习俗之所以给人以神秘感和震撼，表面上消费者喜欢的符号元素是纯粹、纯净、原生态和本真，深层次上反映了人们内心对自身安全、爱与被爱、自我实现、受教化、精神寄托的需求，了解这些深层需求正是众多文化产品得以成功的重要原因。能够以鲜活的图像刺激受众的眼球、引发受众深入思考的社会时代特征，又能反映人的内心体验与时代精神，赋予传统符号新的意义，才能挖掘真正引人共鸣的内涵，才能将此类文化资源的精神价值演绎至极致。

2. 思想传承类文化资源的产业链发展路径

民族地区思想传承类的文化资源不仅形式多样，而且涉及内容较广，主要包括民间传说、民族图腾、民间故事以及民间方言等可被转载记录的资源。这些无形的文化资源被加以设计开发，依托于某些物质载体，实现无形价值与有形载体的统一是其产业化发展的必由之路（见表6-1）。符号化意义文化资源是无形的，因此主导产业的开发重点在于挖掘民间传说、图腾、符号等代表的文化内涵，并将这一无形的文化资源以有形的形式传递到文化消费市场中，为此，主导产业主要是广播/影视/出版产业和旅游业。博物馆、展览馆及相关协会应发挥其支撑作用，重视对符号化意义文化资源的分类整理，以图文并茂的形式展现地区民间传说、图腾的现实教化意义。面向大众消费市场的、以符号化意义资源为生产加工对象的音像制品生产企业、娱乐传媒影视业都是其支撑产业。文化研究和社团服务业、文化遗产保护服务业等配套业务是思想传承类文化资源得以持续开发的保障。注重这些无形文化资源的衍生产品开发，将这些符号化意义的文化资源与现代化的视听设备相结合形成新的产品形式，以广播电视电影服务业为主的衍生产业开发是挖掘民族地区深厚符号化意义文化资源的必然选择。

表 6-1 思想传承类文化资源的产业链开发

主导产业	支撑产业	配套产业	衍生产业
民俗制品出版发行、广播影视服务业、音像、博物馆、民俗文化旅游业等	视听设备制造业、印刷复制服务业、广播电影电视录音服务业、民俗文化用品制造业、广告会展业、创意设计服务、培训业、邮电通信、互联网等IT业、建筑业、物流产业等	文化研究和社团服务业、文化遗产保护服务业、基础设施和服务设施建设、包装、金融业、教育、医疗、餐饮、安保服务等	文化团体服务业、广播电视电影其他服务业、工艺美术品/特色商品制造业、旅游业、休闲娱乐业、体育产业等

我国广大民族地区与周边多个国家接壤，尤其具备"文化走出去"的条件，随着"一带一路"建设的不断推进，民族地区若能抓住机遇，从战略高度将民族地区优秀的思想传承类文化资源和相关文化资源进行创造性转化和创新性发展，在与周边国家的各种经贸往来中，通过文化传媒领域的合作布局与文化体育交流活动，有效实现文化输出，尽快在国际环境中构建起有影响力的文化价值体系，并抓住话语权和定价权。话语权由政治地位决定，定价权由经济地位决定。这有利于我国提升文化软实力，真正成为周边国家文化经济交融发展的桥梁，这也是民族地区文化产业发展中利用自身独具的区域优势突破发展障碍和瓶颈，值得探索的一条具有后发优势之路。

二 经验传播类文化资源的发展路径

1. 经验传播类文化资源的发展定位

经验传播类文化资源作为活态的文化遗产关键是靠人的传承。各级各类非物质文化遗产传承人所掌握的经验和技能是经验传播类文化资源得以延续的关键所在，也是经验传播类文化资源的开发重点。熟练性是这一类文化资源的突出特点。为此，第一，应遵循非物质文化遗产保护工作方针：保护为主、抢救第一，合理利用、传承发展。强调以人为核心、以生活为载体的活态传承实践，通过提高传统艺术的表现力和传统工艺的设计与再创造能力，增强此类文化资源的表现力和吸引力。第二，提高遗产保护与民众日常生活的关联度，维护和拓展经验传播类文化资源的生存与发展空间。在生产、流通、销售过程中，采取"生产性保护"方式，激发遗产的生机和活力；将提高遗产持有者的传承能力与增加收入、提高生活质量联系起来，鼓励和吸引更多的人，特别是年轻人更广泛地参与保护遗产与再创造行列，实现遗产保护的可持续发展和创造。第三，通过对非物质文化遗产传承人及其继承者，还有其他相关从业者的培训，使传承人将一些感性认识上升到理性认识，使所有参与者能从知识的角度来审视非遗传承与保护，建立理论基础，培养技术研究能力，为产学研与手工艺人合作打好基础，可以多种合作形式提升传统工艺的传承保护和再创造水平。

2. 经验传播类文化资源的产业化发展路径

我国民族地区"奇人"众多，他们所掌握的经验型技能类文化资源是民族地区文化产业开发的重点，这些能工巧匠便是传承人，他们是经验型技能类文化资源得以延续的关键所在。这一类文化资源的主导产业在于传承人对文化产品或服务的形式和内容设计，以剪纸产业为例，剪纸产品图形、图像、内容、主题的设计是主导，物质载体包括纸、丝绸等以及包装、剪裁、小批量生产等都是支撑产业，剪纸产品实际生产完工之后，配套业务包括人力、物力投入进行营销推广以扩大市场知名度，衍生产业包括艺术品交易与收藏、图书音像出版等（见表6-2）。经验型技能类文化资源在未来产业化发展过程中，传承人经验技能的传承是重点，人才断层现象会严重阻碍产业化发展。

三 旅游体验类文化资源的发展路径

1. 旅游体验类文化资源的发展定位

民族地区垄断型的旅游文化资源不仅包括独特的自然景观，也包括众多的人文景观，挖掘整理使之有一定的产业规模、有一定的消费市场是产

表6-2 经验传播类文化资源的产业链发展路径

主导产业	支撑产业	配套产业	衍生产业
工艺美术品的设计与制造、民族服饰设计与制作、民族特色饮食的开发与制作、民族特色医药、民族乐器设计与制作、民族歌舞等文艺创作与表演、各种艺术形式民族特色产业的内容设计与制作等	文化用品、设备及相关民族特色产品的批发、零售；文化产业园区孵化；采矿业、农牧业、种植业、加工业；文艺创作与表演服务业、教育培训业；物流、包装等	广告和会展服务业；电力、邮电通信、金融、科技、传媒、专用设备等基础设施和服务设施建设；机电、化工、轻纺、餐饮设备、化肥、农药、农机具及相关产品的生产和销售；文化管理研究和社团服务业、文化遗产保护服务业、安保服务业等	专业设计服务；文化贸易代理与服务业等；各类旅游纪念品制造业、传媒影视业；酒吧等休闲娱乐业；艺术品交易与收藏；旅游业；图书音像出版业等

业开发的重点。此类文化资源如果失去了特定的环境，便失去了其赖以生存的土壤和条件。因此，此类文化资源的发展应本着见人、见物、见生活的生态保护理念和宗旨进行开发。各地要在深挖自己资源优势的基础上，将地域特色、文化特色、资源特色等与旅游发展相结合，开发出有本地特色的旅游产品，使遗产丰富、氛围浓厚、特色鲜明、民众受益成为各个生态区的标签。在有当地居民生活的场所，保存完好的遗址，历史文化、传统习俗等特色鲜明的区域，应保留他们的生活方式，保留传统村落、老街。近年来，注重文化体验已经逐渐成为旅游业发展的重要趋势，值得注意的是，对经验传承类文化资源的开发除了要关注民族地区特色产品的生产和购物性消费，还要促进民族地区特色服务的开发和体验型消费。

2. 旅游体验类文化资源的产业链发展路径

旅游资源的内容设计是主导，相关文艺创作与表演服务、景区游览服务、文化遗产保护服务等是旅游产业的重要支撑，对旅游产业来说，没有健全的基础设施和服务设施，游客吃、住、行、游、购、娱的基本消费需求得不到满足，产业开发的前景受限。旅游衍生产业的开发是丰富产业价值链的重要环节，如以地区特色旅游资源为主题的微电影、图书音像制品等产业的开发等（见表6-3）。

表6-3 垄断性的旅游文化资源开发

主导产业	支撑产业	配套产业	衍生产业
旅游业	文艺创作与表演服务业、休闲娱乐业；酒店服务业；景区游览服务；文化遗产保护服务；餐饮业；交通服务业、物流业；各类旅游产品批发零售业；服装、食品、医药及旅游纪念品制造业；采矿业、农牧业、种植业、加工业等	基础设施；服务设施；广告会展服务业；其他文化辅助生产、培训业、金融、科技、医疗、传媒、专用设备、邮电通信、机电、化工、轻纺、电力、化肥、农药、农机具等农工贸各类企业、安保服务等	旅游图书音像出版业、其他娱乐业、专业设计服务、文化贸易代理与服务业、房地产业等

创新型智能类文化资源是多数民族地区文化产业开发的薄弱环节，原因在于这一类文化资源是在对前人经验、技巧总结加工基础上获得的创新型灵感、构思等，通过跨界集成、多方整合民族地区现有的某些经验、技能、资源，开发尚处于初级产业化阶段。另外，由于民族地区人才、技术、信息资源匮乏，要形成推动创新型智能类文化资源可持续发展的动力有待于后续发展中加强，本书暂且不做探讨。

综上分析可以看出，民族地区三类文化资源开发的主导产业、支撑产业、配套产业、衍生产业虽各有侧重，但其共性的规律是：主导产业的开发均取决于资源禀赋、创意设计能力、政府支持等；支撑产业取决于政策、原材料、人力资源、中小企业加工能力等；配套产业取决于市场营销推广、基础设施建设、服务设施提供等；衍生产业取决于市场需求程度、企业市场开发能力、跨界整合能力等。

第二节 民族地区三类文化资源的商业模式设计

本章按照亚历山大等[1]的商业模式画布的理论框架对民族地区三类文化资源逐一进行商业模式设计。

---

[1] 〔瑞士〕亚历山大·奥斯特瓦德、〔比利时〕伊夫·皮尼厄：《商业模式新生代》，王帅、毛心宇、严威译，机械工业出版社，2011，第53~59页。

一 思想传承类文化资源的商业模式

1. 重塑思想传承类文化资源的内在感召力

思想传承型文化资源具有很深厚的文化价值，更多表现为小众文化价值。其产业价值，不仅是规模效应，而且是规模所蕴含的这类资源携带的内在感召力的传播。产业价值就是在更大的范围内对异质文化进行传播与认同。以因符号文化而闻名的藏文化为例，藏族吉祥符号有着久远的历史和深厚的人文艺术价值。在藏区寺院和民居，有着如"吉祥八宝""吉祥八物""六长寿""和睦四瑞图"等的壁画与唐卡。这些吉祥图案用物化的形态传播着藏族深层的审美情趣和祈福价值观念。让这些传承类的文化遍布藏区、走出藏区、走出国门，是产业价值的一种体现。当然，打造产业价值，需要保证这种传统古老文化的原生态形式，也要借助现代科技手段，将藏文化的内涵更全面地展现，达到观者对藏文化的了解与认同。对藏文化要进行细分，以防在产业化过程中的错位，就是该大力弘扬的没有到位，要收藏保护的又过分开放，产业化也是一种对位的过程。对于传承类的藏文化而言，产业化的最终目的是更好地保护，这是一种动态的保护，是一种张弛有度的挖掘过程。传承类文化资源形成的文化产业要有二元机制，既要传承文化信仰，又要减少产业化对文化本身的冲击，防止过度商业化对传承类文化资源的破坏。分层次的保护性开发是当今西藏地区文化产业发展的应对策略。抓住传承类文化资源所形成的文化感召力，向外界充分展示民族地区和谐发展的生态环境和人文情态。

2. 思想传承类文化资源的商业模式

面向思想传承类文化资源民族地区目前主要的商业模式有：民族民间文学的出版产业模式、民俗节庆的文化活动产业模式、民族文化的影视产业模式、博物馆产业模式。这些模式就是将所要展现的主题以博物馆、影视作品、文学作品、学术作品及各类艺术作品、展览馆、民族/宗教节日等为载体进行表达，通过博物馆的展览、出版社的出版和发行、影视作品的传播、文化活动的推广宣传等来满足旅游者和受众的求知欲与好奇心，丰富心灵体验，同时也兼具传播异域思想、传承民族文化、保护旅游资源等功能（见图6-1）。

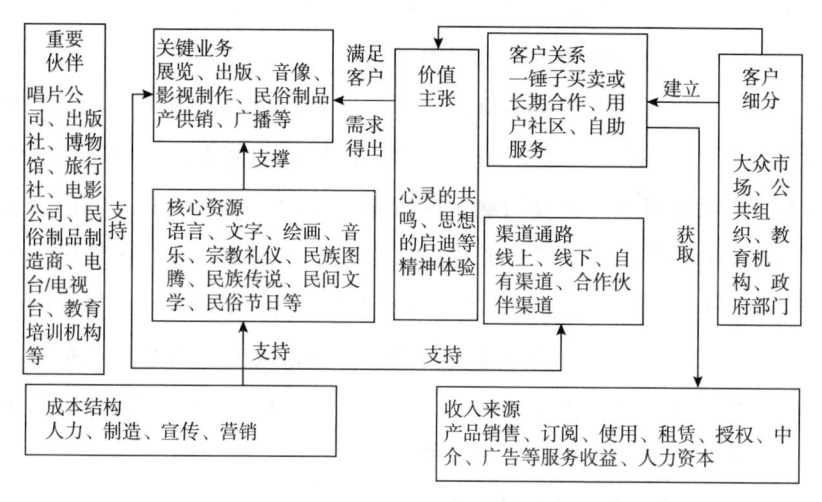

图6-1 思想传承类文化资源的商业模式

二 经验传播类文化资源的商业模式

1. 提升经验传播类文化资源的品牌影响力

经验传播类文化资源主要是针对非物质文化遗产而言的，这类活态的资源主要是通过代代相传的方式来传递经验类的资产，与思想传承类文化资源不同的是，这种经验需要大量的实践活动才能掌握，如传统口头文学、传统美术、传统技艺、传统礼仪、传统体育等非遗项目，并且表现为一定程度的技能。这种经验传播具有双重意思，一是作为传承，要有特殊训练的人群，接受传统的技能；二是作为表演，以娱乐群众为目的，满足当地居民的精神文化的需要。在保持原汁原味的传承中，又能赋予时代的新意，打造出受众喜爱的精品，是发展经验传播类文化资源产业的关键。

一方面，以产业开发带动民族地区文化的动态传承。面向经验传播类文化资源商业运作的传统模式是拜师学艺、言传身教的家庭小作坊，这种方式导致许多经验传播类文化资源濒临灭绝。只有结合现代科学技术和管理方法，将此类资源和技术、人力资源、资金等有效整合，形成适度规模化生产，扩大商品流通的渠道，才能将具有强烈行为特色的此类资源以活态传承的方式留存下来，并且带动当地经济的快速发展。

另一方面，经验传播类文化资源通过精心打造可以产生市场效应。有一些经验是以令人眼花缭乱的行为艺术而闻名遐迩的，创造了很多区域文化品牌形象。区域特色文化乃是各民族地区依存的前提，抢救即将失传的手工技术、民族歌舞等迫在眉睫。扶持龙头企业，以点带面。创建特色产业园以集群效应创产业优势，并用人工智能、大数据、现代化管理方法等进行创新。对于传统家庭小作坊、师带徒的生产方式，保持传统的形式，进行空间集聚，依托多种有效途径，让经验传播类文化资源产业布局从民族地区走向海外，让其产品以独特的艺术、精湛的技法将区域特色文化传播开来，塑造文化产业品牌意识，推广文化产业品牌价值。

2. 经验传播类文化资源的商业模式

经验传播类文化资源在发展文化产业中，其主导产业是传承人对文化产品或服务的形式和内容设计。以剪纸产业为例，剪纸产品图形、图像、内容、主题的设计是主导；物质载体包括纸、丝绸等以及包装、剪裁、小批量生产、培训课程设计、主题展示园区建设等都是支撑产业；剪纸产品在实际生产传播中，需要人力、物力投入进行营销推广以及与造纸、颜料、剪纸工具等有关的配套产业；衍生产业包括剪纸与日常用品、服装、文具等产业结合的商品。这种依靠经验技能的文化资源在未来产业化发展过程中，传承人经验技能的传承是重点，人才断层现象会严重阻碍产业化发展（见图 6-2）。

面向经验传播类文化资源目前民族地区比较多见的商业模式是围绕非遗传承人的产业园区模式和各种特色产业模式。

（1）产业园区模式：一般以政府扶持的文化产业园区为核心，让各类传承人进驻园区，给予一定扶持和补贴帮助他们进行传统文化技能、文化产品等的孵化和培育，政府提供行政审批、公共技术、投融资、版权服务、创业孵化、人才引进、宣传推介等公共服务平台，目前民族地区多数文化产业园区处于低端的小本经营、自产自销模式，对经验传承类文化资

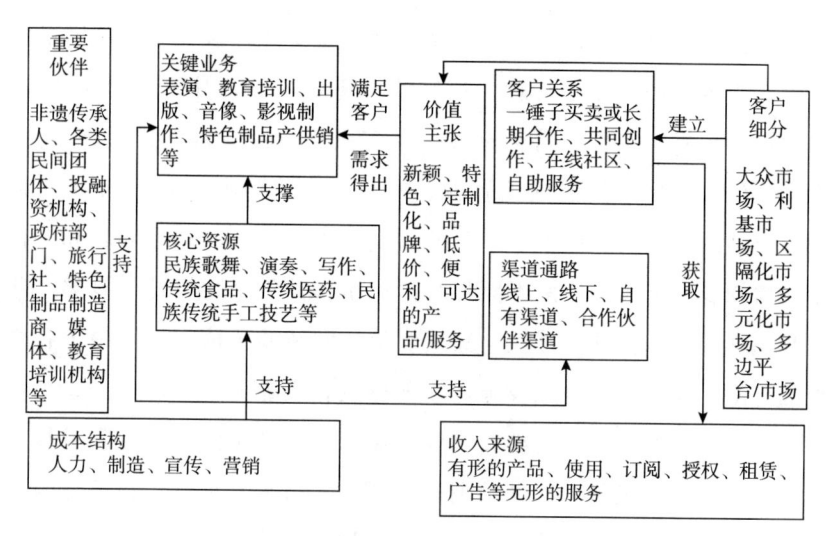

```
┌─────────┬─────────────┐   ┌────────┬───────────┐   ┌─────────┐
│重要     │关键业务     │满足│价值    │客户关系   │建立│客户    │
│伙伴     │表演、教育培 │客户│主张    │一锤子买卖 │──→│细分    │
│非遗传承 │训、出版、音 │──→│新颖、特│或长期合作、│   │大众市  │
│人、各类 │像、影视制  │   │色、定制│共同创作、 │   │场、利  │
│民间团   │作、特色制品 │需求│化、品  │在线社区、 │   │基市    │
│体、投融 │产供销等    │得出│牌、低  │自助服务   │   │场、区  │
│资机构、 │            │←──│价、便  │           │   │隔化市  │
│政府部   │   支撑     │   │利、可达│           │   │场、多  │
│门、旅行 │    ↑       │   │的产    │───────────│获  │元化市  │
│社、特色 │核心资源     │   │品/服务 │渠道通路   │取 │场、多  │
│制品制造 │民族歌舞、演 │   │        │线上、线下、│←──│边平台  │
│商、媒   │奏、写作、  │   │        │自有渠道、 │   │/市场   │
│体、教育 │传统食品、传 │   │        │合作伙伴渠道│   │        │
│培训机构 │统医药、民  │   │        │           │   │        │
│等       │族传统手工技│   │        │           │   │        │
│         │艺等        │   │        │           │   │        │
└─────────┴─────────────┘   └────────┴───────────┘   └─────────┘
         支持         支持
┌─────────────────────┐   ┌─────────────────────────────────┐
│成本结构             │   │收入来源                         │
│人力、制造、宣传、营销│   │有形的产品、使用、订阅、授权、租赁、│
│                     │   │广告等无形的服务                 │
└─────────────────────┘   └─────────────────────────────────┘
```

图 6-2　经验传播类文化资源的商业模式

源的传承和保护乏力，未来改进和完善的空间很大。除了统筹文创实验区与周边地区的基础设施、公共设施以及其他配套设施的开发建设，还应营造文创实验区良好的发展环境，围绕打造完整高效产业链、发挥中介组织、行业协会在促进行业自律及产业健康发展中的重要作用，进一步健全简化、规范完备高效的公共服务体系。

（2）各种特色产业模式：民族地区特色产业资源多是围绕家庭手工业和集体企业的创作、加工制造、销售等。一是以传统的工（农）艺技术为核心所开发的特色产业，例如新疆的维吾尔族歌舞，通过传统艺人表演的展示，既达到观赏与保护的双重目的，也促进民族文化的传播；二是以工（农）艺产品为主体所开发的特色产业，例如回族饮食通过种植、收割、采摘、烹饪、品尝等，使游客能够体验农耕文化、学习种植技术与了解农产品加工等相关知识，获得全新的感受。

三　旅游体验类文化产业的商业模式

1. 以旅游体验类文化资源的文化产业打造体验吸引力

旅游体验类文化资源强调的是在以文化资源为体验对象的旅游活动

中，游客要的不只是文化，而且是文化感，是文化体验，文化旅游的核心是体验。旅游资源具有多样性、地域性、观赏性与吸引性（非凡性）、不可移动性、重复使用性、可创造性。许多民族地区的自然景观秀美奇特，具有先天优势，是自然垄断型资源，不可复制和移植。而且多元文化交融、历史的跌宕变迁，留下了丰富的人文景观。特殊的地理环境和多样的风土人情构成西部民族地区不同凡响的旅游体验类文化资源。该类文化资源带有超强的地域性和多样性，其观赏价值和体验价值深深植根于各个民族地区。随着民族地区基础设施建设的推进，交通通信逐步发展，当地居民的消费水平不断提高，这类文化资源在民族地区旅游产业开发过程中对消费者产生巨大的吸引力，带给消费者感官、行为、思维和情感体验，激发人们的审美情趣和文化情结。体验是一种深度的文化旅游，大大扩展了当地的旅游范围，体验交通、饮食、住宿、娱乐、购物带来的综合的感受，在形成完整记忆的同时，也推动了周边产业的经济增长、管理升级及效率提升；消费者也会将其对旅游体验类文化资源带来的视觉盛宴和文化体验进行传播，进一步扩大这些垄断型文化资源的体验吸引力。

民族地区拥有悠久的历史和多样的民族文化，对于发展文化旅游产业来说非常有利。而发展文化旅游可以促进民族地区旅游产业发展方式由量变到质变，旅游产业结构不断优化升级。旅游文化产业是一项综合性、带动性强的新兴产业，会对当地资源进行高度整合。将基础设施、城市风貌、生活场景、服务理念、管理效率等贯通纳入进来，形成虚拟旅游综合体。千年的古丝绸之路，承载的是有形的货物，传递的是沿线国家、地区的人文情怀。对民族地区而言，文化旅游产业走出国门意义重大，文化旅游产品不仅输出产业经济价值，而且是宣传国家和民族地区的形象代言。民族地区文化旅游产业向国外扩展，可以进一步消除文化隔阂，增进各国对我国的文化认同。民族地区经济的发展水平还在制约文化旅游产业的发展，尽管具备了一定的旅游资源，但是旅游公共服务水平还很低，景区内外应该实行一体化公共服务，让文化景区建设与当地真实文化相接轨，让文化之旅既"宜玩"又"宜住"。民族地区发展文化旅游产业，应该关注食、住、行、游、购、娱相关环节的协调一致，以及每一个环节都和当地特色文化匹配，赋文于游，打造全景可参与的体验式文化项目，推动区域经济整体发展。

2. 旅游体验类文化产业的商业模式

旅游体验类文化资源的内容设计是主导，相关文艺创作与表演服务、景区游览服务、文化遗产保护服务等是旅游产业的重要支撑，对旅游产业来说，没有健全的基础设施和服务设施，游客吃、住、行、游、购、娱的基本消费需求得不到满足，产业开发的前景就受限。旅游衍生产业的开发是丰富产业价值链的重要环节，如以地区特色旅游资源为主题的微电影、图书音像制品等产业的开发等。面向旅游体验类文化资源，目前民族地区主要的商业模式是：景点旅游模式、产业旅游模式和全域旅游模式（见图6-3）。

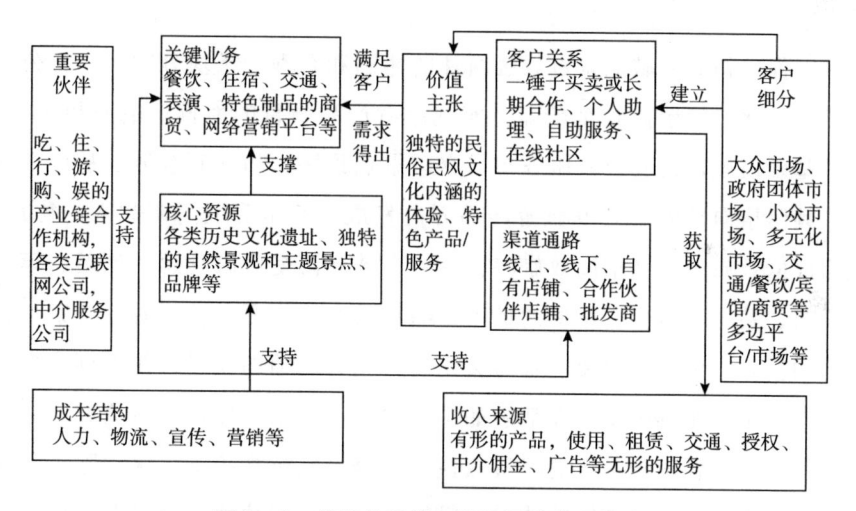

图6-3 旅游体验类文化资源的商业模式

（1）景点旅游模式：主要是利用自然资源禀赋，如沙漠、大川、冰山、古寺等开展民俗亲历亲行、自然生态欣赏、景区观光等各种休闲度假旅游活动。主要强调了文化旅游的休闲、娱乐度假的特点。未来民族地区应该更加重视绿色发展和可持续发展，进一步提升景区旅游的品质，突出特色，避免简单模仿的千城一面、千村一面、千景一面。

（2）产业旅游模式：对多样化、丰富化的特色产业资源加以开发和培育。产业旅游具有知识性强的特点，因此，对于那些带着了解相关产业知识和信息目的的游客来说，产业旅游的文化特色是重点，让游客在文化体验中，因深厚的历史积淀、独有的沧桑感受、宗教文化渊源、独特的民俗风情，对景区产生流连忘返的想法，可当地的产业发展带来商机。产业旅游对游客会产生吸引力，这加大了未来的客源规模。产业旅游将会带动民族地区包括自身在内的经济结构优化和升级；跨界融合催生了更多消费需求和更多元化的旅游产品，产业旅游在与文学、音乐、影视、民俗、建筑设计、工业等领域的结合中催生更多新型旅游产品。因此，开发产业旅游，有助于深度开发民族地区旅游体验传播类文化资源，推动民族地区旅游产业的快速发展。

（3）全域旅游模式：是从单一景点景区建设和管理向综合目的地统筹发展转变，一定范围的旅游连线，形成个性独特、特色互补、错位发展、协调互促的格局。破除景点景区内外的体制和管理的条块分割，实行公共服务一体化，旅游监管全覆盖，实现旅游产品与目的地推广的有机融合，旅游基础设施建设和公共服务布局突破景点景区，拓展到全域。从旅游过度依赖门票向致力于开发旅游产品方向发展，逐步降低门票收入的比重。从粗放低效旅游向精细高效旅游转变。全域旅游是旅游理念的创新、模式的变革、路径的转变、格局的扩大、品质的升华。在全域旅游中考察单体项目的投入产出时，也要涉及与文化项目相关的辅助项目，使得创意内容设计在整个产业链中得以存活。如文化内容与餐饮、住宿、游览方式的结合，使文化内容产出最大的经济效益。在全域旅游视角下，水利除了具备防洪、排涝、灌溉等传统功能，还应兼有旅游的新功能；交通要考虑景区的通达性和公路、铁路沿线的观赏性。对于新农村建设，在全域旅游视角下，民族地区的民居、老百姓的房子也是旅游要素之一。

民族地区旅游景区（点）优势在于旅游资源丰厚、观赏性独特，但劣势是文化内容的创新不够，特别是缺少现代管理理念和技术手段，配套设施短缺，大多仍处于以观光旅游为主、门票销售为主要营利方式的传统营销模式，过度依赖门票经济已成为阻碍民族地区旅游业高质量发展的"绊脚石"。营利设在消费之前，会导致产品创造与营销、管理与服务、服务反馈各个逻辑流程完全脱节，使景区管理条块分割，难以形成全过程的闭环监控，不能从本质上提高管理水平和服务质量。在全域旅游时代，门票经济将使景区只关注自己门票利益而忽视区域内旅游市场的一体化经营，严重影响旅游资源整合、旅游产业融合升级，违背了全域旅游的内在要求。摆脱门票经济刻不容缓。民族地区文化旅游产业各人自扫门前雪的传统模式，必将无法迎接更多的旅游消费群体和更多高质量的消费内容，必须建立全域旅游新模式，从单一景点景区建设和管理到综合目的地统筹发展转变、从门票经济向产业经济转变、从粗放低效旅游向精细高效旅游转变、从封闭的旅游自循环向开放的"旅游+"融合发展方式转变、从小旅游格局向大旅游格局转变，实现全域接待国际游客，全方位、多层次国际交流合作。为实现商业模式的转型，民族地区文化产业要合理调整产业结构，将核心业务与单一的旅游门票销售捆绑的方式转变为集门票销售、消费服务提供和休闲体验于一体的多元业务结构，创新景区管理模式，为文化旅游产业更好更快的发展提供有力的管理制度保障。

在旅游文化产业发展过程中，文化资源的深度提升和硬件基础设施的系统完善是相辅相成、相互促进的，共同体现在旅游服务水平和旅游休闲体验中。民族地区旅游文化资源禀赋高，但产业发展程度低；旅游产业链条的打造需要主导产业、支撑产业、配套产业及衍生产业的协同发展，共同提升旅游服务水平和旅游休闲体验，同时以线上平台（门户网络、网络社区、App等）建设、线下产品对接，实现大数据时代的信息流动与资源共享。

基于以上对民族地区三类文化资源的商业模式设计过程与分析路径，可以得出以下两个结论：一是各类文化资源主导产业及其发展路径的差异导致其发展定位不同，二是各类文化资源产业链发展路径不同意味着各不相同的商业模式。

第三节　民族地区三类文化资源商业模式的典型案例分析

宁夏中卫沙坡头旅游景区、云南歌舞《云南映象》、西藏唐卡是分别面向旅游体验型、经验传播型、思想传承型文化资源所打造的较为成熟的文化产业项目，其发展模式具有一定的借鉴价值，本节基于价值链角度对三个文化产业项目案例进行商业模式分析。主要围绕主导商业模式的关键因素：核心竞争力、业务组合、可营利方法三个方面，贯穿于价值链的各个环节进行分析（见图6-4）。但不同文化资源的禀赋价值存在差异，不同文化产业项目的商业模式在不同价值链环节的关注点有所不同，也因此导致商业模式的差异。

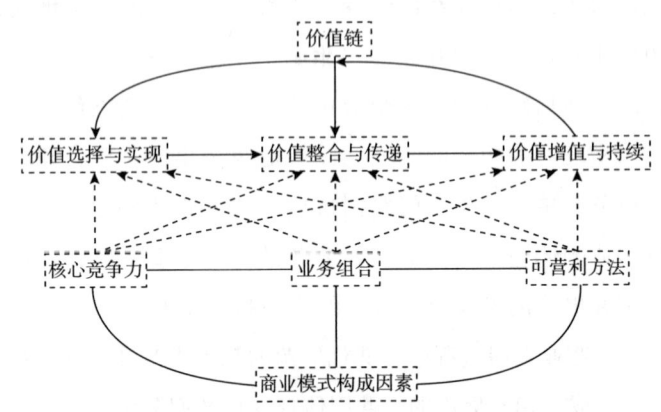

图6-4 基于价值链角度的商业模式分析路径

注："------→"代表"相关"

一 面向旅游体验型文化资源的文化产业项目商业模式分析——宁夏中卫沙坡头

1. 宁夏中卫沙坡头文化资源现状分析

沙坡头地区地处腾格里沙漠东南，是草原与荒漠的交汇地带，巍巍祁连山横亘黄河之阴，浩瀚腾格里沙漠连绵黄河之阳，一水中分，形成一幅天然太极图。沙漠景观、水文景观、绿洲景观在沙坡头汇聚。地区野生动植物数量达几百种，呈现明显的过渡地带特征，是研究亚洲中部北温带向荒漠过渡生物物种变化现象的绝佳场所。满地黄沙之上开辟出"沙子的乐园"是对沙坡头最真实的评价。在长期的治沙、防沙实践中，沙坡头地区创造了麦草方格的治沙方法，这一最原始、最经济、最规律的方法成功遏制住沙漠化，至今仍在使用。不仅治沙取得了重大成就，黄河在无数人脑海中泛滥、断流、生态恶化的景象在宁夏也全然改变，沙坡头地区使"天下黄河富宁夏"变成黄河在宁夏的真实写照。这正是在治沙、治河的实践中积累出与沙、与河共生共存的发展规律。

沙坡头位于宁夏回族自治区中卫市城区西部腾格里沙漠的东南缘，北接腾格里沙漠，南临黄河，是国家首批5A级景区。沙坡头取得了治沙、生态和环保三大科学高峰上的治沙成果。沙坡头的麦草方格治沙成果被誉为"人类治沙史的奇迹"，沙坡头被联合国评为"全球环境保护500佳单位"之一。中卫市作为西北地区生态旅游和交通水利枢纽城市，是枸杞、硒砂瓜、马铃薯之乡，在宁夏的旅游产业发展规划中，明确应以沙坡头为龙头，对沿黄城市带旅游进行管理，打造枸杞等特色农业旅游资源，形成全域旅游。沙坡头对沙子的治理过程也是其价值的另一体现，是发展生态旅游、拓展生态保护教育、延伸价值链的驱动因素。

2. 基于价值链的商业模式分析

中卫市政府与港中旅集团公司是沙坡头文化资源开发的主体，港中旅集团公司设立的港中旅（宁夏）沙坡头旅游景区有限责任公司目前负责沙坡头景区的运营管理工作。2014年，中国港中旅集团公司与中卫市政府在银川签署旅游资源开发合资合作框架协议，港中旅集团以增资扩股方式控股沙坡头景区公司，港中旅集团成为沙坡头景区文化资源开发的主导企业。港中旅（宁夏）沙坡头旅游景区有限责任公司通过"管家沙坡头"的配套产业建设思路，为消费者提供集吃、住、行、游、购、娱于一体的服务体系，通过完善景区服务设施，与中卫地区相关政府部门共同合作打造沙坡头地区的基础设施，提升中卫市旅游服务质量和景区服务水平。并通过节事活动、媒体等开展大规模营销推广活动，《爸爸去哪儿》外景的拍摄便是沙坡头利用电视媒体对外宣传的手段之一，取得了良好的营销效果。为丰富沙坡头旅游文化内涵，沙坡头地区加大对景区资源的深层开发，积极探索相关衍生产品的开发设计。目前，印制/拍摄《沙坡头黄河故事》《沙坡头历史文化溯源》等图书/图片/VCD等文化作品，同时开发中卫民俗文化系列纸扎、剪纸、面画等民间工艺品、岩画系列拓片、土特产品系列等旅游文化纪念品。这些衍生产品的开发丰富了旅游文化产业链，增添了景区的文化内涵。

由表6-4可以看出，沙坡头位于长城、丝路、游牧、农耕的交织地带，深受各种文化的影响，在治理沙漠的过程中，港中旅（宁夏）沙坡头旅游景区有限责任公司立足腾格里沙漠和黄河两大天然的生态资源，着力打造出沙坡头"一河一沙"文化。深挖沙漠文化资源，将沙坡头地区定义为国际化沙漠旅游目的地。沙漠产品的设计首先围绕治沙工程、生态环保和特色沙漠旅游项目展开。通过支撑产业的协力开发，形成了以主要展示沙坡头地域风沙为主题的治沙博物馆和沙漠研究院，以展示治沙效果为主题的沙漠—绿洲生态环保旅游线，以沙漠休闲体验为主的游览项目，如沙漠骆驼、滑沙等。其次，围绕黄河文化资源开展的黄河文化产品的设计也是沙坡头旅游景区的一大特色，产品设计主要从黄河水上体验和黄河人家民俗休闲两个板块设计，将黄河索道、羊皮筏子、民居民俗风光等纳入具体的项目设计中来，通过支撑产业（项目）实现了项目落地。

表6-4 宁夏沙坡头文化产业商业模式构建

主导产业价值选择	支撑产业价值创造	配套产业价值传递	衍生产业价值维持
沙漠文化（科技治沙工程+原生态环境+特色旅游）黄河文化（水上游+农家度假休闲）	治沙工程展示：治沙博物馆、沙漠研究院 生态环境：生态环保旅游线路设计 特色旅游：沙坡鸣钟，滑沙中心为主，其他沙坡运动项目 水上游：羊皮筏子漂流等黄河水上项目体验 农家度假休闲：农家民俗体验项目	打造"管家沙坡头"集吃、住、行、游、购、娱于一体的全方位服务设施	沙漠婚礼项目开发、《沙坡头黄河故事》、《沙坡头名人治沙传记》等图书/DVD作品等

宁夏中卫沙坡头旅游景区以沙漠文化为核心资源，围绕沙漠主题设计多样化的观景、体验项目，通过产品内容的设计、营销手段的拓展、景区管理升级等业务板块创造门票收入、项目体验收入以及配套产品收入。基于旅游资源的垄断性和地域性，沙漠产品的价值选择与实现在商业模式构

建过程中占据重要地位；同时，中卫生态治沙的成功，赋予了沙坡头景区弘扬治沙精神、推广治沙经验的教育意义，提升了自然景观的人文内涵（见图 6-5）。

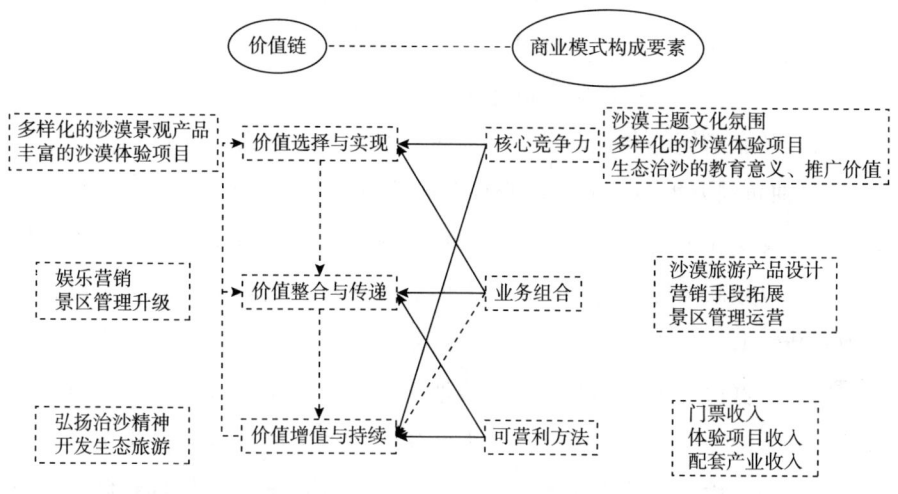

图 6-5 基于价值链角度的宁夏中卫沙坡头旅游景区商业模式分析

（1）价值选择与实现环节——打造民族风情独特、沙漠景观多样的旅游产品

天下黄河富宁夏。在沙坡头，黄河与沙漠、沙漠与绿洲、人类与自然亘古千年和谐相处，被称为世界垄断性旅游资源。依托丰富的沙漠旅游资源，围绕打造黄河金岸品牌旅游的战略目标，沙坡头景区已建成沙漠观光游（沙海冲浪、驾驶越野车穿越沙漠等）、沙漠体验游（滑沙、高空滑翔、赛马等）、特种挑战游（黄河蹦极、沙漠徒步穿越、黄河漂流等）。推出了一批以黄河文化探谜、黄河民俗体验、原始村落度假、沙漠自驾探险、生态农业观光为主题的特色旅游线路，如沙漠休闲经典游览线路、生态湿地游览线路、沙漠文化体验游览线路。借助垄断性的地域优势，打造旅游产业链，形成中卫经济发展支柱产业。但沙坡头也面临着沙漠旅游活动单一、旅游项目同质化、设施和服务与景区自身发展和市场需求出现脱节等多个问题。要从旅游环境体验、旅游活动体验、基础设施体验、配套设施体验、旅游服务体验等方面深入分析研究，逐步解决问题。

沙坡头旅游区（含沙坡头南区和北部大漠景区、黄河悬索桥、中国治沙博物馆、治沙展厅）实行一票制，沙坡头娱乐项目，如沙漠游乐、沙漠乘驼、沙海冲浪、黄河水上项目等另收费，或者采用套票方式。景区餐饮、住宿、购物、停车场、医疗救护、游船等各项服务娱乐设施都很齐全。但随着沙坡头景区新旅游项目开辟、旅游人数的增加和游客消费品质的提高，许多配套产业需要丰富和完善。

（2）价值整合与传递环节——厚重沙坡头、塞上文旅情

"九曲黄河万里沙，浪淘风簸自天涯。"深邃厚重的文化内涵，是沙坡头旅游的灵魂和精髓。沙坡头以浓浓的诗歌、散文、游记、典故等中卫风情贯穿，以微雨山行至长流水、塞上曲、黄河行、边城落日等文旅形式来展现垄断性的文化资源。西夏王陵、西夏岩画、战国秦长城、秦代陶窑遗址、新旧石器遗址等文化遗产构成沙坡头厚重历史文化底蕴，加速历史文化开发，有助于文化沙坡头建设。近几年，沙坡头的游客正在从宁夏向周边地区延伸，成功的关键在于景区推出了特色沙漠项目，将自然风光、户外探险、休闲娱乐等体验交融一体，让消费者感同身受，亲历旅游的强烈震撼和冲击，很多人体验后对景区念念不忘，发出"黄山游罢不望岳，宁夏游完不望沙"的感慨。2018年沙坡头旅游区再升级，合力打造沙坡头5A+取景拍摄的《我家那小子》，又推出《勇敢的世界》，继《爸爸去哪儿》后，沙漠休闲亲子游再度升温。2018年"十一"黄金周，沙坡头共接待游客325.20万人次，实现收入23.68亿元，同比分别增长11%和12%，市场关注度跨越式提升。

文旅融合，好戏连台。通过厚重沙坡头系列主题节庆活动，快速提高了影响力和知名度，推动了景区转型升级，带来了可观的经济效益。景区将进一步完善旅游基础设施，扩大景区容量，提升旅游品质，规范并逐步增加配套设施，让沙坡头景区观光、体验服务日臻完善。

（3）价值增值与持续环节——综合治沙，造就绿水青山

"宁夏归来不看沙"是当下游客游完沙坡头后的感慨。但是在60多年前，沙坡头地表植被稀少，自然条件恶劣，沙尘暴频发，对周边地区造成危害。经过"五带一体"防风固沙治理，特别是麦草方格治沙，实现了

"人进沙退"。沙坡头特殊的自然景观以及独特的治沙成果成为中卫沙坡头对外开放的一个标志形象，也成为中卫的旅游发展重头戏。沙坡头治沙的伟业已经超越环保之意，成为全人类的精神财富，被喻为"人类活动奇迹"。治沙，不仅让沙坡头名扬天下，还让旅游区从原有的狭小区域扩展到如今的南北两区，横贯黄河两岸，由沙漠边缘向腹地进军，追求沙漠生态效益，巩固治沙成果，再次实践了人与自然之间的互补共生。从开始的防风治沙到现在的沙漠旅游带动地方经济和治沙事业发展，沙坡头已经成为世界防风治沙的样板。遵循保护"青山绿水"和建设"金山银山"的理念，沙坡头将被打造成有历史、有人文、有景致、有娱乐、有发展、有前景的沙漠乐园、人间天堂。

二 面向经验传播型文化资源的产业项目分析——大型原生态歌舞集《云南映象》

1. 大型原生态歌舞集《云南映象》概述

《云南映象》是一台融合了传统之美与现代之力的大型原生态歌舞集，展现了浓郁的云南民族风情，全球商业化演出4500多场，遍布海内外40多个城市，成为中国民族文化、舞台艺术的又一个巅峰之作。著名舞蹈家杨丽萍任编导和主演，用30多年的艺术、人生的积累来阐释，用舞台表演来动态传承民间歌舞艺术。具有民族歌舞元素，生活原型，传统鼓风、鼓韵、面具，70%为少数民族演员。该剧以"混沌初开"拉开序幕，第一场，太阳，以鼓登场，不同的鼓代表不同的民族，鼓是一个民族的崇拜和图腾；第二场，土地，月光下翩翩起舞，各民族都热爱自己的舞蹈；第三场，家园，信奉万物有灵，各民族都有祭祀活动；第四场，火祭，每个民族都用自己独特的舞姿来宣泄内心强烈的感情，就像熊熊的烈火；第五场，朝圣，朝拜山神是藏传佛教的信徒对自然的崇拜；尾声，雀之灵，对圣洁和宁静世界的向往。《云南映象》将传统文化艺术与现代审美追求相结合，获得巨大成功，也为原生态舞蹈可持续发展开辟了道路。

2. 基于价值链的商业模式分析

以云南民族文化为核心资源，通过与资本结合对传统文化资源进行精心设计、重塑展示，以现代化的品牌运营为核心竞争力，重点打造舞台内容管理、市场营销管理、资本运作管理三大业务板块，创造文化产品销售（门票）收入、配套产品收入、品牌价值增值收入，例如周边产品、衍生产品收入等。《云南映象》模式的成功一方面源于对舞台内容的精益求精，另一方面源于对文化资本的引入，通过文化资本迅速扩张产品的品牌影响力和文化感召力，通过公司上市对文化资源、文化资本进行重新整合。在商业模式构建过程中，产品价值的整合和传递环节尤为重要（见图 6-6）。

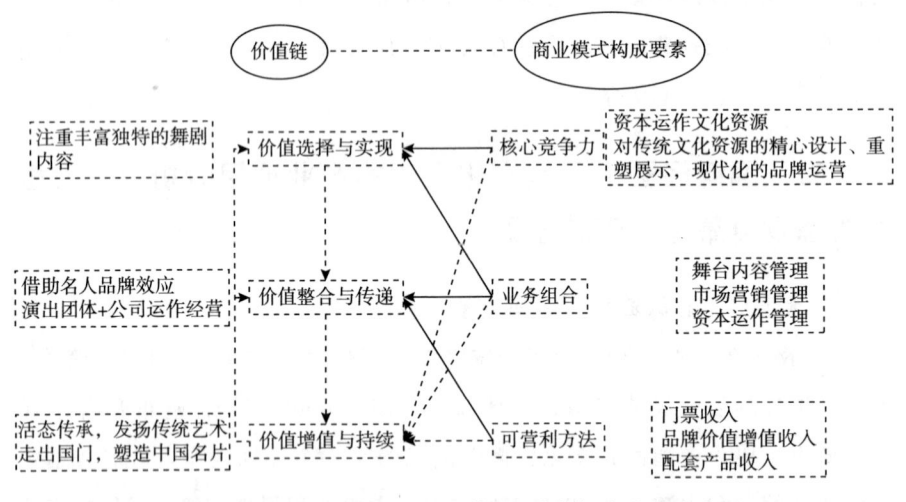

图 6-6 基于价值链角度的《云南映象》商业模式分析

（1）价值选择与实现环节——注重丰富独特的原生态舞剧内容

《云南映象》脱颖而出，成为一种典型的文化现象。这个现象的背后是"原生态"和"保护"的关系处理。云南仅舞蹈一项，就有 1095 个品种，民族文化遗产保护的问题尤为突出。面对濒临消失的舞步、鼓法、唱腔，杨丽萍一直在强调，不能把它们封闭起来，要用一个舞台把它们表现和记载下来，《云南映象》就是在经过 3 年多的采风、策划和排练后而诞生的。它依托于自然资源、用之于舞台。70% 的演员来自农村，质朴的歌声和肢体语言，表演热情豪迈，这些原汁原味的表演，产生不一样的审美体验，将舞台表演艺术和本土文化合为一体。采用传统的民族乐器——62面鼓产生的鼓风、鼓韵；穿各民族生活着装的原型：演出服饰和生活着装一样；120个传统文化里的特色面具，还原了云南"原生态"的文化艺术魅力，赋予了舞台艺术灵魂，舞剧内容丰富且灵动。

（2）价值整合与传递环节——借助名人品牌，找准合作渠道，提高产品知名度

从2003年面世，《云南映象》经过5年的发展，就走出了国门，成为国际知名品牌。这首先得益于产品的品牌定位，以舞蹈家杨丽萍的名人效应，创《云南映象》文化精品品牌。杨丽萍根植于云南这块艺术的土壤，具有中国舞蹈艺术家、中国舞蹈家协会副主席、国家一级演员等多项头衔，她身兼编导和主演，完全与《云南映象》融为一体，《云南映象》尚未公演就已经名声在外了。其次得益于云南原生态歌舞艺术自身的独特魅力，将观众带入古朴原始的民间艺术，唤醒现代人久违的民族记忆，唤起大众和社会关注民族文化的传承和保护。最后得益于产品的定位，企业化机制，市场化运作，文化产业的发展格局。与世界知名跨国传媒集团和演出商合作，利用它们的先进技术、管理经验、雄厚的资金和全球性的市场网络系统，以高端营销渠道开拓国际文化市场，让《云南映象》走向世界。

《云南映象》成功的"艺术院团+公司化运作"经营模式。云南映象文化产业发展有限公司负责运营管理《云南映象》，确立了以企业化的管理机制、市场化的运作模式、产业化的发展格局来拓展《云南映象》品牌优势，发展相关产业。打破过去舞台节目"以政府为投资主体，官员为主要观众，评奖为主要目标，仓库为最终归宿"的惯例。为保证"永不落幕的云南映象"，云南映象文化产业发展有限公司按照专业艺术院团的标准，通过不断完善票房机制、演员签约制度、轮演制度和考核制度，对整个演员队伍和舞台流程进行规范管理，并在每场演出中设立考核员和监督员，确保演出质量。

云南映象文化产业发展有限公司与国内外各大合作伙伴采用共同投入、收益分账、共担风险等形式进行合作演出。对市场卖点、艺术亮点和思想闪光点能够比较迅速准确的掌握，《云南映象》的经营模式日趋成熟，并将激励更多勇于创新的文化企业、文化产品走向世界。

(3)价值增值与持续环节——活态传承,保护"原生态",回归乡土与自然

云南是盛产歌舞的沃土,产生过久负盛名的《阿诗玛》《召树屯》,2003年打造了蜚声海内外的《云南映象》。虽然创作都是来自民间文化,但是和《阿诗玛》等最大的不同是,为《云南映象》而歌舞的,70%是村子里土生土长的农民,他们带来的是令人耳目一新的原生态歌舞。

一部没有故事情节的原生态歌舞剧,怎么会产生这么大的轰动?在杨丽萍看来最重要的是用什么样的演员,怎样开启区别于专业歌舞表演的另外一扇门。她坚持启用那些村子里土生土长的农民,因为只有这些朴实憨厚的人,在跳舞时的那种狂欢状态,才最能表现这台原生态歌舞的精神。这是基于对民族传统文化透彻理解基础上的传承,也符合什么人做什么事的原则,是在融入时代因素之后的深刻的活态传承。通过他们活灵活现的原生态表演,不仅舞者激活了对自身文化的认识,并不断传承本民族的文化,也能让更多的观众开始回归对生态、对生命的重视。回归乡土,回归自然。

《云南映象》,国之精品,世界品牌。民族性来自原生性,越是乡土的越是民族的,越是民族的越是世界的,《云南映象》土生土长,却具有国际风范。一经面世就在国内外引起轰动,北京首演获得巨大成功,美联社、英国BBC、卡塔尔半岛、意大利安莎社等10多家国外媒体报道了《云南映象》的演出盛况。从2004年起,就将舞步"跳"到了巴西、阿根廷等地的世界舞台上。2005年,《云南映象》从美国辛辛那提市开始,拉开了世界巡演的序幕。2008年3月14日,《云南映象》赴日本东京进行12场商演。2011年1月,杨丽萍参与的"中国国家形象宣传片"在美国纽约曼哈顿时报广场大屏幕播映。2011年6月,中国文化年在澳大利亚开幕,《云南映象》震撼悉尼。2017年9月,《云南映象》作为中国驻匈牙利大使馆"庆祝中华人民共和国成立68周年"招待会的重头戏,在美丽的多瑙河精彩呈现。《云南映象》作为国之精粹,成为促进国家间交往的文化纽带,成为代表中国民族文化的名片,更加彰显了深厚的文化价值。

三 面向思想传承型文化资源的产业项目分析——西藏唐卡

1. 西藏唐卡产业概述

唐卡是源自佛教或者佛教寺院的一种绘画形式,是藏传佛教文化的典型符号之一,具有鲜明的民族特点、浓重的宗教色彩和独特的艺术风格。2006年被列入国家非物质文化遗产名录。目前,西藏已有120名等级画师,唐卡画师近千名,从事唐卡产业的人数上万。全区涉及文化产业核心层的企业约3000家,其中与唐卡相关的企业占了10%以上。唐卡分为绘画唐卡、织物唐卡、印刷唐卡等几大类,传统绘画唐卡是藏族文化中的一种独具特色的绘画艺术形式,发展至今已有1400多年的历史,承载着藏族人民的宗教信仰和文化习俗,属于典型的思想传承型文化资源。由于唐卡凝聚着藏族文化的独特性和与佛教文化的神秘性,其他民族的人很难领会,所以该类文化资源很难挖掘,而且传统的生产是以家族传承或师徒传承的庭院式进行,难以进行大规模的产业化生产。传统唐卡的绘制要求严苛、程序极为复杂,必须按照经书中的仪轨及上师的要求进行。画师要清洗干净,焚香祷告,绘画时严守戒律,心如止水,完成的画不仅是一幅艺术作品,也是画师的功德。对于以佛教内容为题材的唐卡作为供奉物,必须装藏,并请喇嘛念经加持,予以开光。唐卡是信仰体系的一部分,藏民请唐卡,是用来对宗教的信仰和膜拜。近年来,随着新一轮"唐卡热"的兴起,唐卡走上产业化发展之路。2017年唐卡产业产值突破1亿元。国内消费市场以西藏拉萨、青海热贡等地为主,消费行为有收藏家收藏、信奉者供奉,以及游客爱好者购买纪念等。理论的意义在于指导实践,并通过实践来丰富理论。思想传承型文化资源理论提示,唐卡在其产业化过程中,要关注中高端市场,不可以过度营销。

2. 基于价值链的商业模式分析

西藏唐卡文化产业以唐卡的品牌价值以及作为藏品的增值空间为核心竞争力,保留家庭作坊、小工厂作坊、唐卡画院等传统生产形式,通过对唐卡制作工艺的精心打磨和品牌价值的提升,在旅游纪念品市场、拍卖收藏市场获取产品销售、价值增值等经济收入和文化效益。唐卡作为思想传承型文化资源，具有深厚的文化符号意义，其产业开发应以文化保护和动态传承为根本，即唐卡产业的价值持续与增值；同时，唐卡的价值在很大程度上也来源于制作工艺，因此产业链条的价值选择与实现环节同样重要（见图6-7）。

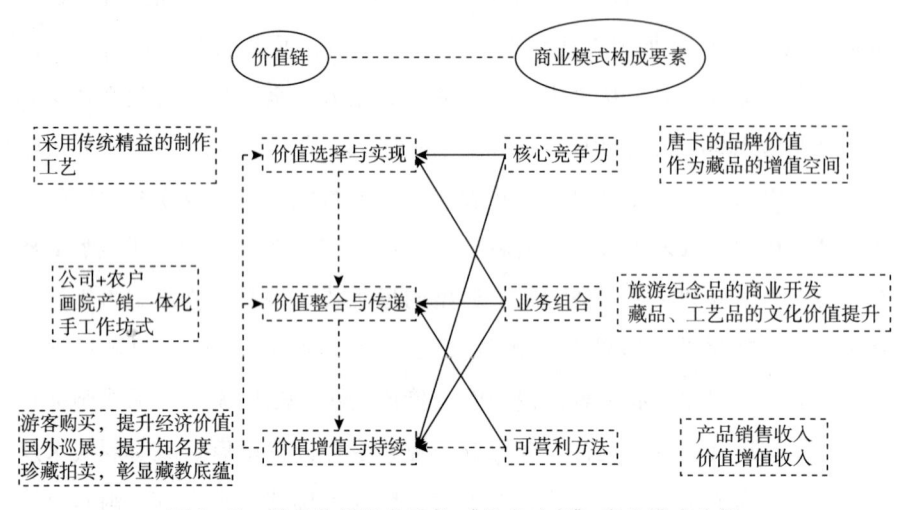

```
                    价值链 ---------------- 商业模式构成要素

采用传统精益的制作        价值选择与实现 ←→ 核心竞争力      唐卡的品牌价值
工艺                                                    作为藏品的增值空间

公司+农户
画院产销一体化           价值整合与传递 ←→ 业务组合        旅游纪念品的商业开发
手工作坊式                                               藏品、工艺品的文化价值提升

游客购买，提升经济价值
国外巡展，提升知名度     价值增值与持续 ←→ 可营利方法      产品销售收入
珍藏拍卖，彰显藏教底蕴                                    价值增值收入
```

图6-7　基于价值链角度的《云南映象》商业模式分析

（1）价值选择与实现——建设标准体系，保障传统工艺

近年来，西藏唐卡产业获得了长足的发展并形成了一定的规模，正处于历史发展的最好时期。但是，市场上充斥着各种参差不齐的西藏唐卡，搅乱了正常的市场秩序，现状亟待规范。没有标准，从生产、流通到销售各个环节都会出现以假乱真、以次充好的现象。制定标准，就可以保证质量，可以为西藏传统手绘唐卡正名，打击假冒伪劣产品，并保护、传承和发展好唐卡的传统工艺。同时，通过明确设置"最低门槛"，将粗制滥造、浑水摸鱼的企业和个人拒之门外，达到规范手绘唐卡市场和约束传承人的目的。

根据《造像量度经》以及历代唐卡画师的创作积累，编制《传统手绘唐卡地方标准》。标准遵循"统一性、协调性、适用性、一致性、规范性"原则，注重可执行性。《传统手绘唐卡地方标准》是对《造像量度经》的继承和发展,对于宗教类唐卡的绘制标准,需要严格遵照《造像量度经》的绘画规范进行制定。对于非宗教类唐卡绘制,应该用先进工艺替代老工艺,用环保绘画颜料代替传统颜料。这些措施有利于唐卡批量生产,逐步规模化,实现产业化。当然,对于复杂、规模宏大的唐卡,只能是单件制作,通常需要数名画师花费几年的时间才能完成。加快推进传统手绘唐卡标准的制定,有利于促进西藏民族文化繁荣发展,有利于优秀传统文化的传承发展,有利于提升西藏特色文化产业的竞争力。

(2) 价值整合与传递——"公司+农户+"品牌模式

近些年,西藏旅游业高速发展,带动唐卡市场异常火热。但是唐卡产业整体销售、生产和管理水平较低,企业的商业模式没有创新,经济效益没有达到预期。唐卡是藏族文化的瑰宝,不仅是艺术品,也具有宗教膜拜的功能。同时唐卡也具有形成产业的条件。但是唐卡产业散乱,主要表现为:企业规模不大,经营方式分散,产品大多以单一的旅游商品形式出现,失去了本身的特点而庸俗化。另外,有些形式上注册了公司,但是生产还是小作坊,甚至企业就一个人,根本不具备企业化的运作条件,导致唐卡产业形不成规模。为了从根本上解决资源散乱的现状,在各级政府的指导和帮助下,一些有条件的地区建设特色民族唐卡制作手工业基地,加快形成集产品开发、生产、销售、工艺展示于一体的唐卡手工业聚集区,扶持唐卡手工业龙头企业以及专业合作社发展壮大;再通过专业合作组织或龙头企业带动,采取"公司+农户""公司+农户+合作社""传承人+合作社+农户""互联网+唐卡手工业"等发展模式,引导唐卡手工业从分散生产转向产业化、规模化、市场化发展。指导各地唐卡手工业生产企业、专业合作社和个体实现标准化生产、产业化经营,并不断提升各种特色唐卡手工产品的品质。扶持发展专业合作社以及其他形式的联合体,切实发挥能工巧匠带头引领作用,促进唐卡手工业整村推进,集中连片进入唐卡市场。

西藏唐卡产业并没有特别的品牌,大多数人仅听说过西藏唐卡,几乎没有人可以说出唐卡的知名品牌,要发展唐卡产业必须塑造知名品牌。首先,应该建立西藏唐卡产品标识。其次,唐卡企业加大民族特色手工产品开发、生产工艺创新及包装设计力度，注重产品质量标准的制定、专利的申报和知识产权的保护，争创具有文化知识产权的中国驰名商标和西藏著名商标，增强西藏唐卡在国内外的品牌影响力。

(3) 价值增值与持续——传承为重，科技文创

唐卡艺术作为藏传佛教传播的一种载体，它代表了一种文化乃至精神信仰，唐卡因为拥有深厚的文化价值，因此具有艺术价值和升值空间。唐卡作为弥足珍贵的历史瑰宝，被列入非物质文化遗产名录，唐卡成为非遗类的艺术品，也有了更大的升值空间。在唐卡走向产业化的进程中，首先应该考虑的是对非遗文化的传承和保护，但是，一些唐卡生产者为迎合市场需求，将唐卡绘画艺术链条化，这种流水线式的生产方式，将原本优秀的唐卡绘画技艺肢解化、碎片化，任由简化传统工艺大量生产的唐卡充斥市场，逐渐流失了传统手工技艺的精髓，唐卡艺术价值大打折扣。从用于供奉的宗教用品成为一般艺术品，甚至成为纯粹营利的商品，唐卡面临着因简化制作工艺而失传的险境，这对唐卡的良性发展造成了极大冲击。

另外，按《造像量度经》要求，僧人或俗人绘唐卡前，要沐浴焚香，诵念经文，画师还会通过观修，祈请智慧之神文殊菩萨进入画师的躯体。画师的衣食住行也要遵循宗教的各种仪式。画师的个人能力、素质、品行都符合要求后，才能进行绘制。但如今，在拉萨八廓古城、青海隆务河畔，屡见不鲜的景象是，年轻的画师一边听着动感十足的流行音乐一边作画。这种有悖于传统的做法制作的唐卡不是真正的唐卡，也是对传承的一种离弃。

"艺术品"与"产业化"，应该如何融合以促进唐卡行业的良性发展？广阔的市场是传统工艺发展的重要条件，离开市场的支持，唐卡等民族传统文化技艺还可能面临失传的困境，应当通过市场这一平台，在保留艺术品民族特色和文化内涵的基础上，向着品牌知名度和产业价值空间的方向提升。

唐卡是一种手工的绘画工艺，传承人专注于高质量唐卡创作，因此完成一幅唐卡至少需要一个月或更长的时间，产量较少，艺术品质高的唐卡数量与市场之间存在供不应求的局面。

这也是唐卡产业化需要解决的问题。在传承中发展，一方面，针对大量喜爱唐卡的普通游客，在尊重民族传统价值观的前提下，为满足市场需要和利益诉求，在题材与审美方面放开了传统唐卡画师在量度、仪轨方面的限制，更好地去展现生产与生活。需求才是文化艺术发展的根本动力。另一方面，另辟蹊径，用科技打造唐卡文创品。北京798艺术区有一家名为"莲生妙相"的唐卡艺术中心，"唐卡数码版画"是"莲生妙相"近年来极力开拓的唐卡衍生产品之一。"莲生妙相"对外宣示，"唐卡数码版画"打通了"精品唐卡迎请费用过高的障碍"。而北京"金色度母"公司则直接将唐卡搬到了瓷器上，研制出"瓷艺唐卡"。"瓷艺唐卡"严格按照藏传佛教量度经的仪轨绘制，是一种独特的唐卡艺术形式，为非物质文化遗产的保护、传承和发展作出了贡献。

要依靠观念创新、体制创新、产品创新和服务创新，不同主体参与唐卡的创作和创新体系，不断推介唐卡艺术新成就，进一步传承、弘扬和挖掘唐卡艺术的文化价值和艺术价值，提高唐卡的社会化、产业化和市场化水平，使其成为民族地区经济发展的"新引擎"。

第四节　民族地区三类文化资源衍生产业的发展路径分析

各类文化资源的分类开发，并非简单地制造文化符号、文化产品和文化体验本身，还包括其传播以及传播之后为整个产业带来的衍生作用。各类文化资源的衍生产业发展需要从开发符合受众的审美需求入手，如挖掘文化符号、文化产品和文化体验深层含义；探索与拓展新型模式与传播渠道。

一　思想传承型文化资源衍生产业的发展路径分析

思想传承型文化资源可以建设以民族文化为蕴含的古代建筑、民族服饰、文物、民俗、神话传说等精品专题素材库，提供二/三维素材、动漫音效、创意参考等素材和资源类服务。将文化资源变成数字版权，通过数字化，将大量沉淀和沉默版权转变成鲜活的生产与生活资料，从创作端（版权）推动数字化以对接消费端的数据化，对原有的文化生态进行彻底的改革，变文化资源为生产生活要素，带来流动性、消费性和投资性的增加。此外，大众媒体及新媒体的渠道使符号以前所未有的方式快速传播。媒介作为符号转换和传播的中介，也呈现出多样化的形式：移动电视、数字电视、手机等新型的娱乐传播终端形式层出不穷。随着 5G 时代的到来，这些新媒体的受众会极大增加，所共同占据的市场份额总和可以逐渐超过那些种类不多的畅销商品所占据的市场份额的总和。因此，对于一些符号化比较明显的文化产业来说，要加快文化产品符号迅速传播，带动整个产业的发展，新媒体、新技术的力量将会越来越起决定作用。这需要与 IT 界、电信运营商、媒体、政府保持密切的联系才能顺利打通符号的传播渠道。

二 经验传播型文化资源衍生产业的发展路径分析

经验传播型文化资源从源头上都可以归集为非遗类，很多通过行为艺术传播来进行传承，表现为一些经典的歌舞，比如《云南映象》。围绕这个知名品牌可以衍生出很多产业，如以文化带动文化休闲旅游产业、推动艺术品产业、助力动漫游戏业等。在全域旅游的新理念下，一方面，协调整合原有的域内的旅游景区、展览馆、艺术馆、各类活动中心的文娱产品和项目、纪念品、礼品，提升服务和管理水平；另一方面，关注传播科技手段的变化，不断拓展营销渠道，面向消费市场不断推出创意新品。对于衍生品的认识打破传统的狭隘的旅游纪念品的概念，应该向更广的空间发展，除了徽章、书籍、明信片等外，还可以向具有实用性的日常用品、饰品等领域拓展。衍生产业的发展同样需要政府的政策引导和资金支持，让产品通过多元化渠道送到消费者手里。另外，利用互联网自媒体、众筹等衍生出更多产品形态和推广渠道，与互联网无缝对接，通过市场化、产品化、产业化、金融化、科技化、证券化衍生出更多的商机，通过文化要素市场形成定价，与各产业及大众消费对接，构成新的消费空间，在新创意下，生产、营销与消费资源优化组合，为消费者提供更好的衍生产品与服务。

三 旅游体验型文化资源衍生产业的发展路径分析

旅游体验型文化资源从旅游闭环向"旅游＋"开环合作方式转变。"＋"就是和农林牧、工商金融、文科体、教育、医药、水利、地质、海洋、环保、气象等产业的融合，借助互联网形成综合新产能。从旅游企业独家经营向全产业链共建共享转变。以旅游为导向，充分调动各参与方的积极性来整合资源，推动旅游发展共建共享机制建立。形成各部门联动机制，促进产业融合。比如，"旅游＋农业"衍生出多种形式、风格独特的乡村旅游，促进了新农村建设，还助农增收和推动乡村振兴工作。从单纯的景点景区接待国际游客和狭隘的国际合作向全域接待国际游客、全方位国际交流合作转变。"旅游＋"的衍生前景无限广阔，可以为民族地区带来前所未有的发展契机，如林业旅游、农业旅游、体育健身、生态旅游、商务旅游、研学旅游、科技旅游等。一切行业都是旅游业。旅游是超级产业平台，旅游对产业拉动作用远远大于产业对旅游促进作用，旅游是实现产业跨界整合的最好途径。旅游产品的文化设计将形成创新的核心灵魂，旅游这个无边界的产业，可以为旅游产品带来巨大的边际收益。

综上分析可以得出以下结论：衍生产业的发展取决于各类文化资源的创造性转化能力和转化程度。根据目前为止的研究和观察提出如下假说：各类文化资源的创造性转化能力取决于其行业拓展能力、渠道开发能力、内容产出能力和跨界整合能力。这一假说有待于后续研究进一步验证。尽管各类文化资源在转化能力和转化程度上存在差异，但是可以预见其在衍生路径方面有以下的发展趋势：跨行业的生产从同质竞争向区域协同方向发展；跨时空的传播从推动品牌形象向互联互通、智慧服务方面演化；跨市场的集聚从注重专业运营的低端集聚向推动区域资源涵养和产业集聚有机融合转变，推动区域文化资源与空间优化有机融合；跨界的融合从互动联通融合跨界到面向文化大数据，运用公开化平台思维帮助我们发现市场需求，不只关注传统的利润和数量数据，还要关注客户信息、消费动机与偏好等关键数据，找到文化价值的形成规律，从而构建文化价值体系。这将是未来文化产业最大的发展机遇。

第五节　民族地区三类文化资源与科技融合的发展路径分析

文化提升科技，科技植入展现文化，数字技术、虚拟现实（突破非遗传承与保护的瓶颈）全媒体技术推进文化资源的共享，文化科技融合成为转变经济发展方式、提振国民经济的新引擎。互联网、云计算、大数据、智能制造技术广泛覆盖公共文化服务、文化传承、对外文化交流、文化产业各领域。随着科技和经济的发展，民族地区丰富的民族文化资源需要顺应时代潮流进行数字化更新和适合传统文化展示、传播的数字技术，以融合发展为主要特点的新兴文化业态和文化业态的数字化升级将赋予优秀民族文化新的生命力。

一　思想传承型（符号化）文化资源可以借助数字化技术活起来，让观众产生足具震撼力的新体验

3D、4D、虚拟现实、增强现实、元宇宙正逐渐被引入历史文化保护和传承中，未来，不仅可以使参观一场全部由数字技术实现的没有文物的文物展成为可能，而且可以让博物馆中那些收藏禁用的文物、在遗址上的遗产、在古籍里的文字都活起来。这些现代科技增强文化遗产保护和传承的手段，增加了观众的体验与互动。以"故宫书画的全媒体传播策略和关键技术研究"项目为例，这个项目对故宫书画藏品的传播途径进行有效整合，可在线浏览10亿像素大影像、组织与调用多媒体标注数据、高清影像

的鲁棒的数字水印嵌入/提取算法3项关键技术在业界达到领先水平；研发了《韩熙载夜宴图》App、故宫名画记网站、端门数字馆数字长卷等项目，让古代名画上的人物都能鲜活起来。

以数字化敦煌莫高窟为例，共有735个石窟的敦煌莫高窟，是集成建筑、彩塑、壁画的文化艺术宝库。然而受自然条件、地理环境、旅游开发等因素的影响，莫高窟正经受严重的侵蚀。数字化获取与处理技术，则为保护、研究与弘扬敦煌石窟找到了新的方法与途径。数字化敦煌石窟壁画彩塑，不仅永久保存了文物信息，还可为敦煌石窟文物本体保护提供可以比对的准确和详细的信息资料，并可以制作虚拟洞窟的方式供游客参观欣赏，减少石窟开放的压力，进而有效地保护壁画。

利用数字技术促进文物古籍数字化展示、文物三维影像数据采集，形成民族地区博物馆业IP资源，通过IP资源开展对外合作，开发思想传承类文化资源文创产品。通过数字图书馆推广等公共文化服务工程实现文化信息资源共享，利用云技术解决信息孤岛问题。通过打破网络传输的瓶颈，实现对文化信息资源的全区管理、监测，建立新型公共数字文化服务模式。

二 经验传播型（手艺化）文化资源要植入科技，引领其转型升级

经验传播型文化资源主要涉及民族地区的各类特色文化产业，如传统手工艺品、民族歌舞、特色饮食文化产业、节庆日展示等活动通过文化创意在各个环节引入科技手段进行技术或结构的转型升级，向着提升文化产品的附加值和传承价值的方向优化。举例来说，为了让传统工艺与现代生活更好融合，国家级"丝绸织锦文化创意与工艺创新及示范推广"文化创新工程项目，使用现代数码仿真彩色丝织技术，使织锦工艺由20多种所能表现的颜色种类增加到近千种，由传统的每平方英寸不超过300根，在工艺精细度上提高到600根以上，首次实现了中国传统织锦的数字化设计与制作，为传承和弘扬我国优秀传统工艺、实现传统工艺的转型和升级开辟

了有效路径。

三 旅游体验型（个性化）文化资源要打造智慧平台，提升品牌形象

可将静态的历史文化通过创意设计，活化为可以身临其境、参与互动、有娱乐趣味的旅游体验，将历史人文、现代科技、民俗节庆等文化因素，综合植入项目的整体定位与每个细节中，实现产品的价值创新。VR技术让游客戴上一个特制的眼镜就可以尽览敦煌莫高窟的壮美与精细。"旅游+科技"催生了智慧旅游。AI、VR、大数据等高技术和产品的应用，让旅游越来越随心所欲。当今的旅游与越来越多的行业领域进行跨界合作，旅游正在步入一个新的天地。

综上可见，文化和科技关系密切、互为支撑、互相影响。先进文化是科技发展的思想源泉，科技发展是推动文化前进变革的有力支撑。文化承载着引导社会进步与提升社会文明的重要功能，先进文化能够从主导价值取向、激发创新活力、提高思维水平等方面对科技发展起到引领作用。科技发展不仅能提高文化的传播力和影响力，而且能影响人们的思维方式和生活方式，进而创新文化产业的内容和形式，推动文化产业繁荣。文化与科技深度融合，有利于丰富文化样式业态、满足人们多样化文化需求、提升中华文化国际影响力。总之，文化与科技的融合不仅体现在物质生活层面，而且体现在制度层面和精神活动层面。科技水平和数字技术的不断升级，提升了文化产品和服务的科技含量，促进了传统产业的更新换代，提升了文化产业的能级，使其向高技术、高集约化不断演变。随着文化产业规模的不断扩大，科技的支撑作用有待强化。可以得出的又一个结论是文化产业转型升级需要科技引领。

第七章 文化产业经济效益和社会效益的评价研究

文化产业自20世纪90年代中期在英国被提出之后,经过30多年发展已经成为引领国家产业创新和发展的一股重要力量,尤其是在全球经济增长放缓、经济增长方式亟须转型的大环境下,各国纷纷将经济转型的关注点和突破点放在了文化产业上。文化产业每天为整个世界创造着高达230亿美元的经济价值,并且这个经济价值还在以每年5%的速度递增。在市场经济条件下,文化产业不仅具有经济效益,即创造经济收益的能力,更重要的是它具有社会效益即意识形态的政治导向和价值取向。其文化内容和精神因素对人与社会的生存发展所具有的作用、影响、意义更加深远。它能直接满足人们的精神文化需求,具有树立人们世界观、人生观、价值观的作用,具有提高消费者教育水平、审美水平、认识水平和伦理水平等综合素质的功能,达到积累创造民族文化、凝聚民族精神、传承历史文化等目的。2017年,全国文化及相关产业增加值为34722亿元,占GDP的比重为4.2%,比2016年提高0.06个百分点,同比增长速度连续7年达到了10%以上。文化产业在蓬勃发展的过程中也出现了社会效益不高、地区的发展不均衡、文化产品的社会效益和经济效益不统一等问题,一方面表现在过度重视经济效益而忽视社会效益;另一方面也由于曲解了文化产业的社会效益带来文化产业社会效益和经济效益的矛盾,如将文化产品的社会效益的实现与获奖捆绑在一起,这种目标的设定会导致为了获取指标上的社会效益而创造奖项,为了获奖进行无意义的包装炒作,这些都不利于文化产业健康发展。有效认知与管控文化产业发展的成效是文化产业快速发展过程中迫在眉睫的要求，为此，需要制定正确的文化产业经济效益和社会效益评价指标，对各地区的文化产业发展的效益进行有效的衡量，将有助于地区正确定位自身并制定正确的发展目标、方向和路径。

在市场经济的条件下，文化产业不仅具有经济效益，即为企业带来收入及利润、为社会带来产业结构转型升级、创造经济收益；更重要的是它的精神导向作用，即通过为社会提供丰富的文化产品和服务，影响消费者的心理、提升社会创新能力及增强中国国际影响力的社会效益。本章运用主成分分析和聚类分析的方法对我国 31 个省份（不含港澳台）的文化产业经济效益、社会效益和整体效益进行评价和分析。数据以 2018 年《中国统计年鉴》、《中国文化及相关产业统计年鉴》及《中国文化文物统计年鉴》为来源。

第一节　文化产业的社会效益和经济效益

文化产业在产出过程中不仅生产了文化的实物产品，也在文化及相关产业的生产及经营活动中为社会提供着精神财富。这就决定了文化产业不仅具有经济属性，也具有社会属性。这两个属性对社会的贡献就体现为文化的经济效益和社会效益。文化产业的双重效益有与其他产业的同类效益相同之处，但是由于文化产业的产品和服务所拥有的文化性和思想性的特征，其社会效益相比其他产业更丰富。

一　社会效益和经济效益基本内涵

1. 社会效益基本内涵

社会效益是某种活动所产生的在经济效益之外的对社会生活有益的效果和利益。从对消费者的角度讲，生产经营活动的社会效益，指的是生产的产品和提供的服务能够满足人民日益增长的美好生活需要；从对社会的角度讲，是生产经营活动为社会发展带来的有益的方面。

从对消费者的影响角度讲，生产经营活动最终产出了产品和服务，企业为了能够销售出去自己产出的产品和服务，一定是面向社会的消费者所设计与产出的。生产活动对人的影响发生在消费者购买企业所生产的商品、享受企业所提供的服务之后。他们在消费产品、享受服务的过程中不仅满足了自身的物质需求和精神需求，同时因为商品和服务对自己的思维产生影响，所以必然会被生产经营活动所影响。

生产活动对社会的影响不仅表现在对消费者的影响上，这个影响很大一部分也发生在生产经营活动中，首先就表现在生产实践活动对社会就业的影响。生产实践活动在生产经营活动中的社会影响主要表现在雇用劳动力，在生产过程中投入劳动成本、创造了就业机会并为劳动者提供工资收入。生产活动对社会就业的影响并不止步于此，劳动者的工资收入能够满足劳动者在社会上的消费目的，达到消费的乘数效应，促进整个社会消费和收入的增长。社会劳动力就业问题的解决还能够帮助社会秩序的稳定，反过来也为生产经营活动创造了良好的社会环境。

生产活动对社会的影响也作用在以这个行业为基础的社会再生产以及资源再分配上。这样就牵扯到社会各个领域、各个阶层以及生产参与者的利益。当一个新技术在行业中被发明及采用，其溢出效应将决定这个技术所产生的效益并不会仅仅帮助技术的发明者自身以及新技术的消费者效益的提升，其更大的效益将会作用在同一个行业甚至跨行业上：新技术会被同行业的其他公司，甚至其他行业的公司所运用，最后提升了社会总体生产效率。比如，电子计算机和互联网产业的技术创新和应用在整个行业中扩散十分迅速，成为促进整个行业不断创新的动力。当电子计算机和互联网的技术运用在制造业生产中，就形成了制造业信息化的新潮流，其成果有效地促进了制造业生产效率的提升，并已经成为促进制造业升级转型的重要方式。

2. 经济效益基本内涵

经济效益主要是指社会生产过程中的经济得利。生产过程的经济过程大体上是通过成本的投入，获取产品收入，得到利润。生产过程中的成本投入用于生产资料（材料+使用费）的消耗以及人力资源（人工）的消耗，这些消耗是企业主体进行生产活动的基本成本投入。企业的经济收入是企业生产活动所获得的货币收入，是生产经营活动中生产主体的货币所得。生产活动的企业主体进行生产经营活动的目的就是利益的获得，以补充生产过程中损失的劳动力及原料成本，并且扩大再生产。判断企业的经济效益不仅看企业经营利润，也要从成本和收入来进行综合评判。

从整个国民经济的角度来说，产业要成为国民经济结构的重要部分，其生产和发展不仅要能够促进国民经济数量方面的增长，也要能在质的方面对国民经济结构有着良性影响。对于经济发展处于初级阶段的国家来说，农业产业可能是国民经济中数量和结构的重要部分。但是为了促进国民经济的健康发展和升级，就必须调整经济结构，大力促进工业制造业的发展。而对于工业制造业已经达到支柱地位的发达国家来说，它们已经将经济结构调整的重心放在了信息产业以及文化产业等新兴经济增长点上。

二 文化产业社会效益的表现方式

文化产业与其他产业不同，其生产/提供文化性、精神性产品和服务，其精神、物质双属性决定了文化产业比其他产业的社会效益会更加丰富。除了物质生产，还要进行文化生产，就是因为人们除了物质消费需求之外，还有更高层次的精神消费需求。对于文化产业来说，产品和服务所表现的精神性是第一位的，物质性是从属的，在物质性生产上与其他产业生产活动相同。文化产业的意识形态属性，令其生产极具主观灵活性、个性和多样性，而物质生产领域则完全不同，在灵活性等方面受到消费者实用需求等的制约。由此可见，文化产业的生产及其对社会的影响从根本上不同于物质生产领域。

除了与其他行业相同的满足人们生活需求、解决社会就业、影响社会再生产以及资源再分配的社会效益之外，文化产业的社会影响在很大程度上发生在其产品和服务所传达的思想对人们的影响上。这些思想能够让人们在阅读和观看文化产品、享受文化服务等过程中不由自主地在思想、认知、审美和文化素养方面受到影响。不能因为文化产业具有市场化的表现形态就忽视了其对社会文化及消费者思想意识的贡献。

1. 为社会创作大量的文化产品和提供丰富的文化服务

提供丰富的文化产品和服务是文化产业的社会效益的首要表现。通过提供丰富的文化产品和服务,文化产业能够达到满足消费者需求的目的,而只有在数量和质量上达到足够丰富度的文化产品和服务才有能力满足人民群众丰富多样的精神需求。文化产业的社会效益实现途径首先表现在提供物质性的产品以及服务上。这些产品和服务在生产中,就注入极强的文化属性。通过传播,文化产品所展示的思想和价值作用于人的精神世界,满足了人们的精神消费需求、影响着人的生活态度和生存方式、改变人观察世界和认识世界的思维模式,进而影响人的社会行为。在文化已经大众化的状态下,思想和精神的传播以及人们精神文化需求的实现必须通过一定的介质,在现代社会,就是要借助文化产业产品的购买、流通和传播才能实现。

文化服务主要指各种形式的文艺表演、图书馆和博物馆等推广文化信息的活动。文化服务的消费也是满足消费者精神需求、对消费者的精神产生影响的重要途径。例如,舞台剧,演员人物造型、姿态、动作、对话等,会产生视觉和听觉上的冲击。同时,舞台剧的形象和故事能够使观众的思想和精神受到潜移默化的影响。文化服务的高质量能产生满足人们精神发展需要的正能量,更好地传播先进的思想,达到宣传的目的。

一般文化产品是有形的而文化服务是无形的,消费群体在消费文化过程中,都会受到文化产品和服务的价值取向、思想观念和生活方式的影响,潜移默化地改变着其价值观。电影、电视、舞台剧、互联网、文学作品等各种文化制作和传播媒体,正以其丰富的产品和服务影响和改变着人的生活品质。对于承载文化产业社会效益的文化产品和服务,其高水平和高质量是提升广大人民群众精神文化、审美标准、价值观念和道德水平的重要途径。

2. 影响消费者的心理

文化产业的社会影响更重要的方面是对消费者的心理、思维的影响,也就是消费者受到文化产品生产经营活动中所传达的思想的影响程度。消费者是通过对文化产品的购买与活动的参与，对文化产品和服务所传达的精神内核进行吸收，这样文化产业的思想、价值观念就能够达到在社会上宣传与传播的目的。消费者在文化产品和服务的使用和体验中，不仅在心理上产生精神愉悦的舒适感，而且产生审美以及价值观的认同感。

首先，消费者从文化产业体验到什么是幸福。文化产业围绕幸福感进行设计、生产和销售。除了通过文化有形产品如书籍等满足消费者的阅读需求，文化产业还有大量服务行业，为消费者提供心灵服务，如歌舞表演、影视戏剧、会展广告等，在某种程度上满足消费者悦智、悦神与悦情的心灵需要。

其次，文化产业丰富了消费者的认知。现代社会人们获取知识的途径并不仅限于学校教育，书籍、电视片、电影等甚至超越学校教育之外的渠道成为人们获取知识的最重要途径。通过与这些文化产品的交互，消费者能够得到现实生活和实践的各种经验和知识。

再次，文化产业影响着社会的审美。文化产业的产品具有启迪与引导作用，优秀文化产业作品能够培养人民群众审美观、增加对艺术的感受力与判断力、增进国民的德育/美育水平，而粗劣的文化产品则会拉低整个社会的审美水平。因此，加大文化产品的审查力度、为社会创造良好的文化产品氛围也是政府的工作重点。

最后，文化产业也在潜移默化地影响消费者的价值观。普通民众通过观看或者体验文化产品或服务，会深受文化情景的打动，进而和文化场景所传递的审美观、价值观产生共鸣，在潜移默化中接纳其核心价值观。文化产业的产品和服务，通过正确宣传社会与人生的价值取向，正确抒写道德与责任，能够对人民群众起到正确的道德引领作用。世界各国的政府都在通过文化产业向全国甚至全世界宣扬自己的价值观，比如美国之音制作的被誉为"一部活的教科书"的英语节目，在带领人们学习纯正美语的同时，也灌输了美式文化与价值理念。

3. 营造社会创新能力

在现代社会创新与发展中，文化产业的创新已经成为最重要推动力之一。任何产业创新的关键都在于发明者思想、思维方法的突破，而这些都属于文化意识的领域。任何创新的驱动都具有内生性，创新文化产品的原动力由于内生性而相互作用、相互借力，聚合成社会自主创新的氛围，使整个社会创新能力得以提升；应当以文化产业价值链创新为契机，推动关联行业的技术进步和创新能力的提高。通过文化产品和服务思想的传播，以及对受众思想和思维的影响，达到促进社会创新的效果。随着近年来倡导"双创"，文化产业的创业创意人才队伍不断扩大，各种创新层出不穷，供需双方通过互联网共同参与文创活动，充分释放社会整体创造力。要形成创新型社会，需要文化的力量推动以创新为核心的经济发展、人才的培育和社会创新体系的塑造。

文化产业创新主要有两种表现形式：一种是文化产业形式的创新，另一种是文化产业内容的创新。第一种是文化产业的载体，载体的创新能够帮助生成文化产业的新业态；第二种是文化产业所承载的内核的创新，能够形成新的思想和精神。比如，电子书形式的出现让图书出版的形式得到了革新，催生了新的电子书行业的兴起。电子书所传播的内容里涵盖的新思想则会帮助社会形成新的思想潮流。网络播放形式的出现改变了舞台剧、电视剧的播放方式，并且成为国家经济的一大增长点，而舞台剧以及电视剧的形式和内容所包含的创新思想也会在社会上形成新的影响。文化产业的现代化需要科技创新支撑产品及制造的革新，但是文化产业所传播的思想和内容的创新则是社会新潮流的源头。

4. 增强国家软实力

随着经济全球化，很多国家从国家安全与竞争优势的高度来审视文化影响力。我国文化产业的发展水平直接决定着国家文化软实力的水准。文化产业的意识形态以及精神影响力，能够通过引领人们的价值观念增强文化软实力。世界上主要的发达国家都在世界范围内通过文化产品的形式宣传本国的文化以及价值观念。例如，美国的好莱坞电影传播到中国之后，不仅在中国观众中赚取了丰厚的经济利润，更让电影的受众在不知不觉中了解了美国的文化，让观众在观看电影的过程中受到美国文化以及价值观潜移默化的影响。

我国具有丰厚的传统文化，发展文化产业需要担当起向世界展示我们历史悠久的传统文化、加强对外文化的传播效果、增强我国的国际话语权、提升我国的文化软实力的职责。但是现在中国文化产业并不如发达国家一般具有强大影响力,其中一个重要的"撒切尔命题"曾在中国的学术界和舆论界广泛讨论:虽然中国能够向世界出口电视机,但是并不能向世界出口电视节目。作为文化思想重要载体的电视节目的出口应当作为文化出口的一个重要形式,才有可能担当起向世界展示中国优秀的文化、宣传中国价值观、提升国家软实力的任务。

三 文化产业经济效益的表现方式

文化产业与其他类型的产业一样都追求经济效益,即都包括生产流通过程和文化服务的消费过程,都涉及基本的买卖行为,即发生着经济关系。文化产业作为一种产业要有经济效益,文化产业经济指标是产业生存、发展和考察产业影响的客观、可行的指标。文化产业的经济效益也需要通过消费者对文化产品和服务的消费,才能够推动经济发展,从而达到拉动经济增长的目标。

1. 为企业带来收入及利润

文化产业的经济效益指文化产业的主体在充分发掘、合理开发文化资源的基础上,通过生产优良的文化产品及提供丰富的文化服务所创造出的营业收入。这种产值用货币来表示,就是文化产业创造的产值。产值和生产成本之间的比例关系就是经济效益。文化企业作为市场经营的主体,不可避免受到利益最大化的驱使,不仅会注重最终的营业收入,也会从利润以及投入产出方面衡量产业活动的盈利。

从文化产业参与主体来说,企业经济活动的好与坏是通过经济效益来综合反映的,赢利状况、资产状况、运行状况、经济收入等,都是评判文化产业主体经济效益经营状况的重要指标。高效益的文化产业生产主体要做到尽量少的资金占用、成本支出,尽量多的有用成果产出。提高经济效益,离不开提高劳动生产效率,劳动生产率是指有效的产出,可以被定量地计算规划与实现。

2. 为社会带来产业结构转型及升级

从国民经济总体角度来说,文化产业的经济效益可以带动产业结构的转型和升级。首先，在一些发达国家，文化产业已经成为经济的重要支柱。进入新经济时代以来，全面改变了技术路线、产业结构、组织形态，并推动供应链、产业链、价值链和空间的再造，文化产业脱颖而出成为各行业的领头羊和新经济的增长点。在中国，文化产业正在逐渐成为支柱性产业，中国在努力发展文化产业使之成为 GDP 重要的组成部分和经济增长点。自 2009 年《文化产业振兴规划》提出以来，文化产业不仅迅速增长，也推动其他产业经济增长，文化产业增加值占 GDP 比重逐年提高，党的十九大以来文化产业整体保持快速增长的态势。

其次，文化产业的兴起，结构性地改变了现代经济增长方式。在文化产业的高附加值引领下，文化产业自身发展强劲，也会吸引其他产业的参与，跨界联合在整个社会经济层面较大范围的出现。尤其在中国出现了淘汰旧产能、以传统产业转型调整为标志的供给侧改革背景下，依靠快速成长方式及广泛的渗透力、影响力和亲和力，文化产业也成为跨界整合的引领者。文化产业具有超强的吸引力与其在同其他产业的融合中所展现出的轻资产、优结构、去污染与可持续等特性紧密相关，不仅让第三产业的比重增加进而从数量上改变经济结构，还能通过提升传统产业的文化内涵和品质从质量上改变经济结构。对传统制造业和服务业，一些落后产业通过植入文化因素获得新生，找到新的经济增长点，全面提升产业结构和效益。与文化产业的融合，使得第二、三产业界限日益模糊，以文创理念代替传统思维，以"互联网+"改造传统的运营结构，推动传统产业向战略性新兴产业转型升级，战略性新兴产业及相关产业都有文化新业态的标志，会产生高附加值。

最后，文化产业对包括自身在内的许多新兴产业的发展也发挥着重要的促进作用。

新兴产业可以归为三类：一是新技术产业化形成的产业，比如，元宇宙产业，由于数字技术的发展，被认为是未来非常有前景的新兴产业；二是用高新技术改造传统产业形成的新产业，比如，用新技术改造传统的流通业，变成现在的物流产业；三是对社会公益事业进行产业化运作，比如，将文化事业进行产业化改造。这些新兴产业都是被新技术所改造或创造出来的，新技术本身以及产业的形成过程都渗透着思维和文化的创新。文化产业以创新打造自身的方式去影响新技术所形成的三类新兴产业，进而也具有了文化产业的一些属性，比如，发展潜力较大、附加值高、融合性强、结构优化、节能环保。文化产业所独有的社会效益属性，对新兴产业的影响还体现在社会生态环境、社会创新氛围和创新人才的培育上。近年来，虚拟经济得到长足发展，推动了脱实向虚的趋势，但是实体经济才是社会发展的根本，文化产业推动了这些归属于实体经济的新兴产业的形成与发展，推动了文化产业和新兴产业的深度融合、互惠互利、共同发展。可以看出，近年来文化产业规模上去了，一大批新兴的朝阳产业也获得高速发展。总之，我国许多新兴产业的发展需要通过文化产业的发展提供创新的资源和发展路径。

第二节 文化产业发展状况的评价研究综述

虽然国内关于文化产业社会效益和经济效益的评价研究并不成熟，但是关于文化产业总体竞争力的国内外研究却不在少数，并且在定性研究和定量研究方面都已有了比较成形的成果，这对于本书研究文化产业社会效益和经济效益提供了非常好的理论支持。

一 国外文化产业发展状况的评价研究

国外较为典型的是被广泛用在欧洲国家的文化创意活力以及产业竞争力研究上的欧洲文化创意产业指数体系。这个体系是理查德·弗罗里达在其著作《创意经济》[①] 中首次提出的，其理论基础是来自其 2002 年的《创意阶层的崛起》[②] 中对美国文化产业发展暨文化创意产业经济和特色的研究。欧洲创意指数体系主要由三方面构成，包括人才指数、技术指数，以

---

① 〔美〕理查德·弗罗里达：《创意经济》，方海萍、魏清江译，中国人民大学出版社，2006，第 37~38 页。
② 〔美〕理查德·弗罗里达：《创意阶层的崛起》，司徒爱勤译，中信出版社，2010。

及包容性指数,即"3Ts"——Talent、Technology、Tolerance。其中人才指数包括文化创意产业从业人员占比,学士及以上学位人员占比,研究工作人员及工程师占比;技术指数包括研发支出占GDP比例,专利申请量,高新技术专利申请量;包容性指数主要由主被动宽容人数比,传统观念否定程度和个人权利与自我实现重视程度。这个指数体系没有包括产业的利润和收入方面,更偏向于产业的社会效益。而且由于该指数体系产生于西方自由主义经济基础上,因此在包容性指数上更多地表现了文化的包容度和自由度,比如将文化中自我的表现度,甚至社会对同性恋文化的包容度等都纳入文化创意产业的评价体系中。

二 国内文化产业发展状况的评价研究

国内的文化产业评价研究主要有四种情况,第一种是以国家行政学院祁述裕等[①]的研究为代表的基于迈克尔·波特的钻石理论的文化产业竞争力模型,该模型以国际宏观视角为基础,侧重文化产业的外部竞争力评价,同时结合我国文化产业发展规律,将政府行为从辅助因素升级为重要决定因素,共67个评价指标。

第二种是中国人民大学的赵彦云等[②]从文化产业的运行逻辑机理角度出发构建的评价指标体系。这个体系不仅扩展了文化产业竞争力评价的广度,多见于艺术、商业和文化类产业类型,也拓展了文化产业竞争力的深度,按照文化产业"生产者+人力资源+文化资源和设施-文化产品和服务的生产-商业和公共文化消费市场"过程构建了一套比较完整全面的文化产业竞争力现状评价研究体系。这个体系共有106个指标。

第三种是以南京大学的顾江等[③]为代表的以层次模型为基础的文化产

---

① 祁述裕、殷国俊:《中国文化产业国际竞争力评价和若干建议》,《国家行政学院学报》2005年第2期。
② 赵彦云、余毅、马文涛:《中国文化产业竞争力评价和分析》,《中国人民大学学报》2006年第4期。
③ 顾江、高莉莉:《我国省际文化产业竞争力评价与提升——基于31省市数据的实证分析》,《福建论坛》(人文社会科学版)2012年第8期。

业竞争力模型。顾江等的研究将竞争力分为微观、中观和宏观三个层次，并将竞争模型从具体到综合、从经济性到社会性两个维度扩展了市场拓展能力、成本控制能力、整体创新能力和持续发展能力等评价指标，从文化产业的内部竞争力视角构建了文化产业竞争力模型。

第四种是国内的文化产业指数模型。这种评价指标体系根据区域影响力找出有代表性的 3 个，国内首次提出编制"中国文化产业发展指数"的理论模型：我国第一个城市创意指数"上海文化创意产业指数"；总结了 Florida 的"3Ts"指数推出的香港文化创意产业指数。其中香港文化创意产业指数是基于欧洲文化创意产业指数而建立的，但是增加了社会政治因素以及文化产业对经济贡献率等指标。"上海文化创意产业指数"模型在编制的时候根据每个指标的重要程度设定了权重，方便后续进行标准化的评估。"中国文化产业发展指数"由胡惠林、王婧[①]编制，将发展指数分为两个维度——表征指数和内涵指数，其中表征指数研究全国 31 个省份的文化发展，内涵指数探究文化产业总体的动态和发展机制，在当时属于文化产业定量研究集大成之作。但是在 2012 年之后随着中华人民共和国统计局新版《文化及相关产业分类》的再定义，《中国文化及相关产业统计年鉴》及其他年鉴中关于文化产业一些指标有所变动，因此在胡惠林、王婧的研究指标体系中少数指标出现了不完全或者不准确的情况（见表 7 - 1）。

表 7 - 1　文化产业评价指标体系

模型	评价代表	一级指标	二级指标
钻石模型	祁述裕等	生产要素系统	人力、资本、基础和文化资源
		需求状况系统	社会对文化及相关产业的需求
		相关辅助产业系统	文化相关产业的需求
		文化企业战略系统	企业经营战略、竞争状况等
		政府行为系统	政府政策、效率、信誉等

[①] 胡惠林、王婧：《中国文化产业发展指数报告》，《中国文化产业评论》2012 年第 2 期。

续表

模型	评价代表	一级指标	二级指标
过程模型	赵彦云等	文化实力竞争力	总体水平（文化产业增加值、总支出等），发展潜力（文化产业固定资产投资占GDP比重、文化产业累计固定投资额等），就业规模（文化产业从业人员人数及占比），文化消费需求（人均消费支出、人均文化消费支出、小学及以上文化程度人口占比）
		市场收益竞争力	出版市场、图书市场、文化文物业、艺术演出、音像制品、文化娱乐业经营等收入
		文化产出竞争力	艺术演出场次、艺术演出观众人次、文物机构活动数、文物机构参观人次、音像发行数、图书出版数等
		公共文化消费竞争力	图书馆流通人次、图书馆活动人次、文化馆展览个数、文化馆训练班结业人次、文化俱乐部个数、文化中心个数等
		人才和科研竞争力	人力资本（各类文化文物业机构高级职称人数）、文化科研（各类文化科研机构科研项目及刊物数）、文化装备（文化类科研机构设备购置及保护费）、文化教育（文化教育部门在校生数及毕业生数）
		政府文化竞争力	文化艺术（各类文化机构上级补助）、群众文化（图书馆及群众文化机构补助）、科研教育（文化文物科研机构补助）
		文化资源和基础设施竞争力	文化资源（文物藏品数、图书数等），图书馆设施（图书馆面积、坐席等），文物与文化教育设施（文物业机构及部门用房、固定资产），娱乐表演设施（艺术表演坐席、固定资产、使用面积等）
层次模型	顾江等	市场拓展能力	文化产业增加值、人均文化产业增加值等
		成本控制能力	产业效益（首创剧目数、万元资产利润率等），产业关联（人均文化产业支出额、出境游比例、国际旅游收入）
		整体创新能力	产业资源（文化遗产数目、高等教育及以上毕业生、文化及相关产业固定投资额），产业能力（科研项目数、高校高级职称占比）
		持续发展能力	产业结构（文化及相关产业总资产、利润率等），产业环境（图书馆流通人次、出版物发行机构、艺术表演场所单位数、文化事业费占财政支出比重）

续表

模型	评价代表	一级指标	二级指标
指数模型	香港文化创意产业指数	创意成果	创意的经济贡献、经济层面的创意活动等
		人力资本	研究支出、教育支出、发展支出、高等教育人口数等
		社会资本	社会人口素质、社会资本支出等
		结构及制度资本	司法公正、新闻自由、社会包容指数等
		文化资本	文化态度、文化支出等
	上海文化创意产业指数	产业规模	产业增加值占比、人均 GDP
		科技研发	科研经费占比、高技术产权实现产值占比等
		文化环境	家庭文化产业消费支出、图书馆图书书目、艺术表演数、博物馆及纪念馆数等
		人力资源	高等学校入学率、在校学生人数等
		社会环境	全社会劳动生产率、社会安全指数、基础设施投资等
	中国文化产业发展指数	文化产业发展表征指数	文化产业发展水平（文化产业发展规模、速度、重要程度、集中程度），文化产业发展经济影响，文化产业发展社会文化影响（就业贡献、人文发展状况、文化参与程度），文化产业发展模式（资源转换无形资产和资本能力）
		文化产业发展内涵指数	文化资源丰富程度、关键文化产业发展水平、文化产业布局和产业结构、文化产业增长方式、文化市场主体、各类文化市场、文化产品流通组织和方式、骨干文化企业、对外文化贸易、文化产业政策、文化产业创新能力、社会经济基础

尽管关于文化产业总体竞争力的研究不在少数，但国内关于文化产业社会效益和经济效益的评价研究还停留在并不成熟的定性研究阶段，亟须加强定量研究，尤其是对文化产业效益建立相关指标体系的比较研究和分类研究、丰富文化产业经济效益和社会效益评价的方法研究等有待深入展开。

三 文化产业社会效益和经济效益的评价研究

王永章[①]定义了文化产业的经济效益和社会效益，指出一个文化企业

---

① 王永章：《关于社会效益与经济效益的辩证关系》，《中国文化产业评论》2003 年第 1 期。

通过生产、销售文化产品或提供文化服务，产生一定的利润回报构成经济效益，用经济指标和统计数字来反映。文化产品和文化服务对社会所产生的效应就是企业的社会效益，通过公众反映和社会评价体系来反映。两种效益实现形式非常不同，衡量尺度和标准也不一样。

黄英和王雅林[①]将文化产业的效益分为两个层级，将经济效益称为第一层级效益，将社会效益放在第二层级。黄英和王雅林强调，必须将第一层级的以财富积聚为主的经济效益转化为第二层级的社会文化效益，通过第一层级的效益提升人们的文化素养和生活质量。通过第二层级的效益提升社会治理能力和生命质量，更注重文化产业的社会发展理论方面的研究，以及如何实现人的全面发展，而不是停留在唯物质、消费和金钱主义至上的层面。通过经济效益促进社会效益，通过第一层级（经济效益）的提升促使第二层级（社会效益）的发展，最终实现人的全面发展，这是文化产业发展的最终目的。

张佼[②]在分析湖南省文化产业发展的时候，借助文化产业的评价指标，运用专家打分、模糊数学综合判定等方法，综合评价了湖南省文化产业的发展状况，并进行 SWOT 分析，定量预测未来的发展趋势。最后，通过 SWOT 分析，对湖南省发展文化产业从政府、产业、企业等多个层面提出了对策建议。

赵高斌[③]通过对文化产业发达地区的研究，得出文化产业的社会效益主要包含"促进区域竞争力""保证经济社会可持续发展""提升居民幸福感"三个方面，并以这三个方面为基准，详细分析了文化产业之于西安市居民的认知状况、在西安发展现状和存在的问题，进而明确提出西安市文化产业发展方向以及应该遵循充分发挥社会效益的要求，促进西安文化产业的社会效益和经济效益协调发展的对策。

[①] 黄英、王雅林：《文化产业双重效益的实现机制研究》，《学术交流》2009 年第 5 期。
[②] 张佼：《湖南省文化产业综合评价与发展对策研究》，河北农业大学硕士学位论文，2010。
[③] 赵高斌：《文化产业的社会效益研究》，西北大学硕士学位论文，2013。

于泽[1]对文化产业的经济效益和社会效益运用熵权法分别进行了权重计算和评分计算。在社会效益的评价上，根据熵权计算步骤，给出了6个一级指标（包括社会贡献、支持度、责任、影响度、文化设施覆盖率、文化产业及其产品品牌示范效应）及33个二级评价指标的权重。在经济效益的衡量上选取了文化产业增加值占GDP重等9个经济指标进行衡量。评价结果表明采用熵权客观赋值法确定权重是比较接近实际的，通过对几项指标的权重赋值比较直观地体现出文化产业经济效益和社会效益，减少了人为主观干预。

向勇[2]从文化产业资源的角度提出了特色文化资源的社会价值和经济价值评价研究，用一级指标人文价值和经济价值分别代表特色文化资源的社会效益和经济效益，二级指标共有12个，三级指标共有36个。整个指标体系的权重通过德尔菲法取得，根据各地资源的实际情况进行调整，是一种灵活性的阐释（见表7-2）。

王舒[3]对湖南文化产业的综合实力进行评价分析并提出发展对策，其研究具体分析了湖南文化产业的综合实力、主要行业的比较优势以及比较劣势。建立了综合实力评价指标体系，并进行了实证分析，认为湖南文化产业各因子得分水平均体现了综合实力、各指标的优势与不足所在，并在对比发达国家和地区发展文化产业的成与败的基础上，为湖南文化产业快速健康发展提供了相关对策建议。

郭帅华[4]从构建文化产业和文化资源评估体系等方面入手探讨解决存在于文化产业社会效益中的主要问题的方法。从文化和经济相互融合的体系入手，从定性研究的视角建立了文化产业经济效益和社会效益的评价指标体系。

---

[1] 于泽：《我国文化产业发展效益效率评价及资金配置对策研究》，中国矿业大学博士学位论文，2014。
[2] 向勇：《特色文化资源的价值评估与开发模式研究》，《北京联合大学学报》（人文社会科学版）2015年第2期。
[3] 王舒：《湖南省文化产业综合实力评价及发展对策研究》，湖南师范大学硕士论文，2015。
[4] 郭帅华：《文化产业社会效益的实现方式研究》，河北师范大学硕士论文，2017。

表7-2 文化产业社会效益和经济效益评价研究

作者	经济效益	社会效益	结论	研究方法
王永章	经济指标和统计数字	公众反映和社会评价体系	二者结合发展	定性分析
张佼	总产值、增加值、从业人员工资总额、文化产业财政补助、固定投资额、增加值增量、政府财政支出、每万元固定资产实现增加值、国民经济贡献率、地区生产总值增速	无	湖南省文化产业总量规模指标、政府投入指标、经济效益指标及对国民经济的贡献指标分别处于较高水平、中等水平、中等偏低水平	模糊数学综合判定法
赵高斌	无	促进区域竞争力、保证经济社会可持续发展、提升居民幸福感	社会效益是文化产业发展的核心	定性分析+定量分析
于泽	文化产业增加值占GDP比重、文化产业增加值占第三产业增加值比重、文化产业增加值（亿元）、固定资产产值率、资金利税率、百元固定资产实现增加值、人均营业收入额、人均创利税额、总资产周转率	社会贡献、支持度、责任、影响度、文化设施覆盖率、文化产业及其产品品牌示范效应	表明采用客观赋值法确定的权重是接近实际的，比较好地体现文化产业经济效益和社会效益，减少了人为主观干预	熵权法
向勇	规模价值、投资价值、带动价值、产业基础、配套服务、前景价值	奇特价值、传承价值、认同价值、艺术价值、历史价值、社会价值	文化资源经过社会效益和经济效益评估形成的双重函数形成四种定位：潜力区、强势区、一般区、优势区	德尔菲法，根据各地实际调整
王舒	文化文物部门总收入、地方财政文化体育与传媒支出、全年公共电视节目播出时间、文化事业费、文化文物部门总支出	公共图书馆业机构数、录像制品出版种数、主要文化机构从业人员数	湖南省文化产业发展尚可，但和全国其他省份相比综合实力仍有极大的提升空间	因子分析法

续表

作者	经济效益	社会效益	结论	研究方法
郭帅华	文化产业增加值、固定资产产值、营业收入、营业利润等	社会贡献、社会责任、社会影响力、文化服务设施的覆盖率、大众的认同度、文化产品的吸引力等	社会效益是目标	定性分析

总体上看，对文化产业的评价研究是一个逐步深入的过程，对文化产业社会效益和经济效益的认识与评价还处于初级阶段，诸多对文化产业社会效益和经济效益评价体系的研究有相当的差异性，对二者的定性和定量研究至今没有形成完整、成熟、令人信服的体系。

从定性分析方面来说，指标的选取和评析仅仅是对文化产业的社会效益和经济效益进行概念上的归纳总结，缺乏广泛可信的专家意见和印证。从定量分析方面来说，文化产业的经济效益定量研究只是停留在不同学科领域站在各自视角的指标选取与算法评估，没有在算法完成之后形成一套完整有效的评价指标体系，有待于进一步深入研究。本书采取指标赋权法中的客观赋权法，即根据各指标之间的相互关系以及各项指标变异程度来确定权重，对文化产业的经济效益和社会效益进行均衡，尽量规避人为因素带来的偏差。

第三节　文化产业社会效益与经济效益的评价方法

建立文化产业社会和经济双重效益指标体系的目标是编制一套合理的体系，使得这个指标体系可以实现对文化产业社会效益和经济效益的综合全面评价。能够表现文化产业社会效益和经济效益的指标数量众多，但是从中选择能够精确反映两个效益体系的指标是一个非常困难的事情。本书在对现有两个效益以及竞争力评价研究指标进行详细分析的基础上，本着全面合理、可信性、客观性、可获得性的宗旨构建文化产业社会效益和经济效益的指标体系。从相关的统计网站、《中国统计年鉴》、《中国文化及相关产业统计年鉴》、《中国文化文物统计年鉴》等获取能够全面反映、客观衡量文化产业的经济效益和社会效益的可信数值中，最终选取了23个社会效益二级指标和18个经济效益二级指标，建立了文化产业社会效益和经济效益评价的指标体系。

一 社会效益指标体系的选择

选取文化产业社会效益指标的时候不仅需要兼顾指标选择的特点要求，更要从文化产业社会效益的特点和实际出发，尽可能保障文化产业社会效益指标数据的全面客观。本书参考胡惠林、王婧[1]在文化产业发展表征指数上社会文化影响的二级度量指标：民众参与度、就业贡献以及人文发展状况。其中，人文发展状况在本研究的指标体系中由活动丰富度、资源丰富度表现。同时在参考于泽[2]研究中对文化产业社会指标构建的基础上，增加了设施普及度指标，并将法人单位数也纳入统计指标中，与从业人员合并为社会贡献度，而且借鉴国外对文化产业发展的评价取向，增加了创新能力和国际影响指标，如表7-3所示。

表7-3 文化产业社会效益指标体系

一级指标	二级指标
社会参与度	博物馆参观人次（万人次）
	文化机构组织文艺活动观众人次（万人次）
	公共图书馆基本情况总流通人次（万人次）
	艺术团体国内演出观众人次（万人次）
	艺术场馆观众人次合计（万人次）
	文物保护管理机构参观人次（万人次）
	文物保护科研机构参观人次（万人次）

---

[1] 胡惠林、王婧：《中国文化产业发展指数报告》，《中国文化产业评论》2012年第2期。
[2] 于泽：《我国文化产业发展效益效率评价及资金配置对策研究》，中国矿业大学博士学位论文，2014。

续表

一级指标	二级指标
	烈士纪念建筑物管理单位参观人次（万人次）
	国家级风景名胜区游人量（万人次）
	出版物发行销售数量（万册、张、份、盒）
设施普及度	广播节目综合人口覆盖率（%）
	电视节目综合人口覆盖率（%）
活动丰富度	艺术团体表演场次（万场次）
	艺术场馆表演场次（万场次）
	群众文化机构举办训练班（万次）
	全年公共电视节目播出时间（小时）
资源丰富度	公共图书馆总藏量（万册）
	动漫企业新动漫作品数（个）
	文化作品登记数（件）
社会贡献度	地区文化及相关产业法人单位数（万个）
	文化及相关产业从业人员数（万人）
创新能力	文化及相关产业专利授权总数（个）
国际影响	全年电视节目出口量（小时）

　　文化产业的社会效益即文化产业对公众的影响程度首先可以通过公众对文化产业的参与度表现出来。文化产业的参与人数越多，说明文化产业在大众中的影响力越强，文化产业在社会上的认可度与接受度越高，受众受文化产业产品及服务的精神影响越大，社会效益越高。按照生产和消费是相互制约、相互影响的关系：生产活动制约影响着消费活动，消费活动反过来也制约和影响着生产活动。丰富的文化产品和服务只有通过消费者消费和参与才能够达到影响思想、感染精神、对消费者思想和生活产生影响的目的。消费者的参与说明了文化产业生产经营活动所产出的文化产品及文化服务能够契合消费者需求的程度。只有当文化产业生产经营活动所产出的产品以及服务达到消费者所期望的水平，消费者才会参与到相关的文化产业活动中去。文化参与度可以通过文化产业各个机构的参观人数、

文化产业各种活动的参与人数表现出来。同时出版物发行销售数量也反映了公众对出版发行业的认可度，能够在一定程度上反映出版行业对公众的影响力。

如果说公众对文化产业活动的参与度从民众的主观方面表征了对文化产业的接受度，那么文化设施的普及率、文化活动以及资源的丰富程度就从客观方面反映了文化产业的受众接受程度，设施的普及提高了受众接触文化产品和服务的可能性，丰富的活动和资源让受众有了更多的文化活动选择，这些都从客观方面提高了文化产业的社会影响。文化设施的普及度可以用广播和电视综合人口覆盖率表示；文化活动的丰富度可以从艺术团体和艺术场馆的表演场次、文化机构的训练班次以及公共媒体节目播出时间反映；社会文化资源的丰富度可以从公共图书馆总藏量、动漫企业新动漫作品数以及文化作品登记数表现出来。

文化产业的影响力不仅要从对受众生活的影响方面看，也要从整个社会角度的大框架下看文化产业对社会发展和社会就业的影响度。在具体的指标体系选择上采用文化产业法人单位数表现对社会发展的贡献，用文化及相关产业从业人员数表现对社会就业的贡献。

文化产业对社会创新能力的影响也不容忽视，尤其是现在文化产业已经成为国家和地区产业创新和转型的重点领域，因此也要将文化产业的创新能力纳入社会效益的评价范围。

文化产业的社会影响力不仅应该从国内方面来看，也要从国际的角度来看。全年主流媒体节目的出口量表现了我国的文化产业在国外的影响程度和受欢迎程度。

这些指标涉及受众的主/客观方面、社会角度以及国内外方面，可以更全面地反映我国区域文化产业社会效益的发展状况。

二 经济效益指标体系的选择

在选择文化产业经济效益指标体系时，要注重的有文化产业的整体经济规模、利润率、发展潜力、速度、在整个经济中的比重等。通过指标体系研究可以探究文化产业是否能够成为一个地区经济体系的重要支柱。

在文化产业经济效益的指标体系选择上，常用的指标有文化产业增加值。我国各省份的文化产业增加值只有在每次经济普查时期才有相关数据。本研究根据2012年国家统计局颁布的《文化及相关产业分类》，参考2018年新修订的《文化及相关产业分类（2018）》，从文化产品制造业、文化服务业以及文化批发和零售业三种分类入手，搜集了文化产品制造业、服务业及批发和零售业2018年的数据，从效益规模、效益增长速度、利润规模、利润率、重要程度及利润增长速度6个方面来测评文化产业的经济效益。这些指标要比仅利用文化产业增加值计算更具有针对性，不会受到研究时间的制约。具体指标体系的设定如表7-4所示。

表7-4 文化产业经济效益指标体系

一级指标	二级指标
效益规模	文化产品制造业营业收入（万元）
	文化服务业营业收入（万元）
	文化批发和零售业营业收入（万元）
效益增长速度	文化产品制造业收入增长率（%）
	文化服务业收入增长率（%）
	文化批发和零售业收入增长率（%）
利润规模	文化产品制造业利润（万元）
	文化服务业利润（万元）
	文化批发和零售业利润（万元）
利润率	文化产品制造业资产利润率（%）
	文化服务业资产利润率（%）
	文化批发和零售业资产利润率（%）
重要程度	文化产品制造业利润占GDP比（%）
	文化服务业利润占GDP比（%）
	文化批发和零售业利润占GDP比（%）

续表

一级指标	二级指标
利润增长速度	文化产品制造业利润增长率（%）
	文化服务业利润增长率（%）
	文化批发和零售业利润增长率（%）

效益规模包括文化产品制造业、服务业、批发和零售业的总收入，能够表示文化产业在当地经济体系的经济效益规模，非常适合作为评价文化产业经济效益的一个指标。

效益增长速度表示相对于上一年，文化产业三种收入的增长率，从中能够发现文化产业的发展态势，故列入文化产业的经济效益指标体系中。

利润规模为文化产品制造业、服务业、批发和零售业的利润总和，该指标能够反映出文化产业生产经营一系列活动的最终规模。利润是评价所有产业发展经济效益的一个重要指标，因此也将利润规模纳入文化产业的经济效益指标体系中。

利润率通过资产与利润的比值计算得出，表示了文化产品制造业赢利的水平，也是文化产业经济效益的晴雨表。

重要程度表示了文化产业营业利润与当地 GDP 的比值，是文化产业经济发展水平的一个风向标，能够表示文化产业对当地经济的贡献率，并且显示了文化产业对当地产业的融合度以及影响力。

利润增长速度表示了文化产业利润的发展潜力，也是衡量产业发展能力和效益的一个重要指标。

总之，这个评价指标体系从营收、利润两方面入手，不仅从绝对指标方面表现了文化产业产生的经济效益，也通过与当地经济发展的比较，发现文化产业的贡献率和影响程度，能够比较全面地反映我国31个省份的文化产业经济效益情况。

三 文化产业社会效益和经济效益的评价方法

鉴于本研究的目的是对31个省份的文化产业社会效益和经济效益发展

情况和阶段进行研究以及比较，因此决定采取聚类分析的方式对各地的发展情况进行分类研究。聚类分析之后的结果将方便对全国31个省份的文化产业的双重效益进行横向比较，尤其是明确经济欠发达省份在文化产业发展所处的阶段。在文化产业的社会效益和经济效益定量研究中，理论上囊括越多的相关变量将会更有助于提高研究的全面性和准确性，但是变量越多会使得计算量增加，而且变量之间的相关性会增强，会使最终结果的准确度下降。因此本书决定首先对变量采取降维方法来降低计算量和提高结果的对应性。主成分分析是一种常用的多指标评价体系降维方法，本研究决定在聚类方法之前采取主成分分析的方法分别计算文化产业社会效益和经济效益的主成分，结合主成分分析方法产生的得分，对我国31个省份的社会效益和经济效益进行对比分析。

现有的文献并没有运用主成分分析和聚类分析对文化产业经济效益和社会效益进行评价的例子，但是这种集成的方法已经运用在文化产业的指数评价研究上。在胡惠林、王婧[1]的文化产业发展指数报告中就采取了主成分分析和在此基础上进行聚类分析的方法对各个地区的各指标进行主成分分析，并在得分基础上聚类研究各地区在相应指标上的发展阶段。主成分分析与聚类分析也被用在其他产业的评价研究上，比如宋时蒙、蒋盛益[2]就以广东统计年鉴数据为基础，基于主成分分析和聚类分析方法对广东省各市旅游业发展水平进行了研究。

1. **主成分（主分量）分析法**

（1）主成分（主分量）分析方法简介

在多变量的复杂问题中，变量之间可能存在一定的相关关系，这种相关关系导致观测的数据存在一定的重叠信息，比如在本书的研究中有23个社会效益指标和18个经济效益指标，在这些效益指标中，一定有两两效益之间存在大概率的相关关系，这些重叠信息会增加统计分析的工作量与复杂度。主成分分析是一种无监督式的统计方法，它不制定具

---

[1] 胡惠林、王婧：《中国文化产业发展指数报告》，《中国文化产业评论》2012年第2期。
[2] 宋时蒙、蒋盛益：《广东省各市旅游业发展水平研究——基于主成分分析和聚类分析方法》，《财经理论研究》2017年第1期。

体的探索目标，只是通过一定的数学转换将多个变量转化成少数主成分。它剔除了原始变量的冗余信息对数据进行降维处理，并保证了在转换之后取得的几个主成分反映原始数据的绝大多数的信息。主成分分析对原始数据进行了简化浓缩，让统计分析问题变得简单可操作。通过主成分分析的方法提取的少数几个主成分之间不仅不存在线性相关关系，而且能提供原始指标的大部分信息量。即对于 m 个 p 维变量 X 进行分析计算以提取主成分。

$$\begin{pmatrix} X_{11} & \cdots & X_{1p} \\ \cdots\cdots\cdots\cdots\cdots \\ \vdots & \ddots & \vdots \\ \cdots\cdots\cdots\cdots\cdots \\ X_{m1} & \cdots & X_{mp} \end{pmatrix}$$

主成分分析法的目的就是找到一组主成分 $Prin_1$，$Prin_2$，$\cdots$，$Prin_m$，满足：

$$\begin{cases} Prin_1 = a_{11} X_{11} + a_{12} X_{12} + \cdots + a_{1p} X_{1p} \\ Prin_2 = a_{21} X_{21} + a_{22} X_{22} + \cdots + a_{2p} X_{2p} \\ \cdots\cdots \\ Prin_m = a_{m1} X_{m1} + a_{m2} X_{m2} + \cdots + a_{mp} X_{mp} \end{cases}$$

其中每一个主成分可用其方差 $Var(Prin_1)$ 来表示，方差越大，表示主成分 $Prin_1$ 包含的信息越多。一般在提取主成分过程中，希望 $Prin_1$ 的信息量最大，所以 $Prin_1$ 应该是上边关于 m 个 p 维变量 X 所有线性组合中方差最大的，$Prin_1$ 为第一主成分。如果 $Prin_1$ 不满足，再考虑选取 $Prin_2$，在 $Prin_2$ 中，$Prin_1$ 已有的信息不要再出现，要使两个指标对应的协方差 $Cov(Prin_1, Prin_2) = 0$。因此 $Prin_2$ 是与 $Prin_1$ 不相关的 m 个 p 维变量 X 所有线性组合中方差最大的，$Prin_2$ 为第二主成分。如此可构造出的 $Prin_1$，$Prin_2$，$\cdots$，$Prin_m$，为原变量指标 X_1、X_2，$\cdots$，X_m 的第一、第二、$\cdots$、第 m 个主成分。

主成分分析的优点在于通过对变量的线性转换，变量之间相互独立，变异逐步从大到小，不需要提前假设，所以不需要通过进行 KMO 检验和 Bartlett 球形检验来判断是否适合进行主成分分析。

(2) 主成分分析方法步骤

第一步：标准化数据

指标的量纲经常不一样，需要先标准化。将原始数据标准化是常用方法。其中 Z-score 标准化是一种常使用的方差标准化方法，这种方法根据采集数据的均值和标准差对采集数据进行标准化。方差标准化之后的数据为标准正态分布，均值为 0，标准差为 1，并且在 0 上下波动，高于平均水平时大于 0，低于平均水平时小于 0。变化公式如下：

$$x_{ij}^* = \frac{x_{ij} - \overline{x}_j}{s_j} \quad (i = 1,2,\cdots,m; j = 1,2,\cdots,p) \tag{7.1}$$

其中：$\overline{x}_j = \frac{1}{n}\sum_{i=1}^{m} x_{ij}$，$s_j^2 = \frac{1}{m-1}\sum_{i=1}^{m}(x_{ij} - \overline{x}_j)^2$

第二步：计算协方差矩阵

首先计算协方差矩阵（p 个样本数据）

$$\sum = (S_{ij})_{p \times p} \quad (i,j = 1,2,\cdots,p)$$

其中

$$s_{ij} = \frac{1}{n-1}\sum_{k=1}^{n}(x_{ki} - \overline{x}_i)(x_{kj} - \overline{x}_i) \quad (i,j = 1,2,\cdots,p) \tag{7.2}$$

第三步：求 Σ 特征值 λ_i 及相应的单位正交特征向量 a_i

Σ 的前 m 个 $\lambda_1 \geq \lambda_2 \geq \lambda_3 \cdots \geq \lambda_i > 0$，$\lambda_i$ 对应的 a_i 就是系数，则原变量的第 i 个主成分为：

$$Prin_i = a_{i1}X_{i1} + a_{i2}X_{i2} + \cdots + a_{ip}X_{ip} \quad (i = 1,2,\cdots,m) \tag{7.3}$$

主成分的方差贡献率 α_i 用来反映信息量的大小，α_i 为：

$$\alpha_i = \frac{\lambda_i}{\sum_{i=1}^{m}\lambda_i} \quad (i = 1,2,\cdots,m) \tag{7.4}$$

第四步：选择 $Prin_i$

最终要选择 m 个 Prin，其中 m 是通过方差累计贡献率 G(m) 来确定：

$$G(m) = \frac{\sum_{i=1}^{m} \lambda_i}{\sum_{j=1}^{p} \lambda_j} \quad (i = 1, 2, \cdots, m; j = 1, 2, \cdots, p) \tag{7.5}$$

一般来说，当 $G(m)$ 大于80%时就认为提取到主成分，m 就是抽取的前 m 个主成分。

另一个评价指标是通过主成分对应的特征值判定，特征值 $\lambda_i < 1$ 代表该主成分提供的信息量较少，一般取前 $i-1$ 个特征值。

2. 聚类分析法

（1）聚类分析法简介

顾名思义，聚类分析是按一定规则把观测或变量分成组或类的方法。本研究认为对文化产业的社会效益和经济效益仅进行评分和排序是不够的，通过对主成分的得分进行聚类分析能够明确各个地区在文化产业效益发展中的定位，对31个省份的文化产业经济效益和社会效益的评价和提升更具有参考价值和现实意义。

聚类分析是一种非监督式的探索性分析模型。通过对研究对象进行分类，将相似性较强的几个研究对象分为同一类，使各类内部的对象同质化、类与类之间异质化。一般在分类之前对分类的个数不确定，需要通过检验来确定分类的个数。描述同质性的尺度有两种：相似系数和距离。聚类分析有多种方法，其中常用的有层次聚类法和K均值聚类法。鉴于本研究中样本数量偏少，因此决定采用层次聚类的方法。

（2）层次聚类分析方法步骤

基于层次聚类分析方法对给定数据对象集合进行层次的分解。先将对象归类，然后合并这些子类，直到所有对象都在一个类中，或者被中止。算法流程如下。

（a）将每个对象看作一类，计算两两之间的最小距离。

（b）将距离最小的两个类合并成一个新类。

（c）重新计算新类与所有类之间的距离。

（d）重复（b）、（c），直到所有类最后合并成一类或达到中止条件。

第四节　文化产业社会效益和经济效益的主成分分析

一　文化产业社会效益的主成分分析

在文化产业社会效益的指标体系中，由于各指标之间量纲的不同，因此要把数据变量转换成均值为 0、方差为 1 的标准化变量（见表 7-5）。

表 7-5　文化产业社会效益主成分的特征值和累计贡献率

序号	特征值	差分	比例	累计贡献率
1	10.5134	7.8411	0.4571	0.4571
2	2.6724	0.6552	0.1162	0.5733
3	2.0171	0.4214	0.0877	0.6610
4	1.5957	0.2581	0.0694	0.7304
5	1.3376	0.1805	0.0582	0.7885
6	1.1571	0.2387	0.0503	0.8388
7	0.9185	0.2267	0.0399	0.8788
8	0.6917	0.0789	0.0301	0.9089
9	0.6128	0.1041	0.0266	0.9355
10	0.5087	0.1981	0.0221	0.9576
11	0.3107	0.1118	0.0135	0.9711
12	0.1989	0.0831	0.0086	0.9798
13	0.1158	0.0091	0.005	0.9848
14	0.1068	0.0263	0.0046	0.9894
15	0.0804	0.0222	0.0035	0.9929
16	0.0583	0.0184	0.0025	0.9955
17	0.0399	0.0122	0.0017	0.9972

续表

序号	特征值	差分	比例	累计贡献率
18	0.0277	0.0077	0.0012	0.9984
19	0.0199	0.0096	0.0009	0.9993
20	0.0103	0.0067	0.0004	0.9997
21	0.0036	0.0015	0.0002	0.9999
22	0.0021	0.0015	0.0001	1
23	0.0005		0	1

1. 主成分分析过程

首先通过 SAS proc Prinomp 模块求出协方差矩阵的特征值、差分、比例以及累计贡献率如表 7-5 所示。从表 7-5 中可以看出，有 6 个主成分的特征值大于 1，它们各自的累计贡献率达到 84%，能够反映原始数据的大部分信息，因此提取这 6 个主成分是合适的。

在图 7-1 中，横轴表示主成分，纵轴表示主成分的特征值，碎石图上的点表示了该主成分及其对应的特征值，其连线表示了随着主成分个数的增加，每个主成分解释的总方差变小。从该图可以看出取 6 个主成分是合理的。提取的 6 个主成分的相应特征向量为得分系数（见表 7-6）。

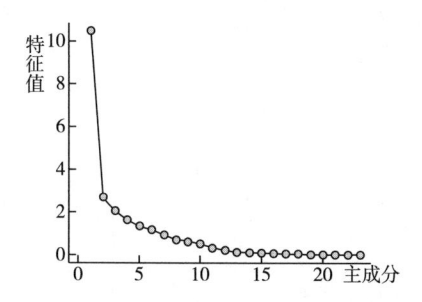

图 7-1 文化产业社会效益主成分分析碎石图

表 7-6 文化产业社会效益主成分得分系数矩阵

指标	Prin1	Prin2	Prin3	Prin4	Prin5	Prin6
博物馆参观人次（万人次）	0.2510	-0.2371	-0.1182	0.0855	0.0439	0.0329
文化机构组织文艺活动观众人次（万人次）	0.2533	-0.0892	0.0314	-0.3134	-0.0576	0.2078

续表

指标	Prin1	Prin2	Prin3	Prin4	Prin5	Prin6
公共图书馆基本情况总流通人次（万人次）	0.2834	0.0965	-0.0137	-0.1580	0.0577	0.1788
艺术团体国内演出观众人次（万人次）	0.1575	-0.2583	0.4370	0.1223	0.0253	-0.1255
艺术场馆观众人次合计（万人次）	0.2417	0.1307	-0.0947	0.2354	0.3460	-0.0459
文物保护管理机构参观人次（万人次）	0.1504	-0.0328	0.3964	0.0468	0.1944	-0.2735
文物保护科研机构参观人次（万人次）	-0.0905	0.1309	0.0535	0.3485	0.2772	0.2656
烈士纪念建筑物管理单位参观人次（万人次）	0.2175	-0.2033	-0.1876	0.1961	-0.2592	0.0007
国家级风景名胜区游人量（万人次）	0.2564	-0.0628	-0.0329	-0.1040	0.3454	0.0519
出版物发行销售数量（万册、张、份、盒）	0.2396	-0.2954	-0.0081	0.1759	0.0909	-0.0586
广播节目综合人口覆盖率（%）	0.1481	0.2662	0.0980	0.3193	-0.4526	0.1164
电视节目综合人口覆盖率（%）	0.1683	0.2765	0.0517	0.2804	-0.3526	0.0916
艺术团体表演场次（万场次）	0.1497	-0.2984	0.3469	0.1690	-0.1348	-0.1889
艺术场馆表演场次（万场次）	0.1772	0.0627	-0.2801	0.4059	0.3338	0.0494
群众文化机构举办训练班次（万次）	0.2452	0.1827	0.2022	-0.1958	-0.1242	0.0559
全年公共电视节目播出时间（小时）	0.1550	-0.3603	-0.0131	-0.0233	-0.1531	0.1735
公共图书馆总藏量（万册）	0.2702	0.1553	-0.0318	-0.1016	-0.0320	0.2585
动漫企业新动漫作品数（个）	0.1177	0.0790	-0.1320	-0.3078	0.0364	-0.4318
文化作品登记数（件）	0.0613	0.4137	0.0993	0.0932	0.0110	-0.4752
地区文化及相关产业法人单位数（万个）	0.2860	0.1452	-0.0319	-0.0025	0.0022	-0.2001
文化及相关产业从业人员数（万人）	0.2815	0.0408	-0.1572	-0.1362	-0.0847	-0.0812
文化及相关产业专利授权总数（个）	0.2587	0.1270	-0.1686	-0.1743	0.0063	0.0320
全年电视节目出口量（小时）	0.0359	0.2194	0.5039	-0.1412	0.2332	0.3665

根据表7-6可以计算各个主成分的得分（各个变量为标准化之后的

原始数据）。设 23 个变量从博物馆参观人次到全年电视节目出口量分别为 $X_1, X_2, \cdots, X_{23}$，因此 6 个主成分可以用 23 个变量表示。

$$\text{Prin1} = 0.251 \times X_1 + 0.2533 \times X_2 + 0.2834 \times X_3 + \cdots + 0.0359 \times X_{23}$$

$$\text{Prin2} = -0.2371 \times X_1 - 0.0892 \times X_2 + 0.0965 \times X_3 + \cdots + 0.2194 \times X_{23}$$

$$\text{Prin3} = -0.1182 \times X_1 + 0.0314 \times X_2 - 0.0137 \times X_3 + \cdots + 0.5039 \times X_{23}$$

……

$$\text{Prin6} = 0.0329 \times X_1 + 0.2078 \times X_2 + 0.1788 \times X_3 + \cdots + 0.3665 \times X_{23}$$

2. 主成分分析结果

通过上述公式获得每个地区的 6 个主成分的得分以后，再通过公共因子的权重，就可以得到每个地区的综合得分情况。第 i 个主成分的权重 $W_i = \dfrac{\lambda_i}{\sum_{j=1}^{m} \lambda_j}$，其中 λ_i 为第 i 个主成分的特征值。每个地区的社会效益得分总分为 6 个主成分的得分与相应权重的乘积的和（见表 7-7）。

表 7-7　全国 31 个省份文化产业社会效益总评分及排名

省份	Prin1	Prin2	Prin3	Prin4	Prin5	Prin6	总分	排名
浙江	7.8571	0.6504	3.7855	-1.0655	2.6284	0.6861	4.1126	1
江苏	8.1579	0.3327	-4.0165	3.3786	2.0577	0.3840	3.7889	2
广东	6.9973	1.4566	-2.2227	-3.3092	-1.9723	0.6183	2.8594	3
山东	4.0317	-2.2415	-0.1270	0.1857	-1.3907	-0.4360	1.4813	4
上海	1.8035	3.8853	1.9125	-0.8129	-0.2898	2.1190	1.4769	5
河南	2.8374	-3.4689	2.8971	0.8006	-0.7964	-1.2358	1.0950	6
北京	1.0845	4.9749	1.3591	0.6880	-0.0054	-3.6698	1.0558	7
四川	1.5499	-1.8167	0.0761	-1.0700	-0.6279	0.8823	0.4376	8
安徽	1.1380	-2.1389	1.8136	1.4379	-1.2637	-0.5484	0.4293	9
河北	0.6222	-0.9458	0.5465	0.6460	-0.8895	-0.1051	0.2102	10
湖南	1.1211	-1.6339	-1.4669	-1.3657	1.7324	-1.6617	0.1164	11
湖北	0.1694	-0.3169	-0.6405	0.6922	-0.8929	0.4118	0.0012	12
福建	0.5652	0.3797	-1.6714	-0.8765	-0.8250	-2.0724	-0.0572	13
辽宁	-0.6548	0.7645	-0.0458	-0.0275	-0.5805	0.9593	-0.2019	14

续表

省份	Prin1	Prin2	Prin3	Prin4	Prin5	Prin6	总分	排名
陕西	-0.6273	-0.6853	0.6131	0.4348	0.1561	-0.1289	-0.2798	15
山西	-1.2444	0.3996	0.3509	2.0470	0.6359	0.5855	-0.2831	16
江西	-0.5278	-0.5987	-0.2224	-0.4956	0.1634	0.2246	-0.3439	17
广西	-0.9595	-0.3282	-0.3325	-0.5080	0.4279	0.7676	-0.4776	18
重庆	-1.3055	-0.0041	-0.4639	0.4944	-1.3284	-0.3646	-0.6992	19
云南	-1.3913	-0.7581	0.2770	-0.7077	0.3981	0.4673	-0.7022	20
天津	-1.9615	1.5805	-0.3198	0.9177	-1.0988	0.3512	-0.7236	21
甘肃	-2.4008	0.3025	0.1198	1.8843	0.7381	1.3665	-0.8093	22
黑龙江	-1.8393	0.2022	-0.6483	-0.1502	-0.9465	0.0609	-0.9366	23
吉林	-2.2396	0.5079	-0.0381	0.4144	-0.3784	0.3504	-0.9437	24
内蒙古	-2.2358	0.3922	-0.0117	0.3336	-0.9370	0.5152	-0.9829	25
新疆	-2.0906	-0.9680	-0.3909	-0.9029	0.1712	0.4649	-1.1317	26
宁夏	-3.5351	0.8398	0.0711	0.3163	0.2059	0.2690	-1.4646	27
贵州	-2.9496	-1.1975	-0.6604	-1.8006	2.1365	-0.1616	-1.5541	28
青海	-3.7453	0.7177	-0.1794	0.0426	-0.0414	0.0293	-1.6423	29
海南	-3.9166	-0.1624	-0.3601	-0.7160	1.3080	-0.3233	-1.8306	30
西藏	-4.3103	-0.1217	-0.0037	-0.9055	1.5050	-0.8055	-2.0005	31

表7-7所示分数为标准分，低于全国平均值为负分数，高于全国平均值为正分数。一般来说中国的31个省份被分为三个区域，分别为东部（包括华北大部、东北辽宁、华东大部、华南大部共11个省份），中部地区（包括东北吉黑、山西、华东的安徽和江西、华中共8个省份），西部地区（包括内蒙古、广西、西南三省一市一区、西北五区共12个省份）。从总体看，文化产业的社会效益高于全国平均值的有12个省份，占全国的38.7%。这12个省份包括东部地区的7个省份，占58.3%；中部地区的河南省、安徽省、湖北省和湖南省4个省份，占33.3%；西部地区的四川省，占8.3%，总体上显示东部地区文化产业的社会效益更好。

从排名靠后的几个省份来看，我国的少数民族自治区内蒙古、西藏、新疆、宁夏都位于社会效益排名的后8位。排名靠后的还有属于东部地区的海南省，属于西部地区的青海省和贵州省。广西属于少数民族自治区里社会效益发展比较好的，排名位于全国31个省份的第18名。

二 文化产业经济效益的主成分分析

1. 主成分分析过程

经济效益数据的选取与计算也根据以上制定的文化产业经济效益指标来进行，并对搜集的数据进行标准化，通过 SAS 的 Proc Princomp 模块进行运算（见表 7-8）。

表 7-8 文化产业经济效益主成分的特征值和累计贡献率

序号	特征值	差分	比例	累计贡献率
1	6.4986	3.9682	0.3610	0.3610
2	2.5305	0.7174	0.1406	0.5016
3	1.8131	0.2172	0.1007	0.6023
4	1.5959	0.1470	0.0887	0.6910
5	1.4489	0.5243	0.0805	0.7715
6	0.9245	0.1078	0.0514	0.8229
7	0.8167	0.1819	0.0454	0.8682
8	0.6349	0.0920	0.0353	0.9035
9	0.5429	0.1375	0.0302	0.9337
10	0.4054	0.1321	0.0225	0.9562
11	0.2733	0.0350	0.0152	0.9714
12	0.2383	0.0759	0.0132	0.9846
13	0.1624	0.0799	0.0090	0.9936
14	0.0825	0.0670	0.0046	0.9982
15	0.0155	0.0037	0.0009	0.9991
16	0.0118	0.0077	0.0007	0.9997
17	0.0041	0.0035	0.0002	1.0000
18	0.0006	—	0.0000	1.0000

运用 SAS 模块求出协方差矩阵的特征值，如表 7-8 所示。从表 7-8 中可以看出，当选取前 6 个主成分的时候，累计贡献率达到 82%，解释了原始数据的大部分信息，因此提取这 6 个主成分是合适的。

图 7-2 是文化产业经济效益主成分分析的碎石图，从该图也可以看出

取 6 个主成分是合理的。

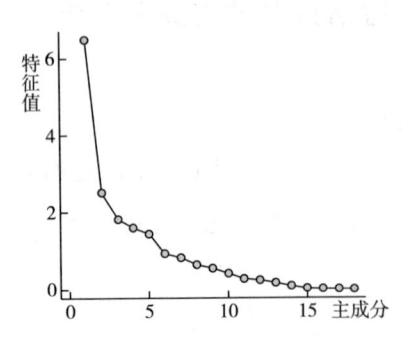

图 7-2 文化产业经济效益主成分分析碎石图

表 7-9 文化产业经济效益主成分系数矩阵

指标	Prin1	Prin2	Prin3	Prin4	Prin5	Prin6
文化产品制造业营业收入（万元）	0.2901	0.3186	-0.1903	-0.0933	0.2153	-0.0153
文化服务业营业收入（万元）	0.3597	-0.1756	0.0635	0.116	-0.0531	0.0312
文化批发和零售业营业收入（万元）	0.3683	-0.0097	-0.0124	0.1419	0.0621	0.0135
文化产品制造业收入增长率（%）	-0.0425	0.1614	0.5447	-0.23	-0.0145	0.3787
文化服务业收入增长率（%）	0.1216	0.1427	0.0946	-0.4033	-0.3685	0.4788
文化批发和零售业收入增长率（%）	0.1422	0.3288	0.1947	0.3516	0.0186	-0.0302
文化产品制造业利润（万元）	0.2751	0.3758	-0.1945	-0.053	0.166	0.0179
文化服务业利润（万元）	0.3371	-0.2268	0.0484	-0.03	-0.0336	0.0022
文化批发和零售业利润（万元）	0.3571	0.0579	0.0162	0.1821	0.0624	0.0526
文化产品制造业资产利润率（%）	-0.0437	0.2407	-0.2379	0.1276	-0.5772	-0.0427
文化服务业资产利润率（%）	0.2253	-0.2005	-0.0388	-0.4776	0.004	-0.2159
文化批发和零售业资产利润率（%）	-0.0666	0.3041	0.1797	0.3871	-0.0472	-0.0435
文化产品制造业利润占 GDP 比（%）	0.2646	0.3334	-0.1697	-0.2378	0.0427	0.0273
文化服务业利润占 GDP 比（%）	0.2646	-0.3405	0.1548	0.1598	-0.2079	0.05
文化批发和零售业利润占 GDP 比（%）	0.3035	-0.2267	0.1139	0.2007	-0.1206	0.045
文化产品制造业利润增长率（%）	-0.0245	-0.1657	-0.4755	-0.017	0.1516	0.0805
文化服务业利润增长率（%）	-0.0845	-0.1427	-0.2697	0.24	0.2691	0.7439
文化批发和零售业利润增长率（%）	-0.0071	0.0059	0.3474	-0.0842	0.5363	-0.0805

根据文化产业的经济效益主成分系数矩阵可以计算各个主成分的得分

（各个变量为标准化之后的原始数据）。设 18 个变量从文化产品制造业营业收入到文化批发和零售业利润增长率分别为 X_1，X_2，…，X_{18}，因此 6 个主成分可以用 18 个变量表示。

$$\text{Prin1} = 0.2901 \times X_1 + 0.3597 \times X_2 + 0.3683 \times X_3 + \cdots - 0.0071 \times X_{18}$$

$$\text{Prin2} = 0.3186 \times X_1 - 0.1756 \times X_2 - 0.0097 \times X_3 + \cdots + 0.0059 \times X_{18}$$

$$\text{Prin3} = -0.1903 \times X_1 + 0.0635 \times X_2 - 0.0124 \times X_3 + \cdots + 0.3474 \times X_{18}$$

……

$$\text{Prin6} = -0.0153 \times X_1 + 0.0312 \times X_2 + 0.0135 \times X_3 + \cdots - 0.0805 \times X_{18}$$

2. 主成分分析结果

计算并得出经济效益主成分的得分及总得分系数矩阵如表 7-10 所示。

由文化产业经济效益各主成分得分以及综合得分可以看出文化产业的经济效益高于全国平均值的也有 12 个省份，占全国的 38.7%。这 12 个省份包括东部地区的 7 个省份，占 58.3%；中部地区的河南省、湖南省、湖北省以及江西省 4 个省份，占 33.3%；西部地区的陕西省，占 8.3%，总体上显示东部地区文化产业的经济效益更好。

表 7-10　全国 31 个省份文化产业经济效益总评分及排名

省份	Prin1	Prin2	Prin3	Prin4	Prin5	Prin6	总分	排名
江苏	6.0675	3.2427	-0.4505	1.3968	1.3941	0.2033	2.8475	1
广东	5.0914	0.8329	-1.3337	-0.6786	1.6032	-0.7317	1.8521	2
上海	5.6067	-3.1780	0.6527	1.4514	-1.1178	-0.0673	1.6782	3
北京	4.7899	-4.1416	1.8126	1.5798	-0.8451	0.2694	1.4153	4
山东	2.7198	2.2310	-1.2360	-0.8385	0.8931	0.1261	1.1751	5
浙江	4.0873	-1.1729	0.2223	-2.4558	-0.2643	0.3942	1.1141	6
福建	0.3729	1.7077	-0.2253	0.2727	-0.2598	0.0718	0.3590	7
河南	0.1309	1.9014	0.0302	0.3373	-0.3284	0.2289	0.3329	8
湖南	0.5377	1.8026	-0.4861	-0.7210	-1.0415	0.6499	0.2842	9
陕西	-1.1206	1.0198	1.7958	2.2266	0.6555	-0.6190	0.1381	10
湖北	-0.1911	0.5712	0.8825	0.1023	-0.1779	0.3118	0.1110	11
江西	-0.2100	1.7036	-0.4277	-0.4888	-0.7392	-0.1395	0.0106	12
四川	-0.3706	0.2635	0.2807	-0.5293	0.2916	0.1899	-0.0822	13

续表

省份	Prin1	Prin2	Prin3	Prin4	Prin5	Prin6	总分	排名
安徽	-0.2032	0.2910	-0.1213	-0.9673	-0.4349	0.5553	-0.1369	14
云南	-1.3405	0.9136	0.6308	1.4180	-0.7723	-0.2295	-0.2401	15
西藏	-2.2725	1.0328	2.2242	1.7025	0.7547	-0.2214	-0.2508	16
重庆	-0.7333	0.2693	0.2562	-0.1105	-1.2303	0.6923	-0.2743	17
天津	0.3202	-0.7758	-0.9841	-1.3628	-0.6146	-0.5783	-0.2927	18
宁夏	-1.9145	0.5516	3.8455	-1.4229	-0.2917	1.1156	-0.3187	19
河北	-1.2893	0.3667	-0.4282	0.1068	-0.2637	-0.3147	-0.4849	20
甘肃	-1.6244	-0.7482	0.5987	-0.0817	1.0540	-0.8014	-0.5949	21
广西	-1.7476	-0.3158	0.3401	0.0801	1.1982	-1.2148	-0.5999	22
贵州	-1.2144	0.2415	-0.2517	-0.9090	-2.0045	0.9228	-0.6244	23
青海	-1.2506	-1.0658	1.1041	-2.7103	0.2965	0.5582	-0.6780	24
辽宁	-1.6878	-0.9232	-0.5693	0.9423	0.8322	-1.8130	-0.7390	25
黑龙江	-2.2756	-0.6494	0.5667	-0.4974	1.1143	-0.5817	-0.8400	26
新疆	-1.7809	-1.1043	-0.5773	0.0725	0.5465	-1.2490	-0.8701	27
山西	-2.7946	-1.8942	-2.2868	1.8980	2.5648	3.7397	-0.9384	28
吉林	-2.1841	-0.5153	-0.9466	-0.0264	-0.5227	-0.3194	-1.0171	29
海南	-1.4862	-2.3820	-2.1087	-1.5108	1.3052	-0.8134	-1.1545	30
内蒙古	-2.0326	-0.0765	-2.8100	1.7240	-3.5953	-0.3350	-1.1812	31

从排名靠后的几个省份来看，我国的少数民族自治区中内蒙古以及新疆的经济效益比较落后。排名靠后的还有属于东部地区的海南和辽宁，属于中部地区的黑龙江、山西以及吉林。西藏属于少数民族自治区里经济效益发展比较好的，排名位于全国 31 个省份的第 16 名。

三 文化产业社会效益与经济效益集成分析

1. 文化产业社会效益与经济效益散点图

为了更好地看出 31 个省份文化产业的经济效益和社会效益发展情况，笔者将全国 31 个省份的文化产业的经济效益和社会效益评分绘制在了一张散点图上（见图 7-3）。

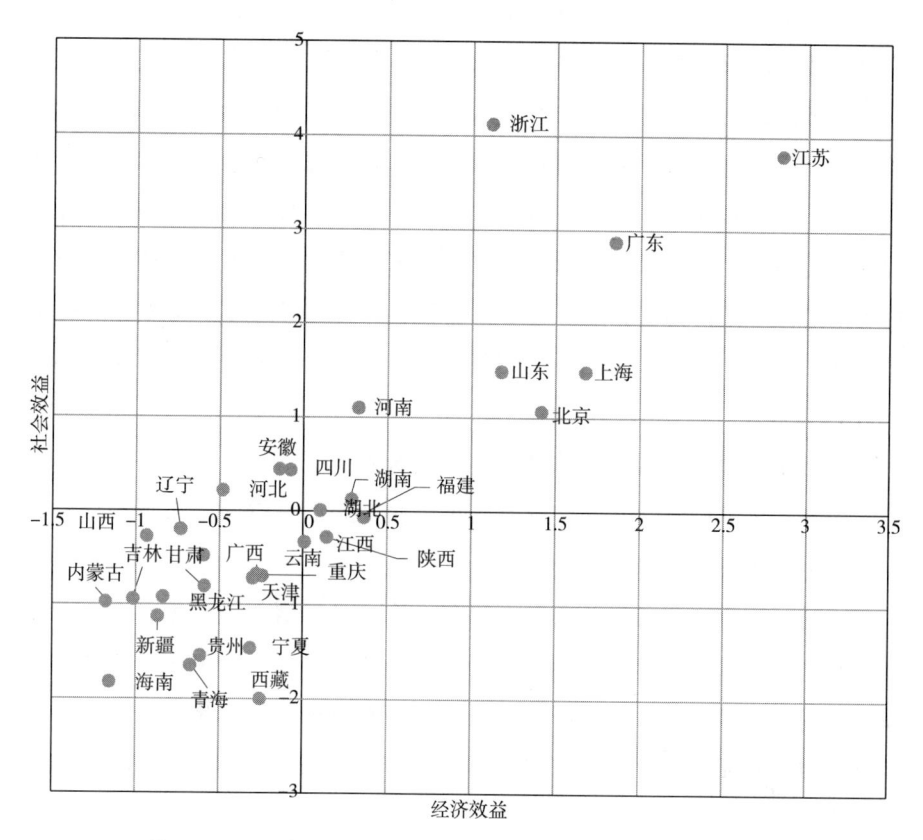

图 7-3 31 个省份经济效益总得分和社会效益总得分散点图

从散点图 7-3 可以看出，总体上我国 31 个省份的经济效益和社会效益发展比较分散，并且相当大的一部分省份落点在经济效益和社会效益均为负值的第三象限。湖北、湖南、河南、北京、上海、山东、广东、江苏和浙江 9 个省份的经济效益和社会效益均高于全国平均水平，位于第一象限，其中有 6 个为东部地区的省份，3 个为中部地区的省份，分别为湖北省、湖南省和河南省。从图 7-3 中也可以看出我国文化产业社会效益和经济效益发展水平差距十分明显，其中浙江省、广东省和江苏省文化产业的经济效益和社会效益远高于其他省份，且江苏省的经济效益略高，浙江省的社会效益略高。

河北省、安徽省和四川省的经济效益低于全国平均水平，但是社会效益高于全国平均水平。与这三个省份相反，江西省、陕西省和福建省的经济效益高于全国平均水平，但是社会效益低于全国平均水平。其余省份的文化产业经济效益和社会效益均低于全国平均水平。

从散点图上也可以看出我国31个省份的文化产业社会效益和经济效益发展的差异较大。位于第三象限的省份密度非常高，而第一象限的省份明显比较分散。浙江省、江苏省和广东省属于经济效益和社会效益发展好的地区，另外6个同属于第一象限的省份文化产业的经济效益或社会效益明显不如浙江省、江苏省和广东省这三个省份。与经济效益－1.18～2.85的差异度相比，社会效益的地区差异程度更大，从最低到最高达到了－2.00～4.11的差异度。

2. 文化产业效益空间分布不均衡原因分析

除了经济基础原因之外，造成文化产业发展效益空间分布不平衡的主要影响因素可能还有以下几个。

首先，文化产业的受众通常生活在经济水平发展较高的地区。消费者收入水平高，消费者对文化产品和服务的消费能力越强，文化产业发展的动力越强。而经济发展水平高的地区公共基础设施以及文化产业相关的政策规定也相对完善，能够为文化产业的发展提供坚实的基础和环境保证，带来良好的发展空间。

地区的开放度也会影响文化产品和服务的受欢迎程度。地区的非本地居民所占比重越大，人们的生活圈会越丰富，人们就越热爱参加文化活动，文化产品和服务的种类越丰富，文化产业的社会效益和经济效益会越好。同时，旅游人口的数量也是地区开放的另一个表现形式，旅游人口会刺激当地特色文化产品和服务的消费，为本地的特色文化产业带来发展机遇。

城镇居民的密集度以及年龄分布情况对文化产业的效益有着十分明显的影响。城镇居民越密集的地方，文化产品和服务的消费频率和参与度越高。一般来说，青年人口占比较多的地方，文化产品和服务越容易聚集起来，甚至形成规模效应。

用主成分分析得来的文化产业经济效益和社会效益的具体得分只能对

各省份的经济效益和社会效益的情况进行排名，并不能对各个省份在文化产业社会效益和经济效益的所处地位进行准确定位。因此在运用主成分分析法的基础上，若进一步运用聚类分析的方法对各个省份的社会效益和经济效益进行分类，将对各个省份文化产业经济效益和社会效益的评价进行更具体的定位，进而给出更具有参考价值和现实意义的阐释。

第五节　文化产业社会效益和经济效益的聚类分析

仅从文化产业社会效益和经济效益总体得分的散点图并不能看出各地文化产业发展所处的层次，本节将运用SAS来对主成分分析得出的文化产业社会效益和经济效益的主成分进行聚类分析，以帮助对各地的文化产业发展情况进行定位。本节在对文化产业社会效益和经济效益聚类分析的基础上重点分析了中东部发达地区以及西部经济欠发达地区的文化产业现状，并对西部经济欠发达地区的文化产业发展方面提出了建议。

一　文化产业社会效益和经济效益的聚类分析

在SAS中将各个省份的社会效益主成分和经济效益的得分导入，运用层次聚类的方法对31个省份的社会效益和经济效益进行聚类分析，并得到了聚类图谱（见图7-4）。

表7-11显示了聚类分析的结果。经济效益平均分和社会效益平均分分别表示了聚类所涉及地区的经济效益和社会效益的平均分。处于落后类别地区的经济效益和社会效益平均分都最低，从落后类别到高水平类别，经济效益和社会效益的平均分数也在增长，高水平类别的经济效益和社会效益最高。

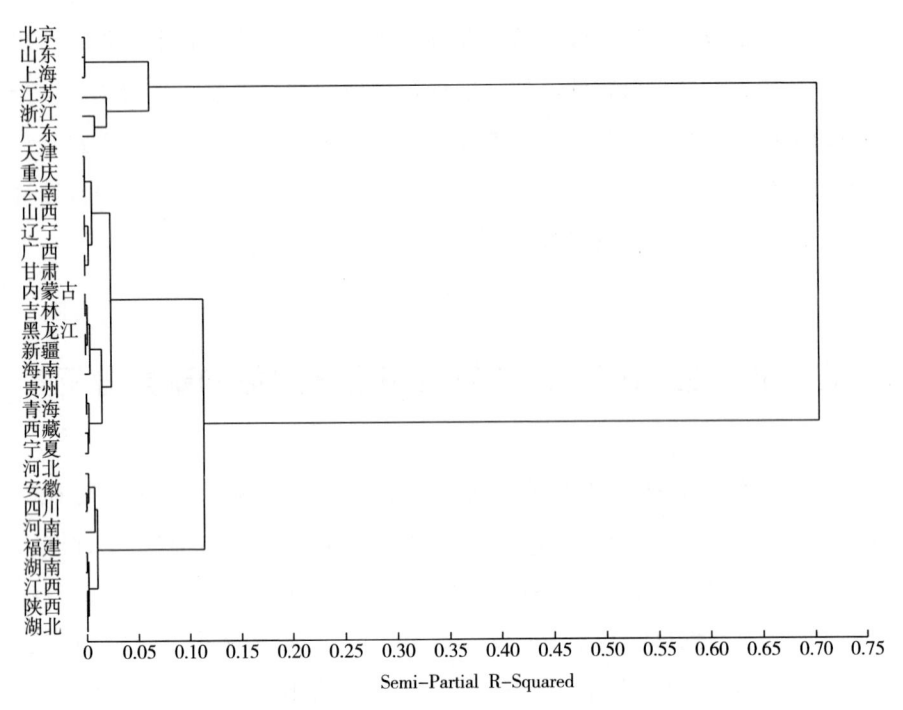

图 7-4 我国 31 个省份文化产业效益聚类分析图谱

表 7-11 分地区、省份文化产业效益聚类

聚类	东部	中部	西部	经济效益平均分	社会效益平均分
高水平	浙江、广东、江苏			1.938	3.587
优势	北京、山东、上海			1.423	1.338
良好	福建、河北	安徽、江西、湖南、湖北、河南	四川、陕西	0.059	0.179
薄弱	天津、辽宁	山西	重庆、云南、广西、甘肃	-0.526	-0.557
落后	海南	黑龙江、吉林	贵州、青海、新疆、内蒙古、西藏、宁夏	-0.770	-1.387

图 7-4 给出的图谱是基于 Semi-Partial R-squared 的分析方法确定群数，进而进行聚类分析。从横向看，不同类别之间的文化产业效益差异度明显，并且随着经济效益和社会效益的降低，落后类别的地区数量增多。

高水平类别与优势类别都是东部的省份，其中处于高水平类别的省份其经济效益和社会效益得分最高，浙江、广东和江苏在此类别。处于优势类别的省份其经济效益和社会效益发展比较平均，有北京、山东和上海3个省份。处于良好类别的省份其经济效益和社会效益与平均水平基本持平，其中的9个省份中，中部有5个省份，占比55.6%。在经济效益和社会效益偏下的薄弱类别的7个省份中，西部有4个省份，比例达到57.1%，为薄弱类别的最大部分。在经济效益和社会效益得分最低的落后类别的9个省份中，西部地区占了大部分，比例达到66.7%。

若从纵向看，地区内部，尤其是东部地区的文化产业效益具有明显的差异度。东部地区在每个聚类都有分布，其中大部分集中在经济效益水平和社会效益水平都远高于平均水平的优势和高水平类别，但在良好到薄弱类别里也都有分布。中部地区主要位于良好类别，占了大部分。西部地区从良好类别到落后类别的每个类别的省份数量递增。可以看出，东部地区的文化产业经济效益和社会效益发展水平差异较大，在5个聚类中都有分布。中部地区文化产业经济效益和社会效益发展水平基本位于平均线左右，没有特别大的差异。西部地区的文化产业经济效益和社会效益多位于平均水平以下，仅有四川省和陕西省被归在良好类别。

二 文化产业高效益地区现状分析

以上分析可见，高水平和优势聚类的6个省份的文化产业经济效益和社会效益水平都远高于平均水平，因此有必要对这6个省份的发展现状进行分析，方便为其他地区的文化产业发展提供参考与借鉴。

浙江省高水平的文化产业社会效益主要得益于其关注和营造良好的文化产业发展环境。如制定和实施的《浙江省文艺工作者深入基层蹲点采风活动实施管理办法》，加大了对文艺创作和文艺活动的支持力度。同时，浙江省与公安、工商、城管等部门合作，针对文化产业的市场进行了整顿，实现了文化市场综合执法信息化，并对文化市场监管创新机制进行了规范化，为全省的文化产业市场创造了平稳有序、规范发展的良好态势。

良好的文化产业发展环境对文化产业今后的健康发展创造了有利条件。

广东省在2015年通过举办银企对接活动促成了文化及旅游企业300余个项目，获得了高达770亿元的银行授信。省内的星级文化产业活动深圳文博会不仅是广东省文化产业获得资助的重要平台，也是全国各地区文化产业项目获取投资的平台。

江苏省文化产业经济效益和社会效益高速发展主要得益于省政府的文化金融项目合作推进计划，在《关于促进江苏省文化金融发展的指导意见》和《三年行动计划》中发展12个项目，大力支持文化企业的贷款，全面支持文化企业的经营活动。同时大力支持文化示范园区发展，组织文化企业参与演艺交易会、动漫游戏节、艺术博览会等大型国际展会等，提升了文化产业的经济效益。

北京市作为我国的政治文化中心，也一直将文化产业的发展放在首要位置。北京市的各级政府将文化活动作为政府考核的一项重要指标，在政府的牵头下积极举办各类文化活动。同时以需求为导向，将北京市的剧场资源融合汇聚起来，不仅加强了剧院之间的联系，也让群众更便捷地接触到各类文化演艺活动。北京市的动漫游戏产业在2015年就成为文化产业新的增长点，其总产值占了全国动漫游戏产业总产值的1/3。

山东省的文化产业经济效益的高水平得益于其"全链条"的文化产业发展"山东模式"。山东省以《山东文化产业转型升级实施方案》为指导，将文化产业纳入全省的经济转型大局中，大力推进文化产业发展项目，并早在2015年就实现了文化产业增加值2370亿元，同比增长达到8.57%。如在演艺行业其全链条发展模式是指政府对文化产业相关项目从选题立项、剧目加工、演出奖励、文艺评价、艺术人才培养各个环节全面扶持和引导。

上海市在2015年即大力推进公共文化服务基础设施体系的建设，尤其是位于社区的文化活动中心，以徐汇、浦东、嘉定、闵行等4个国家和市级公共文化服务体系示范区的建立和试行为重点，并初显成效。在文化产业市场上，上海市建立了合格市场主体发展档案，并且对动漫游戏、民营的演出团体等的资质进行专项评审，帮助行业合规有序发展。

三 经济欠发达地区文化产业效益分析

被定义为少数民族人口数占比大于等于 10% 的少数民族地区基本处于经济欠发达地区。31 个省份中少数民族省份包括宁夏、青海、新疆、西藏、云南、贵州、广西和内蒙古。近年来，中西部快速发展的文化产业在很大程度上以当地特色的民族文化为依托，通过开发特色的少数民族文化来创造经济价值。我国少数民族大多数在中西部地区，拥有民族特色和地域自然资源优势，开发前景向好。

经过 10 余年的西部大开发建设，西部经济欠发达地区尽管取得很大的进步，但与发达地区相比，经济依然比较落后，文化产业却具有比较优势。西部经济欠发达地区地形、地貌独特，具有自然资源优势；丰富多彩的民族传统文化，形成独特的文化资源优势。要将这些资源优势转化成经济效益和社会效益，需要冲破一些传统的思想束缚，需要改变一些生产方式，需要国家和政府的政策和资金支持，需要借助现代科技手段，对传统的文化资源进行深度挖掘，打造出具有民族特色的文化品牌，扩大民族文化产业，推动经济欠发达地区经济发展，加大对经济欠发达地区非遗资源保护性开发。《民族发展蓝皮书：中国民族发展报告（2016）》指出，近年来，少数民族经济欠发达地区非物质文化遗产保护、少数民族特色村寨保护、公共文化服务等领域取得了较快发展，但自然毁坏和人为破坏的现象依然很多，经济欠发达地区在传承保护方面任重而道远。在文化产业化的进程中，由于对当地特色文化了解不够，过于追求经济利益，对非物质文化遗产和民族文化没有做好保护性的开发，有些开发不伦不类，使文化产品内容偏离，美誉度也受损。因此，如何正确探索民族文化产业的价值、实现民族文化及产业经济的可持续发展成为未来迫切需要解决的问题。

从本节聚类分析的情况来看，少数民族省份大部分集中在文化产业发展的落后类别里，只有云南和广西被归入薄弱类别。

云南省的文化产业社会效益和经济效益在少数民族省份中有着明显的优势。其发展主要借助于丰富的旅游资源，通过大力发掘当地优秀传统文化并与中国歌舞剧院合作，将优秀的传统文化搬上大舞台，对发展弘扬文化以及促进当地文化产业发展产生了极大的积极影响。同时，云南作为中国非遗保护的试点省份近年来工作重点放在非遗保护上，云南艺术学院也被列为非遗传承人群全国首批培训试点单位。但云南省的人均文化事业费为40.56元，相比于全国的49.68元仍然有距离，在西部地区10个省份中仅位于第9位，在8个少数民族省份中最低。

广西的文化产业社会效益和经济效益在经济欠发达地区中表现优秀。这不仅得益于广西艺术创作组织丰富的各种文艺汇演活动，各种文化机构的培训和展览活动也极大提高了广西的文化产业社会效益。同时广西的各个地区也都出台了各自的引导当地特色文化产业发展的优惠政策和奖励办法，特色文化产业成为保存地区特色民族文化以及群众发家致富的重要渠道。

2015年，国家加大了对西藏地区文化产业的资金支持力度，占全区文化事业费的99.36%。自2015年以来，西藏的相关庆典活动增多，对文化产业的发展是一个推动力。西藏文化产业的经济效益主要来源于旅游业以及由其带动的相关文化产品销售，这些构成西藏经济发展的强劲动力和重要支柱。

青海的文化产业效益发展水平仍然处于比较低的状态。当地的文化产业发展主要依靠各级政府的投入和拉动，市场运作能力有待拓展。近年来通过深圳的文博会平台，吸引深圳市的旅游投资项目，促进文化产业深度融合发展也是一种有益的尝试。

宁夏的文化产业虽然社会效益不高，但是经济效益在所有民族省份中排名靠前，这个主要得益于宁夏政府的重视。《宁夏丝绸之路文化产业发展规划》以及《贺兰山葡萄文化长廊文化发展规划》都为宁夏文化产业的发展指明了方向、铺平了道路。但是宁夏文化产业的发展也面临着产品的科技含量不够高、文化产业人才紧缺等严重的问题。

贵州省的社会效益相比经济效益与平均水平差距较大。贵州省2015年在动漫和创作方面有了一定的成效，但是省内的文化活动相比其他地区仍然不够丰富，与国家相关政策的对接也比较少，发展的内外动力皆不足。

自 2010 年起,中宣部、教育部、财政部共同启动了新疆文化艺术人才定向就业和定向培训计划,将新疆的人才送入中央音乐学院等高校培训,极大地促进了新疆文化人才的储备和崛起。新疆在 2015 年新增了两个国家级文化产业示范基地、24 家自治区级文化产业示范基地,文化产业发展虽然基础薄弱,但势头强劲。

内蒙古的文化产业社会效益在少数民族省份中优势明显,但是相比较而言经济效益不高。针对这一问题,尽管内蒙古尝试进行文化与旅游融合发展的主题活动,并在活动上积极促进文化及旅游项目的合作与签约,但距离达到优势类别地区的水平还任重而道远。

总体来说,虽然各个经济欠发达地区的文化产业发展情况相比全国平均水平明显处于劣势,但是每个地区也都逐步将文化产业作为地区发展的重点部分加以对待,希望文化产业向着成为支柱产业的方向发展壮大,同时去影响和改造传统产业转型升级,推动地区总体经济的发展。但是一些经济欠发达地区文化在产业化过程中,存在形式化、过场化,发展的劣势也十分明显,比如十分依赖政府补贴、人才不足等。

四 经济欠发达地区文化产业发展对策

经济欠发达地区文化产业在发展过程中面临许多问题,如何追赶发达地区、如何建立合适的商业模式、如何提高经济效益,都是摆在这些地区面前的突出问题。综合以上分析,对经济欠发达地区文化产业的发展提出以下对策。

第一,加大人才培养和试点建设。对于经济欠发达地区文化产业的发展,国家不仅要增加财政支持,更要加大对人才的支持力度。要授之以鱼,更要授之以渔。从加大经济欠发达地区的人才储备做起,加强人才培养,促进人才合作交流,培养人才、留住人才,从根部解决文化产业动力不足问题。

第二,推动经济欠发达地区文化产业的招商引资。经济欠发达地区有着丰富的文化与旅游资源,但同时地区经济基础薄弱,在地区内部没有知名企业和强大的资金支持。鼓励经济欠发达地区多向外参与文化交流活动，向外界展示自己丰富的资源和巨大的发展潜力，吸引外部名企投资，摆脱对国家财政的依赖，增强产业自我造血功能。

第三，发展经济欠发达地区文化产业也要增强地区文化产业与内部其他产业的联动。一味地向外寻求资金、技术和人才的支持并不是发展这些地区文化产业的最好选择，如果每个地区都向外寻求资源，最后会形成地区之间的恶性竞争，反而不利于发展。本地的文化产业可以向制造业渗透，可以和当地的学校结合，内部的联动将更有利于促进当地经济的整体协同发展。

第四，加强规范和治理内部文化产业机构。不能单纯为求发展而发展文化产业，要从长远的眼光来看待，加大对文化产业市场的监管力度，制定市场标准，促进文化产业市场健康有序发展。

第五，要借鉴先进地区的文化产业发展策略。如山东省的"全链条"模式，广东省的银企对接活动，以及江浙各地区有针对性的文化产业支持政策等，通过学习先进地区的先进经验来帮助本地的文化产业发展。

综上，通过以上研究发现我国31个省份的文化产业经济效益和社会效益发展差异很大，少数省份如浙江、江苏、山东、广东地区经济效益和社会效益都很高，但是绝大多数地区都集中在经济效益和社会效益低于全国平均线的水平。根据聚类分析结果，我国的文化产业效益发展情况分为五种：高水平类别、优势类别、良好类别、薄弱类别和落后类别。东部地区的文化产业社会效益和经济效益发展情况尽管差异明显但多处于高水平类别和优势类别；中部地区的文化产业社会效益和经济效益主要集中在平均水平左右，基本处于良好类别；西部地区的文化产业社会效益和经济效益多处于平均水平以下的薄弱类别和落后类别。

参考文献

〔美〕艾伦·J. 斯科特：《城市文化经济学》，董树宝、张宁译，中国人民大学出版社，2010。

柏定国、陈鑫：《论文化产业的商业模式》，《福建论坛》（人文社会科学版）2012年第10期。

鲍枫、沈颂东：《文化创意产业竞争力评价与集聚水平的关系分析》，《当代传播》2013年第1期。

北京市统计局、国家统计局北京调查总队：《规模以上文化创意企业》，http：//www.bjstats.gov.cn/sjfb/bssj/jdsj/2012/201204/t20120409_2241htm，最后检索时间：2018年3月4日。

才国伟、曹昱葭，吴华强：《中国经济改革与发展视角下的"一带一路"》，《广东社会科学》2015年第5期。

陈超美、陈悦等：《CiteSpace Ⅱ，科学文献中新趋势与新动态的识别与可视化》，《情报学报》2009年第3期。

陈庆德、马翀炜：《文化经济学》，中国社会科学出版社，2007。

陈少峰、陈晓燕：《基于数字文化产业发展趋势的商业模式构建》，《北京联合大学学报》（人文社会科学版）2013年第2期。

陈少峰、李微、宋菲：《新一代信息技术条件下文化与科技融合及其产业形态研究》，《山东大学学报》（哲学社会科学版）2022年第5期。

陈少峰、张立波：《文化产业商业模式》，北京大学出版社，2011。

陈文基：《商业模式研究及其在业务系统设计中的应用》，北京邮电大学博士学位论文，2012。

陈翔：《互联网环境下企业商业模式研究》，东南大学博士学位论文，2004。

陈鑫：《文化产业商业模式研究》，中南大学硕士学位论文，2012。

陈悦、陈超美、胡志刚、王贤文等：《引文空间分析原理与应用：CiteSpace实用指南》，科学出版社，2014。

陈悦、陈超美、刘则渊、胡志刚、王贤文：《CiteSpace知识图谱的方法论功能》，《科学学研究》2015年第2期。

代世莹：《民族文化主题公园"云南民族村"发展研究》，云南大学博士学位论文，2015。

丁智才：《民族地区少数民族特色文化产业发展研究》，《广西民族研究》2014年第6期。

段跃庆、任宁云：《云南民族文化形态产业化的客观必然性》，《云南社会科学》2000年第5期。

方慧、张潇叶：《中国文化产业数字化水平测度及其出口效应研究》，《山东大学学报》（哲学社会科学版）2022年第3期。

方晓超：《文化产业的商业模式创新对策探讨》，《商业时代》2012年第29期。

符娅、王德清：《西南少数经济欠发达地区传统手工艺的保护与开发》，《贵州民族研究》2006年第2期。

付延慧：《文化产业与社会发展关系研究》，载胡惠林、陈昕主编《中国文化产业评论》，上海人民出版社，2013。

高闯、关鑫：《企业商业模式创新的实现方式与演进机理——一种基于价值链创新的理论解释》，《中国工业经济》2006年第11期。

耿达、唐九龄：《文化产业研究的文化社会学视域及其范式建构》，《文化软实力研究》2022年第3期。

顾江：《党的十八大以来我国文化产业发展的成就、经验与展望》，《管理世界》2022年第7期。

顾江、高莉莉：《我国省际文化产业竞争力评价与提升——基于31省市数据的实证分析》，《福建论坛》（人文社会科学版）2012年第8期。

广西文化产业处：《广西文化产业跨越发展行动计划（2017—2020）》，http：//www.gxwht.gov.cn/affairs/show/216html，最后检索时间：2021年3月4日。

中华人民共和国国家统计局编《中国统计年鉴2016》，中国统计出版社，2016。

国家统计局设管司：《文化及相关产业分类（2012）》，http：//www.stats.gov.cn/tjsj/tjbz/201207/t20120731_86html，最后检索时间：2018年3月26日。

〔美〕小阿瑟 A. 汤普森、约翰 E. 甘布尔等：《战略管理获取竞争优势》，海林、黄嫚丽等译，机械工业出版社，2006。

韩松、王泓硕：《数字经济、研发创新与文化产业高质量发展》，《山东大学学报》（哲学社会科学版）2022年第3期。

何苗、刘研：《国际视野中的文化产业研究路径变迁》，《天府新论》2013年第2期。

侯海燕、刘则渊、陈悦、姜春林等：《当代国际科学学研究热点演进趋势知识图谱》，《科研管理》2006年第3期。

胡保亮：《商业模式创新采纳影响因素研究》，《科技管理研究》2013年第18期。

胡惠林：《文化产业发展与国家文化安全——全球化背景下中国文化产业发展问题思考》，《上海社会科学院学术季刊》2000年第2期。

胡惠林：《中国文化产业战略力量的发展方向——兼论金融危机下的中国文化产业新政》，《学术月刊》2009年第8期。

胡惠林、王婧：《中国文化产业发展指数报告》，《中国文化产业评论》2012年第2期。

胡晓鹏：《文化创意产业的地区发展模式研究》，《中国地质大学学报》（社会科学版）2010年第1期。

胡娅丽：《贵州民族手工艺商业模式探讨——以安顺屯堡木傩雕为例》，《贵州社会科学》2013年第9期。

胡翼青：《文化工业理论再认知：本雅明与阿多诺的大众文化之争》，《南京社会科学》2014年第12期。

胡永宏、贺思辉：《综合评价方法》，科学出版社，2000。

花建：《文化产业竞争力的内涵、结构和战略重点》，《北京大学学报》（哲学社会科学版）2005年第2期。

黄锦宗、陈少峰：《互联网文化产业商业模式创新》，《福建论坛》（人文社会科学版）2016年第2期。

黄英、王雅林：《文化产业双重效益的实现机制研究》，《学术交流》2009年第5期。

〔美〕亨利·伽斯柏：《开放性商业模式》，程智慧译，商务印书馆，2010。

江蓝生、谢绳武主编《2001~2002年：中国文化产业发展报告》，社会科学文献出版社，2002。

《解放日报》：《关于加快本市文化创意产业创新发展的若干意见（全文）》，http://www.sh.xinhuanet.com/2017-12/15/c_1368273htm?from=timeline，最后检索时间：2018年3月3日。

解学芳、李琳：《"智能+"时代现代文化产业体系治理能力建构：基准、框架与图谱》，《社会科学研究》2022年第3期。

解学芳、张佳琪：《"智能+"时代现代文化产业体系的健全逻辑：要素协同与数字治理》，《学术论坛》2022年第3期。

金璐：《论新疆旅游发展模式》，《新疆师范大学学报》（哲学社会科学版）2012年第3期。

金元浦：《做好顶层设计转变文化发展方式》，《中国国情国力》2018年第12期。

荆林波主编《解读电子商务》，经济科学出版社，2001。

康小明、向勇：《产业集群与文化产业竞争力的提升》，《北京大学学报》（哲学社会科学版）2005年第2期。

〔美〕拉里·博西迪、拉姆·查兰：《转型》，曹建海译，中信出版社，2005。

李长云：《创新商业模式的机理与实现路径》，《中国软科学》2012 年第 4 期。

李建臣：《文化助力城市发展的途径》，《中国国情国力》2018 年第 12 期。

李杰、陈超美：《CiteSpace：科技文本挖掘及可视化》，首都经济贸易大学出版社，2016。

李文钢：《民族文化产业发展中的经济文化二重性矛盾与调和》，《西南民族大学学报》（人文社会科学版）2022 年第 9 期。

李文军、李巧明：《改革开放 40 年我国文化产业发展历程及其取向》，《改革》2018 年第 12 期。

李文莲、夏健明：《基于"大数据"的商业模式创新》，《中国工业经济》2013 年第 5 期。

李炎：《公共文化与文化产业互动的区隔与融合》，《学术论坛》2018 年第 1 期。

李永强：《商业模式辨析及其理论基础》，《经济体制改革》2004 年第 3 期。

李云轩：《民族地区跨越式发展的文化选择》，《贵州民族研究》2018 年第 10 期。

李振勇：《商业模式企业竞争的最高形态》，新华出版社，2006。

〔美〕理查德·弗罗里达：《创意阶层的崛起》，司徒爱勤译，中信出版社，2010。

〔美〕理查德·E. 凯夫斯：《创意产业经济学——艺术的商品性》，康蓉等译，商务印书馆，2004。

厉无畏：《文化创意产业推动城市创新驱动和转型发展》，《科学发展》2014 年第 2 期。

连好宝：《论主导产业的选择》，《发展研究》1997 年第 4 期。

联合国教科文组织统计研究所：《2009 年联合国教科文组织文化产业统计框架》，联合国科教文组织网，https：//zh.unesco.org，最后检索时间：2018 年 3 月 25 日。

林拓：《世界文化产业与城市竞争力》，《马克思主义与现实》2003 年第 4 期。

林拓、李惠斌、薛晓源主编《世界文化产业发展前沿报告（2003～2004）》，社会科学文献出版社，2004。

刘豪兴、徐珂主编《社会学概论》，外语教学与研究出版社，2012。

陆建栖、任文龙：《数字经济推动文化产业高质量发展的机制与路径——基于省级面板数据的实证检验》，《南京社会科学》2022 年第 5 期。

吕学武、范周主编《文化创意产业前沿·理论：碰撞与交融》，中国传媒大学出版社，2007。

〔美〕罗斯托：《经济成长的阶段（非共产党宣言）》，国际关系研究所编译室译，商务印书馆，1962。

马草：《文化产业发展现状之反思三题》，《理论导刊》2016 年第 5 期。

〔德〕马克斯·霍克海默、西奥多·阿道尔诺：《启蒙的辩证法》，渠敬东、曹卫东译，上海人民出版社，2006。

马莉莉、任保平编注《丝绸之路经济带发展报告2014》，中国经济出版社，2014。

马文刚：《以"SUCCESS"打造创意商业模式》，《销售与市场》（管理版）2011 年第 6 期。

莫代山：《旅游背景下民族文化产业化与特色民族村寨保护——以台湾地区太鲁阁族"可乐部落"为例》，《湖北民族学院学报》（哲学社会科学版）2013 年第 4 期。

南方日报网络版：《广东省建设文化强省规划纲要》，http：//www.gdit.edu.cn/dwb/0b/09/c525a2825/page.htm，最后检索时间：2018 年 3 月 4 日。

宁夏日报：《2018 年宁夏将实施 9 项重点文化工程》，http：//www.nxnews.net/wh/whkd/201801/t20180118_44428html，最后检索时间：2020 年 3 月。

欧阳锋、赵红丹、郑广录：《基于 e～3-value 的网络出版商业模式仿真分析研究》,《中国软科学》2008年第3期。

欧阳友权主编《文化产业概论》,湖南人民出版社,2007。

濮林峰:《基于大数据的商业模式创新研究》,北京邮电大学硕士学位论文,2014。

祁述裕:《我国文化产业发展的几个重要特点》,《山东社会科学》2009年第2期。

祁述裕:《中国文化产业国际竞争力报告》,社会科学文献出版社,2004。

祁述裕、殷国俊:《中国文化产业国际竞争力评价和若干建议》,《国家行政学院学报》2005年第2期。

秦其文、王兆峰、雷丽蓉:《民族文化旅游创意产业商业开发模式研究——以湘西凤凰古城为例》,《旅游研究》2010年第1期。

邱东:《多指标综合评价方法的系统分析》,中国统计出版社,1991。

邱洁威:《国外商业模式理论研究综述(1929~1999年)》,《福建论坛》2010年第8期。

上海市统计局:《文化及相关产业分类》,http://www.stats-sh.gov.cn/tjfw/201103/945html,最后检索时间:2019年3月20日。

上海市哲学社会科学规划办公室编《文化产业的发展和管理》,学林出版社,2001。

申文果、汪纯孝:《辛迪加——因特网时代新型商业模式》,《商业经济与管理》2000年第11期。

沈体雁、黄宁、彭长江、徐海涛:《中国景区网络形象指数研究——基于互联网内容分析方法》,《旅游学刊》2015年第6期。

〔澳大利亚〕斯图亚特·坎宁安:《从文化产业到创意产业:理论、产业和政策的涵义》,载林拓、李惠斌、薛晓源主编《世界文化产业发展前沿报告(2003~2004)》,社会科学文献出版,2004。

宋时蒙、蒋盛益:《广东省各市旅游业发展水平研究——基于主成分分析和聚类分析方法》,《财经理论研究》2017年第1期。

苏卉:《河南文化创意产业发展模式研究》,《科教导刊(上旬刊)》

2010年第3期。

苏江华、张晓玲、刘月宁：《基于商业模式的新型竞争优势——机理透视、理论比较与前沿问题综述》，《东南大学学报》（哲学社会科学版）2013年第3期。

苏为华：《综合评价学》，中国市场出版社，2005。

孙信茹、陈庆德：《民族学视野下的文化产品和文化产业分析》，载胡惠林、陈昕主编《中国文化产业评论》，上海人民出版社，2013。

王国新：《网络经济与旅游商业模式的变革》，《商业经济与管理》2000年第6期。

王姝琼：《内蒙古自然博物馆展陈研究》，中国地质大学（北京）硕士学位论文，2016。

王伟毅、李乾文：《创业视角下的商业模式研究》，《外国经济与管理》2005年第11期。

王翔、李东、后士香：《商业模式结构耦合对企业绩效的影响的实证研究》，《科研管理》2015年第7期。

王雪冬、董大海：《商业模式创新概念研究述评与展望》，《外国经济与管理》2013年第11期。

王雅霖、贾登勋：《论民族文化产业的生态化发展及其制度保障》，《兰州大学学报》（社会科学版）2014年第3期。

王子敏、潘丹丹：《中国区域互联网发展水平测度与收敛性分析》，《统计与决策》2018年第8期。

魏炜、朱武祥、林桂平：《基于利益相关者交易结构的商业模式理论》，《管理世界》2012年第12期。

闻媛：《文化政策的价值取向——从文化产业、创意产业到文化经济》，《上海财经大学学报》2017年第4期。

翁钢民、李凌雁：《中国旅游与文化产业融合发展的耦合协调度及空间相关分析》，《经济地理》2016年第1期。

翁君奕：《商务模式创新：企业经营"魔方"的旋启》，经济管理出版社，2004。

邬关荣、熊晖：《基于层次分析法评价动漫产业区域特性——以京、杭、沪、深四地为例》，《经济论坛》2012年第2期。

吴建伟：《文化产业发展促进西藏经济发展研究》，中央民族大学硕士学位论文，2013。

吴晓波、赵子溢：《商业模式创新的前因问题：研究综述与展望》，《外国经济与管理》2017年第1期。

吴晓波、朱培忠、吴东、姚明明：《后发者如何实现快速追赶？——一个二次商业模式创新技术创新的共演模型》，《科学学研究》2013年第11期。

吴玥：《文化创意产业商业模式研究》，《生产力研究》2013年第2期。

吴志华《巴西文化产业政策初析》，《拉丁美洲研究》2007年第4期。

夏进：《重庆土家族、苗族文化产业化的前瞻思考》，《重庆商学院学报》2000年第8期。

向勇：《特色文化资源的价值评估与开发模式研究》，《北京联合大学学报》（人文社会科学版）2015年第2期。

向勇、刘静：《中国文化产业十年进程：一个实践分析框架研究》，《福建论坛》（人文社会科学版）2009年第8期。

向志强：《文化产业类型及其核心竞争力的构成要素》，《求索》2008年第11期。

项国鹏、周鹏杰：《商业模式创新：国外文献综述及分析框架构建》，《商业研究》2011年第4期。

肖雁飞、赵佳华：《文化创意产业发展模式研究》，《经济研究导刊》2013年第16期。

肖轶、赵新力、董全超、霍宏伟、辛秉清、林茜妍：《网状型"一带一路"战略思考》，《中国软科学》2018年第9期。

新疆厅政策法规处：《关于印发自治区文化事业"十三五"发展规划的通知》，http：//www.xjwh.gov.cn/index.php?m = content&c = index&a = show&catid = 587&id = 21478，最后检索时间：2018年3月4日。

新乡会展：《关于文化创意产业分类》，http://www.360doc.com/content/09/1006/07/103883_68490shtm，最后检索时间：2020年3月20日。

熊澄宇：《英国创意产业发展的启示》，《求是》2012年第7期。

胥悦红：《创意产业链的动态衍生模式探析》，《改革与战略》2009年第10期。

胥悦红：《全球化时代的民族地区文化产业发展研究——基于文化资源商业模式与全产业链构建的探讨》，《人民论坛学术前沿》2016年第22期。

徐翠蓉、张广海：《中国文化产业与旅游业发展的交互动态响应分析》，《统计与决策》2018年第23期。

徐延：《文化创意产业概念辨析》，《当代传播》2007年第4期。

许强、陈紫娴、梁灿英、廖素琴：《战略创业视角下商业模式的演变机理研究——基于先临三维的案例研究》，《浙江大学学报》（人文社会科学版）2022年第6期。

许为民、曹峰旗：《韩国政府在文化产业发展中的作用与启示》，《理论导刊》2008年第2期。

〔英〕亚当·斯密：《国民财富的性质和原因的研究》，郭大力、王亚南译，商务印书馆，1972。

〔瑞士〕亚历山大·奥斯特瓦德、〔比利时〕伊夫·皮尼厄：《商业模式新生代》，王帅、毛心宇、严威译，机械工业出版社，2011。

杨善华主编《当代西方社会学理论》，北京大学出版社，1999。

姚小涛：《理解商业模式：不是什么，又是什么？》，《外国经济与管理》2017年第6期。

易加斌、谢冬梅、高金微：《高新技术企业商业模式创新影响因素实证研究——基于知识视角》，《科研管理》2015年第2期。

原磊：《国外商业模式理论研究评介》，《外国经济与管理》2007年第10期。

原磊：《商业模式分类问题研究》，《中国软科学》2008年第5期。

原磊：《商业模式体系重构》，《中国工业经济》2007年第6期。

〔英〕约翰·霍金斯：《创意经济：如何点石成金》，洪庆福、孙薇薇、刘茂玲译，上海三联书店，2006。

臧维、孟博：《产业视角下商业模式分类方法研究》，《商业时代》2010年第11期。

曾丹、黄隽：《数字化、文化产业集聚与技术创新》，《统计与决策》2022年第17期。

张浩、张志宇：《文化创意方法与技巧》，中国经济出版社，2010。

张其翔、吕廷杰：《商业模式研究理论综述》，《商业时代》2006年第3期。

张晓明、胡惠林、章建刚：《2001—2002年中国文化产业蓝皮书总报告》，中国网，http：//www.china.com.cn，最后检索时间：2018年3月25日。

张新香：《商业模式创新驱动技术创新的实现机理研究——基于软件业的多案例扎根分析》，《科学学研究》2015年第4期。

张振鹏：《农村文化创意产业商业模式的价值逻辑和运行规则》，《福建师范大学学报》（哲学社会科学版）2015年第3期。

赵丽芳、柴葆青：《韩国文化产业爆炸式增长背后的产业振兴政策》，《新闻界》2006年第3期。

赵彦云、余毅、马文涛：《中国文化产业竞争力评价和分析》，《中国人民大学学报》2006年第4期。

赵政原：《日本拓展文化产业的经验及对我国的启示》，《世界经济与政治论坛》2008年第5期。

郑焕钊、孟繁泽：《文化资源创意开发的价值原则及其误区》，《杭州师范大学学报》（社会科学版）2018年第1期。

中国日报网：《西藏力争2020年将文化产业打造成经济支柱性产业》，http：//www.zytzb.gov.cn/tzb2010/S1828/201707/767aca761d0744ab957e62655deb1ccshtml，最后检索时间：2021年3月4日。

周辉、刘红缨：《商业模式本质与构建路径探讨》，《现代财经》（天津财经大学学报）2007年第11期。

周会祥：《我国主体功能区产业集群发展问题研究》，中共中央党校博士学位论文，2012。

朱欣民：《论主导产业的选择标准》，《社会科学研究》1997年第4期。

Achtenhagen, L. , Melin, L. , Naldi , L. , "Dynamics of Business Models – strategizing, Critical Capabilities and Activities Forsustained Value creation, " *Long Range Planning*, (2013) : p. 46.

Amit, R. , and C Zott, "Value Creation in E – business", *Strategic Management Journal*, 2001, 22(6/7) : pp. 493 – 520.

Applegate, L. M. , "E – business Models: Making Sense of the Internet Business Landscape", in Dickson, G. , Gary. W. , and De Sanctis. G. , ed. , *Information Technology and the Future Enterprise: New Models for Managers*, (New York: Prentice Hall. 2001), pp. 136 – 157.

C. Dreisbach and S. Writer, "Pick A Web Business Modelthat Works for You", http://www. workz. com, 2018, 12, 8.

Cavalcante, S. A. , Kesting, P. , Ulhoi, J. P. , "Businessmodel Dynamics and Innovation: Establishing the Missinglinkages, " *Management Decision* (2011, 49 (8)) : p. 45.

Chaomei, Chen, The centrality of Pivotal Points in the Evolution of Scientific Networks. (Proceedings of the International Conference on Intelligent User Interfaces (IUI2005), San Diego, CA, 2005), pp. 78 – 89.

Charnes, A. , Cooper, W. W. , Golany, B. , Seiford, L. and Stutz, J. , "Foundations of Data Envelopment Analysis for Pareto – Koopmans Efficient Empirical Production Functions, " *Journal of econometrics*, 1985, 30(1 – 2) : pp. 91 – 107.

Chesbrough, H. , "Business Model Innovation: Opportunities and Barriers, " *Long Range Planning*, (2010, 43(2)) : pp. 354 – 363.

Doz, Y. L. , Kosonen, M. , "Embedding Strategic Agility: Aleadership Agenda for Accelerating Business Model Renewal, " *Long Range Planning*, (2010, 43 (2 – 3)) : pp. 34 – 39.

参考文献

Dubosson‑Torbay, M., Osterwalder, A. and Pigneur, Y., "E‑business model Design, Classification and Measurements," *Thunderbird International Business Review*, (2002, 44(1)): pp. 5 −23.

Florida, R., and Tinagli, I., *Europe in the Creative Age*. (Pittsburg: Carnegie Mellon Software Industry Center, 2004), pp. 98 −105.

Gert‑Jan Hospers, "Creative Cities: Breeding Places in the Knowledge Economy", *Knowledge, Technology & Policy*. 2003 (3): pp. 43 −52.

Hawkins, R., "The Business Model as a Research Problem in Electronic Commerce," *Science and Technology Policy Research*, (May 2001): pp. 111 −120.

Helfat, C. E and, Peteraf, M. A., "The Dynamic Resource‑BasedView: Capability Lifecycles," *Strategic Management Journal*, 2003(24): pp. 57 −66.

H. W. Chesbrough, "Business Model Innovation: Opportunities and Barriers," *Long Range Planning*, (2010): pp. 64 −77.

Jamiepeck, "Struggling with the Creative Class," *International Journal of Urban and Regional Research*, 2005 (4): pp. 77 −83.

Jason Potts, Stuart Cunningham, John Hartley, Paul Ormerod, "Social network Markets: A New Definition of the Creative Industries," *Journal of Cultural Economics*, 2008 (3): pp. 43 −52.

Joan Magretta, "Why Business Models Matte, r" *Harvard Business*. (April 2002): pp. 47 −54.

Johnson, M. W., Christensen, C. M., Kagermann, H., "Rein‑venting Your Business Model," *Harvard Business Review*, 2008(86): pp. 88 −97.

Justin O'Connor, "Risk and Trust in the Culture Industries," *British Journal of Education and Work*, (March 2000): pp. 77 −85.

Justin O'Connor, "The Cultural Policy and the Cultural Industries in Europe's Regions," *Nottingham Study*, 2003 (05): pp. 45 −48.

Leymann, F., Roller, D., Schmidt, M. T., "Web Services and Business Process Management," *IBM Systems Journal*, 2002(3): pp. 65 −76.

Linder, J. and S. Cantrell, "Changing Business Models: Surveying the Lands

Cape," *Accenture Institute for Strategic Change*, (2000): pp. 77 −86.

Malakooti, B., A Decision Support System and a Heuristic Interactive Approach for Solving Discrete Multiple Criteria Problems(IEEE Transactions on Systems, Man, and Cybernetics, Houston, TX, 1988): pp. 273 −284.

Malmstrom, M., Johansson, J., Wincent, J., "Cognitive con −structions of Low −profit and High −profit Business Models: Arepertorygrid Study of Serial Entrepreneurs," *Entrepreneurship Theory and Practice*, 2015, 39(5): pp. 87 −97.

Martins, L. L., Rindova, V. P., Greenbaum, B. E., "Unlock −ing the Hidden Value of Concepts: A Cognitive Approach to Businessmodel Innovation," *Strategic Entrepreneurship Journal*, 2015(1): pp. 47 −54.

Michael Morris, Minet Schindehutte and Jeffrey Allen, "The Entrepreneur's Business Model: Toward Aunified Perspective," *Journal of Business Research*, 2003, 1: pp. 726 −735.

Morris, M., Schindehutte, M., Allen, J., "The Entrepreneur's Business Model: Toward Unified Perspective," *Journal of Business Research*, 2005, 58(6): pp. 63 −68.

O'Connor, J., "The Definition of the 'Cultural Industries'," *The European Journal of Arts Education*, 2000, 2(3): pp. 15 −27.

Ostenwalder, A., Pigneur, Y. and Tucci, C. L., "Clarifying Business Modles: Origins, Present, and Future of the Concept," *Communication of the Association for Information Systems*, (May 2005): pp. 1 −25.

Paul Bambury, "A Taxonomy of Internet Commerce," *First Monday*, 1998, 10(2): pp. 1 −11.

Petrovic, O., Kittl, C., Teksten, R. D., Developing BusinessModels for e −Business, (International Conference on Electron −ic Commerce, Houston, TX, 2001). pp. 99 −112.

Rappa, M., Managing the Digitalenterprise −business Models on the Web, http://digitalenterprise.org/models/models html, 2000, 10, 19.

Reitzig, M., "How Executives Can Enhance IP Strategy and Performance,"

MIT Sloan Management Review, 2007(9): pp. 78 -88.

Ruspini, E. H., "A New approach to Clustering," *Information and Control*, 1969 15(1): pp. 22 -32.

Scott, A. J., "Cultural - products Industries and Urban Economic Development: Prospects for Growth and Market Contestation in Global Context," *Urban affairs Review*, 2004. 39(4): pp. 23 -29, 461 -490.

Sosna, M., Trevinyo - Rodríguez, R. N., Velamuri, S. R., "Business Model innovation through trial - and - error learning: The Naturehouse Case," *Long Range Planning*, 2010, 43(2 -3): pp. 77 -87.

Stewart, D. W., Zhao, Q., "Internet Marketing, Business Models, and Public Policy," *Journal of Public Policy & Marketing*, (March 2000): pp. 287 -296.

Teece, D. J., "Business models, "business strategy andinnovation," *Long Range Planning*, 2010, 43(2 -3): pp. 34 -42.

Timmers, P., "Business Models for Electronic Markets," *Journal on Electronic Markets*, 2003, 2: pp. 3 -8.

Zott, C., Amit, R., " The fit between Product Market Strategy and Business Model: Implications for firm Perfor - mance ," *Strategic Management Journal*, 2008(29): pp. 66 -75.

Zott, C., Amit, R., Massa, L., "The Business Model: re - cent Developments and future research," *Journal of Man - agement*, 2011, 37(1): pp. 55 -62.

图书在版编目(CIP)数据

文化产业商业模式创新：以经济欠发达地区为例 / 胥悦红著. --北京：社会科学文献出版社，2022.12（2024.7重印）
ISBN 978-7-5228-1230-4

Ⅰ.①文⋯ Ⅱ.①胥⋯ Ⅲ.①不发达地区-文化产业-商业模式-研究-中国 Ⅳ.①G127

中国版本图书馆CIP数据核字（2022）第234911号

文化产业商业模式创新
——以经济欠发达地区为例

著　　者 / 胥悦红

出 版 人 / 冀祥德
责任编辑 / 陈　颖
责任印制 / 王京美

出　　版 / 社会科学文献出版社·皮书分社（010）59367127
　　　　　地址：北京市北三环中路甲29号院华龙大厦　邮编：100029
　　　　　网址：www.ssap.com.cn
发　　行 / 社会科学文献出版社（010）59367028
印　　装 / 唐山玺诚印务有限公司
规　　格 / 开本：787mm×1092mm　1/16
　　　　　印张：19　字数：288千字
版　　次 / 2022年12月第1版　2024年7月第2次印刷
书　　号 / ISBN 978-7-5228-1230-4
定　　价 / 88.00元

读者服务电话：4008918866

版权所有 翻印必究